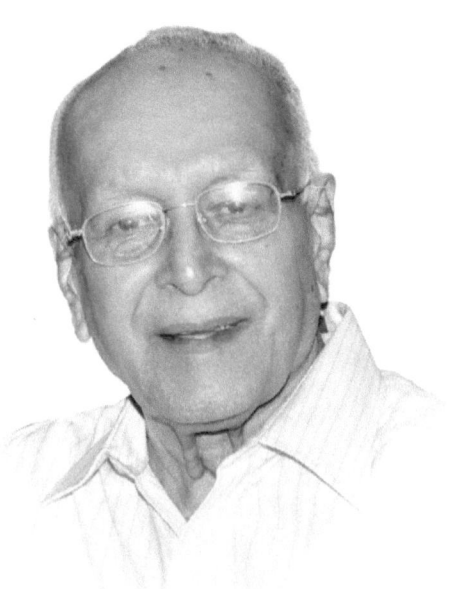

ଶ୍ରୀଯୁକ୍ତ ଲକ୍ଷ୍ମୀନାରାୟଣ ଚୌଧୁରୀ

୨ ଜାନୁୟାରୀ ୧୯୨୫ - ୩୦ ମାର୍ଚ୍ଚ ୨୦୨୦

କଟକ ହାଇକୋର୍ଟ ଛକରୁ ହେଲ୍‌ସିଙ୍କି

ଶ୍ରୀଯୁକ୍ତ ଲକ୍ଷ୍ମୀନାରାୟଣ ଚୌଧୁରୀଙ୍କ ଆତ୍ମଜୀବନୀ

ବ୍ଲାକ୍ ଈଗଲ୍ ବୁକ୍ସ

ଭୁବନେଶ୍ୱର, ଓଡ଼ିଶା

BLACK EAGLE BOOKS

Dublin, USA

BLACK EAGLE BOOKS

USA address:
7464 Wisdom Lane
Dublin, OH 43016

India address:
E/312, Trident Galaxy, Kalinga Nagar,
Bhubaneswar-751003, Odisha, India

E-mail: info@blackeaglebooks.org
Website: www.blackeaglebooks.org

First International Edition Published by
BLACK EAGLE BOOKS, 2022

CUTTACK HIGH COURT CHHAKARU HELSINKI
(An Autobiography of Late Lakshmi Narayan Choudhury)

Principal Adviser
Sri Laxman Kumar Sahu
and Smt. Aparajita Choudhury

Copyright © **Choudhury's Family**

All rights reserved. No part of this publication may be reproduced, stored in a retrieval system, or transmitted, in any form or by any means, electronic, mechanical, photocopying, recording or otherwise without the prior permission of the publisher.

Cover & Interior Design: Ezy's Publication

ISBN- 978-1-64560-266-8 (Paperback)

Printed in the United States of America

ତମେ ଛାଡ଼ିଯାଇଥିବା ତମ ଆତ୍ମଜୀବନୀର ପାଣ୍ଡୁଲିପିକୁ
ଇଷ୍ଟଦେବୀ ମା' ବିମଳାଙ୍କର ଆଶୀର୍ବାଦରୁ ପ୍ରକାଶିତ କରି
ତମକୁ ହିଁ ଉତ୍ସର୍ଗ କରୁଛି ବାପା !

ତୁମର ଜିତା

ମୁଖବନ୍ଧ

ପଥ ଅତିକ୍ରମୁଥିବା ପାନ୍ଥ କେବେ କ'ଣ ପାନ୍ଥଶାଳାକୁ ନିଜ ଆବାସସ୍ଥଳୀ ମନେକରି ପାରେ ? ବୋଧହୁଏ ନା ! ଜୀବନ ଯାହା ପାଇଁ ଅସରନ୍ତି ଯାତ୍ରା ଆଉ ଅତିକ୍ରମଣ ତା' ପାଇଁ ସାମାନ୍ୟ ବିଶ୍ରାମ କ୍ଳାନ୍ତିକର ନିଶ୍ଚୟ । ମୁଁ ସେହି ସକ୍ରିୟ କର୍ମ-ଚଞ୍ଚଳ ବ୍ୟକ୍ତିତ୍ୱଟିର ରକ୍ତସହ ପରିଚିତି ରଖୁଥିବା ସାଧାରଣ 'ମୁଁ' । ହୃଦୟର ପ୍ରାଣତନ୍ତ୍ରୀରେ ଜ୍ଞାନର ଦୀପାଳୀ ଜାଳି ମୋ ଜୀବନର ସର୍ବାଂଶକୁ ଯେ ସ୍ୱତନ୍ତ୍ର ଔଜ୍ଜ୍ୱଲ୍ୟରେ ପରିପୂର୍ଣ୍ଣ କରିଛନ୍ତି, ସେହି ମୋ ବାପା ସ୍ୱର୍ଗତ ଲକ୍ଷ୍ମୀନାରାୟଣ ଚୌଧୁରୀ । ତାଙ୍କର ଦ୍ୱିତୀୟ କନ୍ୟା ଭାବରେ ମୋ ଅନ୍ତରାତ୍ମା ପୂରିଉଠେ । ଭିତରେ ଭିତରେ ଅଭିମାନ କରିବସେ ଆଭିଜାତ୍ୟସଂପନ୍ନ ଚୌଧୁରୀ ବଂଶଜ ହୋଇଥିବାରୁ ଏକ ପ୍ରକାର ଆତ୍ମସନ୍ତୋଷ ଲାଭ କରେ ମୁଁ । ଦିବଙ୍ଗତ ଲକ୍ଷ୍ମୀନାରାୟଣ ଚୌଧୁରୀଙ୍କ ଅଭିଭାବକତ୍ୱରେ ଜୀବନର ଏକ ସ୍ୱତନ୍ତ୍ର ପରିଚ୍ୟ ଖୋଜି ପାଇଥିବାରୁ । ଫୁଲ ଓ ଫଳର ମାଧୁର୍ଯ୍ୟ ଓ ସୌନ୍ଦର୍ଯ୍ୟର ସମସ୍ତ ମହାନ୍‌ପଣ 'ବୃକ୍ଷ' ସହିତ ସନ୍ନିହିତ ଥାଏ । ଅନୁରୂପ ଭାବରେ ମୋ ଜୀବନ- ଆତ୍ମପ୍ରତିଷ୍ଠା- ପରିଚ୍ୟର ପ୍ରକୃତ ଶ୍ରେୟ ତାଙ୍କୁ ଯିବା ଉଚିତ ।

ତାଙ୍କ ବିଦାୟର ବର୍ଷକ ପରେ, ତାଙ୍କ ହାତଲେଖା ଚିଠି, ଅନୁଭୂତିର ଅସଂଖ୍ୟ ତଥ୍ୟ ମୋତେ ଖୁବ୍ ଆକସ୍ମିକ ଭାବରେ ମିଳିଲା । ତାଙ୍କ ହାତଲେଖା ଚିଠିର ସେ ଶବ୍ଦ ଦେଇ, ମନେ ପଡ଼ିଯାଉଥିଲା ମୋ ଖଡ଼ିଛୁଆଁ ବେଳଠାରୁ ବାପାଙ୍କ ସହ ବିତେଇଥିବା ସେ ଅଣଲେଉଟା ଦିନସବୁ । ତାଙ୍କ ତାଗିଦ୍, ଆକଟ ପୁଣି ସ୍ନେହବୋଳା ଶବ୍ଦସବୁ ପାସୋରା ହେଲେଣି । କିନ୍ତୁ ହାତଲେଖା ଶବ୍ଦଙ୍କୁ ଦେଖିଲେ ସେ ମୋତେ ଜଳଜଳ ଦିଶନ୍ତି । ସାକ୍ଷାତ୍ ମୋ ସାମ୍ନାରେ ଦିଶିଯାଏ ସେହି ତାଙ୍କ ଦୀର୍ଘ - କୃଶ ଶରୀର ଏବଂ ତେଜୋଦୀପ୍ତ ଚେହେରା । ମୋ ପିତା ଜଣେ ଅମାୟିକ ବ୍ୟକ୍ତିତ୍ୱ ଥିଲେ । ସାଦାସିଧା ଖାଦ୍ୟ କିନ୍ତୁ ଆଭିଜାତ୍ୟସମ୍ପନ୍ନ ପରିଧାନକୁ ଭଲପା'ନ୍ତି । ହିନ୍ଦୀ ଓ ଇଂରାଜୀ ଭାଷାରେ ବେଶ୍ ଦକ୍ଷ ଥିଲେ । ଭ୍ରମଣ, ଶିକାର, ପର୍ଯ୍ୟଟନ ଏବଂ ସବୁସ୍ତରର ଲୋକମାନଙ୍କ ସହିତ ମିଳାମିଶାକୁ

ସେ ଭଲପାଉଥିଲେ, ଶଳା ଓ ଶାଳୀଙ୍କୁ ନିଜ ପିଲାଠାରୁ ମଧ୍ୟ ଅଧିକା ଭାବି ସେମାନଙ୍କୁ ସମାଜରେ ପ୍ରତିଷ୍ଠିତ କରିଯାଇଛନ୍ତି । ସେ ସମୟରେ ବି.ଏସ୍.ସି, ଏଲ୍.ଏଲ୍.ବି ଶିକ୍ଷାଲାଭ କରିଥିବା ମୋ ପିତା ଜଣେ ପ୍ରତିଷ୍ଠିତ ବ୍ୟବସାୟୀ ଥିଲେ ।

ନିଜର ପ୍ରତ୍ୟେକ କାର୍ଯ୍ୟସୂଚୀକୁ ଲିପିବଦ୍ଧ କରି ରଖିବା ଥିଲା ତାଙ୍କର ସବୁଦିନର କାମ । ଅତ୍ୟଧିକ କାମଚାପରେ ବେଳେବେଳେ ନିଜକଥାକୁ ସେ ଛୋଟ ଛୋଟ କାଗଜରେ ଗାରେଇ ଶାନ୍ତି ପାଇବା ମୁଁ ଲକ୍ଷ୍ୟ କରିଛି । ତେଣୁ ତାଙ୍କ ହାତଲେଖା ବହୁ ତଥ୍ୟ ଏପଟ ସେପଟ ହୋଇ ଥାଇପାରେ ବୋଲି ମୋର ଆଶଙ୍କା । କାରଣ ଆମେ ସମସ୍ତେ ନିଜ ନିଜ ପାଠପଢ଼ା ଓ କର୍ମମୟ ଜୀବନ ଭିତରେ ବ୍ୟସ୍ତ ରହୁଥିଲୁ । ସେ ବହୁତ ସମୟାନୁବର୍ତ୍ତୀ ଏବଂ ଶୃଙ୍ଖଳିତ ଥିଲେ । ସେ ପ୍ରାୟ କହନ୍ତି – "ଜୀବନ ଜିଇଁବାର ଅସଲ ଚାବିକାଠି ନିଜ ହାତରେ ହିଁ ଥାଏ । ମଣିଷ ତାହା ବୁଝିପାରେନି । ତାଙ୍କ ମତରେ–

"In the existentialistic- Godless world, through our own free action and choice we create the world we occupy. Someone you love suddenly dies and your world is shattered. Whom do you blame for this? Not God because there is no God for you. Not fate or blind chance, because you and you are only the responsible for world you have created by you in this world. You and only you responsible for the bad things to happen in it, the pain & suffering's that you under go."

ପ୍ରତ୍ୟେକ ମଣିଷର କର୍ମ ହିଁ ତା' ଭାଗ୍ୟ ନିର୍ଦ୍ଧାରଣ କରେ ବୋଲି ସେ ସର୍ବଦା କହୁଥିଲେ । ଭାଗ୍ୟ କିମ୍ବା ଅନ୍ଧ-ସୁଯୋଗର ବାହାନାରେ ବଞ୍ଚୁଥିବା ମଣିଷମାନଙ୍କୁ ସେ ସତର୍କ କରିଦେଉଥିଲେ । ନିୟମିତ କର୍ମ ଆଚରଣରେ ବିଶ୍ୱାସୀ ମୋ ବାପାଙ୍କୁ କେବଳ ଶୋଇବା ସମୟର ଚାରି ପାଞ୍ଚ ଘଣ୍ଟା ଛାଡ଼ିଦେଲେ, ଆଉ ସବୁବେଳେ କର୍ମଚଞ୍ଚଳ ଥିବା ଆମେ ଲକ୍ଷ୍ୟ କରିଛୁ । ମୁଁ ସାହିତ୍ୟର ଛାତ୍ରୀ ନହୋଇ ଥାଇପାରେ; କିନ୍ତୁ ମୋ ଭିତରେ ସାହିତ୍ୟ ରୁଚି ଅଛି । ମୋ ପାଇଁ ମୋ ପିତାଙ୍କ 'ଆତ୍ମଜୀବନୀ' ଏକ ପୈତୃକ ସଂପତ୍ତି ନିଶ୍ଚୟ । କିନ୍ତୁ ସମଗ୍ର ଓଡ଼ିଆ ଜାତି ପାଇଁ ତାହା ଜାତୀୟ ସଂପତ୍ତିରୁ କିଛି କମ୍ ନୁହେଁ ମଧ୍ୟ । ତତ୍କାଳୀନ ସମୟକୁ ଜୀବନ୍ତ ଭାବରେ ଦୃଶ୍ୟାୟିତ କରୁଥିବା ମୋ ପିତାଙ୍କର ଆତ୍ମଜୀବନୀଟି ଭବିଷ୍ୟତର ଓଡ଼ିଆ ସମାଜ ପାଇଁ ଏକ ବହୁ ଉପାଦେୟ ଦଲିଲ୍ ରୂପେ ସ୍ୱୀକୃତ ହେବ ବୋଲି ମୁଁ ଆଶା କରୁଛି ।

ଅପରାଜିତା ଚୌଧୁରୀ(ଜିତା)

୧୮ ଏପ୍ରିଲ୍ ୨୦୨୧

(ପ୍ରଥମ ଶ୍ରାଦ୍ଧ ବାର୍ଷିକ ଦିବସ ଉପଲକ୍ଷେ)

ସୂଚିପତ୍ର

ପାରିବାରିକ ଜୀବନର ପୃଷ୍ଠଭୂମି	୧୩
ପିଲାଦିନର ଅନୁଭୂତି ଓ ଶିକ୍ଷା ବ୍ୟବସ୍ଥା	୧୫
ମୁଁ କାହିଁକି ଓ କିପରି ବ୍ୟବସାୟରେ ପ୍ରବେଶ କଲି	୩୩
ବିଶ୍ୱଶାନ୍ତି ସମ୍ମିଳନୀ ଓ ମୁଁ	୩୮
ଆମର ମାଲଦ୍ୱୀପ ଯାତ୍ରା	୭୯
ଶିକାର ସଉକ	୮୬
କେତେକ ବିଶିଷ୍ଟ ବ୍ୟକ୍ତିତ୍ୱ	୯୦

ଚୌଧୁରୀ ପରିବାରର ବଂଶଲତା

- ଜମିଦାର ସାଧୁଚରଣ ସାହୁ
  - ରଘୁନାଥ ସାହୁ ଓ ହେମଲତା ସାହୁ
    - ଲକ୍ଷ୍ମୀନାରାୟଣ ଚୌଧୁରୀ
    - ଗୋପାଳ ଚୌଧୁରୀ
    - ନୃସିଂହ ଚୌଧୁରୀ
    - ଗୋକୁଳ ଚୌଧୁରୀ
    - ରାଧାଗୋବିନ୍ଦ ଚୌଧୁରୀ

- ଲକ୍ଷ୍ମୀନାରାୟଣ ଚୌଧୁରୀ ଓ ପଦ୍ମାବତୀ ଚୌଧୁରୀ
  - ଅଶୋକ ଚୌଧୁରୀ
  - ଅରୁଣ ଚୌଧୁରୀ
  - ରୀତା ଚୌଧୁରୀ
  - ଅପରାଜିତା ଚୌଧୁରୀ
  - ସଂଯୁକ୍ତା ଚୌଧୁରୀ

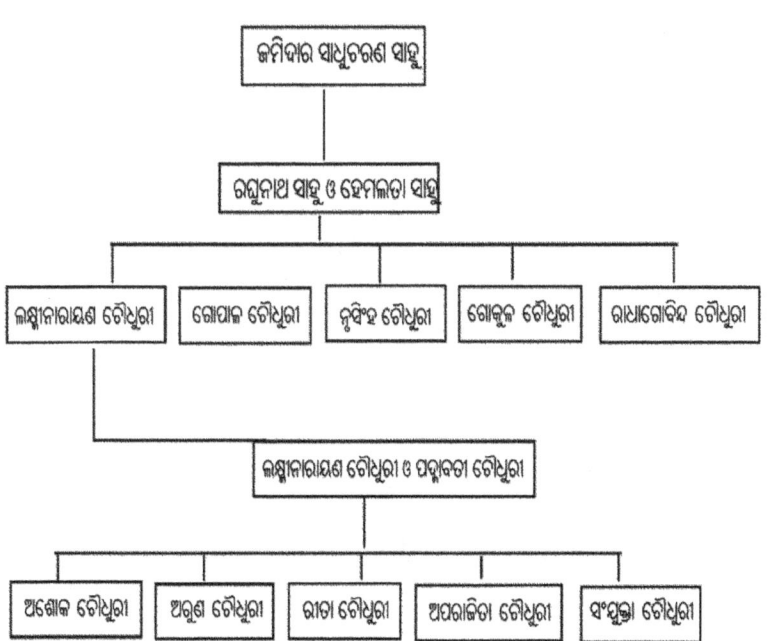

ପାରିବାରିକ ଜୀବନର ପୃଷ୍ଠଭୂମି

ଶ୍ରୀ ଲକ୍ଷ୍ମୀନାରାୟଣ ଚୌଧୁରୀ ଏକ ମର୍ଯ୍ୟାଦାବନ୍ତ କୁଳୀନ ଜମିଦାର ବଂଶର ସନ୍ତାନ ଥିଲେ। ସେ ସମୟର ଜଣେ ପ୍ରତିଷ୍ଠିତ ଜମିଦାର ସ୍ୱର୍ଗତ ସାଧୁଚରଣ ସାହୁ ଦିବଙ୍ଗତ ଶ୍ରୀ ରଘୁନାଥ ସାହୁଙ୍କୁ ପୋଷ୍ୟ ସନ୍ତାନ ରୂପେ ଗ୍ରହଣ କରିଥିଲେ। ତାଙ୍କର ଜମିଦାରୀ ଜନକ, ବାଲିକୁଦରୁ ଜୟସିଙ୍ଘଡ଼, ଯାଜପୁରର ଧର୍ମଶାଳା ପର୍ଯ୍ୟନ୍ତ ବ୍ୟାପ୍ତ ଥିଲା। ସ୍ୱର୍ଗତ ରଘୁନାଥ ସାହୁଙ୍କ ପ୍ରଥମ ସନ୍ତାନ ଥିଲେ ଶ୍ରୀ ଲକ୍ଷ୍ମୀନାରାୟଣ ସାହୁ।

ଦିବଙ୍ଗତ ଲକ୍ଷ୍ମୀନାରାୟଣ ଚୌଧୁରୀ ତେଜସ୍ୱୀ ପୁରୁଷ ଥିଲେ। ଦୀର୍ଘକାୟ-ସୌମ୍ୟ-ଗୋରା ତକ୍‌ତକ୍ ମଣିଷ ଥିଲେ ସେ। କଟକ ସହରରେ ସେ ନିଜର ସୌମ୍ୟ-କମନୀୟ ରୂପ ପାଇଁ ଯେତିକି ଲୋକପ୍ରିୟ ଥିଲେ, ତା'ଠାରୁ ଅଧିକ ପରିଚିତି ଲାଭ କରିଥିଲେ ତାଙ୍କର ନେତୃତ୍ୱକାରୀ ଲୋକସଂପର୍କ ତଥା ଉଦାରବାଦୀ ମନୋବୃତ୍ତି ପାଇଁ। ତାଙ୍କର ଜେଜେବାପା ଜମିଦାର ସ୍ୱର୍ଗତ ସାଧୁଚରଣ ସାହୁ କଟକ ସ୍ଥିତ ଆଲିଶା ବଜାରରେ ନିଜ ଜମିଦାରୀ ପ୍ରତିଷ୍ଠା କରିଥିଲେ। ବାରିଷ୍ଟର ମଧୁସୂଦନ ଦାସଙ୍କ ସହିତ ଘନିଷ୍ଠତା ହେତୁ କଟକ ହାଇକୋର୍ଟ୍ ଛକ ନିକଟରେ ଏକ ବ୍ୟୟବହୁଳ ପ୍ରାସାଦ ନିର୍ମାଣ କରିଥିଲେ। ସେ ଦୁଃସ୍ଥ - ଅଭାବୀ ମଣିଷମାନଙ୍କ ପ୍ରତି ସମ୍ବେଦନଶୀଳ ଥିଲେ। ଯଦିଓ ସାଧୁଚରଣ ସାହୁ ନିଜ ଜମିଦାରୀ ଥିବା କ୍ଷେତ୍ରରେ ଅଧିକ ସମୟ ରହିପାରୁ ନଥିଲେ, ତଥାପି ମଧ୍ୟ ଆବଶ୍ୟକସ୍ଥଳେ ଅସହାୟ-ଅଭାବୀ ମଣିଷମାନଙ୍କ ପ୍ରତି ସେ ଅତ୍ୟନ୍ତ ସଦୟ ଥିଲେ।

ଜେଜେବାପାଙ୍କର ଏହି ଉଦାରତା ଏବଂ ଦୟାଶୀଳ ମନୋବୃତ୍ତି ଏବଂ ସଦ୍‌ଗୁଣକୁ ଉତ୍ତରାଧିକାର ସୂତ୍ରରେ ଲକ୍ଷ୍ମୀନାରାୟଣ ଚୌଧୁରୀ ପ୍ରାପ୍ତ କରିଥିଲେ। ଶ୍ରୀ ଲକ୍ଷ୍ମୀନାରାୟଣ ଚୌଧୁରୀ ଲୋକମାନଙ୍କୁ ବହୁତ ଭଲପାଉଥିଲେ ଏବଂ ସେମାନଙ୍କୁ ଆବଶ୍ୟକସ୍ଥଳେ

ଆର୍ଥିକ ସାହାଯ୍ୟ ମଧ୍ୟ କରୁଥିଲେ। ତାଙ୍କର ମାତା ଶ୍ରୀମତୀ ହେମଲତା ସାହୁ, ଲକ୍ଷ୍ମୀନାରାୟଣଙ୍କ ନିମନ୍ତେ ଜୀବନର କେନ୍ଦ୍ରବିନ୍ଦୁ ସାଜିଥିଲେ। ବ୍ୟବସାୟଗତ ତଥା ପାରିବାରିକ ଜୀବନର ସମସ୍ତ ନିଷ୍ପତ୍ତି କେବଳ ତାଙ୍କର ମା' ହିଁ ନେଉଥିଲେ। ଚାରିଗୋଟି ସନ୍ତାନଙ୍କ ଲାଳନପାଳନ, ସେମାନଙ୍କୁ ଶିକ୍ଷା-ଦୀକ୍ଷା ପ୍ରଦାନ ଏବଂ ସମାଜରେ ଉଚ୍ଚପଦରେ ପ୍ରତିଷ୍ଠିତ କରାଇବା ସହିତ ସେମାନଙ୍କ ବିବାହ ପର୍ଯ୍ୟନ୍ତ ସମସ୍ତ ଦାୟିତ୍ୱ ସେ ବହନ କରିଥିଲେ। ଚୌଧୁରୀ ବଂଶର ପ୍ରତିଷ୍ଠା କ୍ଷେତ୍ରରେ ତାଙ୍କର ମାତା ସ୍ୱର୍ଗତା ହେମଲତା ଏବଂ ସ୍ୱର୍ଗତ ଲକ୍ଷ୍ମୀନାରାୟଣ ଚୌଧୁରୀଙ୍କ ଅବଦାନ ଓ ଭୂମିକା ଅନନ୍ୟ। ସ୍ୱର୍ଗତ ଲକ୍ଷ୍ମୀନାରାୟଣ ରାଜ୍ୟ - ଦେଶ ତଥା ବିଦେଶର ସାଂସ୍କୃତିକ ପରିମଣ୍ଡଳରେ ନିଜ ବ୍ୟକ୍ତିତ୍ୱର ପରାକାଷ୍ଠା ପ୍ରଦର୍ଶନ କରିଯାଇଛନ୍ତି। ଲକ୍ଷ୍ମୀନାରାୟଣ ଚୌଧୁରୀଙ୍କ ପତ୍ନୀ ଶ୍ରୀମତୀ ପଦ୍ମାବତୀ ଚୌଧୁରୀ ଦେବୀତୁଲ୍ୟା- ସଂସ୍କାରଶୀଳା ମହିଳା ଥିଲେ। ତାଙ୍କର ପାଞ୍ଚଗୋଟି ସନ୍ତାନଙ୍କ ମଧ୍ୟରୁ ଜ୍ୟେଷ୍ଠପୁତ୍ର ଅଶୋକ ଜଣେ ସଫଳ ବ୍ୟବସାୟୀ। କନିଷ୍ଠ ପୁତ୍ର ଅରୁଣ କଟକ ମେଡ଼ିକାଲ୍‌ର ଜଣେ ପ୍ଲାଷ୍ଟିକ୍ ସର୍ଜନ୍। ବଡ଼ଝିଅ ରୀତା ରମାଦେବୀ ମହିଳା ବିଶ୍ୱବିଦ୍ୟାଳୟର ଜଣେ ପ୍ରାଧ୍ୟାପିକା ଏବଂ ଦ୍ୱିତୀୟ କନ୍ୟା ଅପରାଜିତା ସଂପ୍ରତି ରମାଦେବୀ ମହିଳା ବିଶ୍ୱବିଦ୍ୟାଳୟର କୁଳପତି ପଦବିରେ ପ୍ରତିଷ୍ଠିତା ହୋଇଛନ୍ତି। ସାନଝିଅ ସଂଯୁକ୍ତା ଜଣେ ସୁଗୃହିଣୀ ଭାବରେ ନିଜର ସୁନ୍ଦର ପାରିବାରକ ଜୀବନରେ ସନ୍ତୁଷ୍ଟ। ଏ ସମସ୍ତ ସନ୍ତାନଙ୍କର ପ୍ରତ୍ୟେକଟି ସଫଳତାର ପାଶ୍ଚାତ୍‌ଭାଗରେ ଲକ୍ଷ୍ମୀନାରାୟଣ ଚୌଧୁରୀଙ୍କ ଭୂମିକା ଅନବଦ୍ୟ। କଟକସ୍ଥ ଚୌଧୁରୀ ବଂଶର ଭିତ୍ତିସ୍ଥାପକ ଭାବରେ ଦିବଙ୍ଗତ ଲକ୍ଷ୍ମୀନାରାୟଣ ଚୌଧୁରୀ ଯଶସ୍ୱୀ ରହିବେ।

■

ପିଲାଦିନର ଅନୁଭୂତି ଓ ଶିକ୍ଷା ବ୍ୟବସ୍ଥା

'କଟକ' - ଐତିହ୍ୟର ସହର

କଟକ ସହର ଏକ ଐତିହ୍ୟର ସହର, ରାଜନୀତିର ଦର୍ପଣ। ଶିକ୍ଷା ଓ ସଂସ୍କୃତିର ଜୀବନ୍ତ ସାକ୍ଷୀ। ସବୁ ଅଙ୍ଗେନିଭେଇଛି। ସବୁ ଦେଖିଛି। ଏହା ପଲ୍ଲୀ ଓ ସହରୀ ଜୀବନର ଏକ ମିଶ୍ରଣ, ଏହି ସହରରୁ ବସି କହି ହୁଏ ଓଡ଼ିଶାରେ କ'ଣ ଘଟୁଛି। ଦେଖି ହୁଏ ପୁରପଲ୍ଲୀର ଦୃଶ୍ୟ। ଏଇଠି ରେଡ଼ିଓ ଷ୍ଟେସନ୍, ଏଇଠି ରହିଛି ସବୁ ଖବରକାଗଜଙ୍କର ମୁଖ୍ୟ କାର୍ଯ୍ୟାଳୟ।

୧୯୨୫ ମସିହାରେ ଏଇ କଟକର ହାଇକୋର୍ଟ ଛକ ଚୌଧୁରୀ ପରିବାରରେ ମୋର ଜନ୍ମ। ପିଲାଦିନରୁ ଆଜି ପର୍ଯ୍ୟନ୍ତ ସମୟାନୁକ୍ରମେ ରାଜନୈତିକ ଉତ୍‌ଥାନ ପତନ, ଓଡ଼ିଶାର ସାଂସ୍କୃତିକ ବିକାଶ, ଶିକ୍ଷାର ପରିବର୍ତ୍ତନ, ସହରର ପ୍ରତ୍ୟେକ ଘଟଣା ସହ ଓତପ୍ରୋତ ଭାବେ ଜଡ଼ିତ। କାଠଯୋଡ଼ିରେ ୯୦ଟି ନଈବଢ଼ି ଦେଖିସାରିଛି। ବାଇମୁଣ୍ଡିର ପଥରବନ୍ଧ ଆଜି ବସନ୍ତ ବିଶ୍ୱାଳଙ୍କର ଆଧୁନିକ କାଠଯୋଡ଼ି ରିଙ୍ଗ୍ ରୋଡ୍‌ରେ ପରିବର୍ତ୍ତିତ। ମହାନଦୀ ପଠା ଆଜି ଆଧୁନିକ ବିଡ଼ାନାସୀ କଟକର କଳେବରକୁ କାଠଯୋଡ଼ି ନଦୀ ମଝିକୁ ନେଇଯାଇଛି। ନୂଆକରି ଗଢ଼ି ଉଠିଥିବା ଆଧୁନିକ ସି.ଡି.ଏ. ବିଡ଼ାନାସୀ କଟକ ଠାରୁ ଆରମ୍ଭ କରି ମହାନଦୀ ବିହାରର ଜନ୍ମ ଆମରି ସାମ୍ନାରେ ହୋଇଛି।

କଟକ ସହର ହଜାରେ ବର୍ଷର। ୯୮୯ ମସିହାରେ କେଶରୀ ବଂଶର ରାଜା ନୃପକେଶରୀଙ୍କ ରାଜଧାନୀ କଟକ ଥିଲା। ଏହା ଏକ ସୈନ୍ୟସାମନ୍ତ ପରିପୂର୍ଣ୍ଣ ମଜଭୁତ ଗଡ଼ ରୂପେ ପରିଗଣିତ ହେଉଥିଲା। ମର୍କତ କେଶରୀଙ୍କ ରାଜତ୍ୱ ସମୟରେ ୧୦୦୨ ମସିହାରେ କଟକ ସହରକୁ ରକ୍ଷା କରିବା ପାଇଁ କାଠଯୋଡ଼ୀ କୂଳେ କୂଳେ ପଥର ବନ୍ଧ ତିଆରି ହୋଇଥିଲା।

ଏହାପରେ ଐତିହାସିକ ପ୍ରମାଣ ଅନୁସାରେ ଗଙ୍ଗବଂଶର ରାଜା ୧୨୧୧ ମସିହାରେ ଅନଙ୍ଗ ଭୀମଦେବ କଟକରେ ତାଙ୍କ ରାଜ୍ୟର ରାଜଧାନୀ ପ୍ରତିଷ୍ଠା କରିଥିଲେ। ଗଙ୍ଗବଂଶର ରାଜୁତି ପରେ ଓଡ଼ିଶାର ଶାସନ ଗଜପତି ରାଜାଙ୍କ ହାତରେ ପଡ଼ିଲା। ୧୪୩୫ରୁ ୧୫୪୧ ପର୍ଯ୍ୟନ୍ତ କଟକ ଓଡ଼ିଶାର ରାଜଧାନୀ ଥିଲା। ମୁକୁନ୍ଦଦେବ ଥିଲେ ଓଡ଼ିଶାର ଶେଷ ହିନ୍ଦୁରାଜା। ତା'ପରେ କଟକ ପ୍ରଥମେ ମୁସଲିମ୍ ଓ ପରେ ମୋଗଲମାନଙ୍କ ଅଧୀନକୁ ଚାଲିଗଲା।

୧୭୫୦ ମସିହାରେ କଟକ ମରାଠାମାନଙ୍କ ଅଧୀନକୁ ଗଲା। ମରାଠାମାନଙ୍କ ସମୟରେ କଟକ ଏକ ବାଣିଜ୍ୟ କେନ୍ଦ୍ର ଭାବେ ପ୍ରାଧାନ୍ୟ ଲାଭ କରିଥିଲା। ମରାଠା ବେପାରୀମାନେ ନାଗପୁରରୁ ଜିନିଷପତ୍ର ଆଣି କଟକରେ ବ୍ୟବସାୟୀଙ୍କୁ ବିକ୍ରି କରୁଥିଲେ। ସେମାନେ ମଧ୍ୟ ତାହା କଲିକତା ପଠାଇ ବାଣିଜ୍ୟ କରୁଥିଲେ। ମରାଠା ରାଜୁତି ସମୟରେ କଟକ ଏକ ବାଣିଜ୍ୟ କେନ୍ଦ୍ର ରୂପେ ଗଢ଼ି ଉଠିଥିଲା, କଟକ କୋଟିକୀର୍ତ୍ତିନୀ ନଗର ଭାବରେ ପରିଚିତ ଥିଲା।

୧୮୦୩ ମସିହାରେ ଇଂରେଜମାନେ ଓଡ଼ିଶା ଅଧିକାର କରିଥିଲେ। ସେବେ କଟକ ଇଂରେଜ ଶାସନ ଅଧୀନକୁ ଚାଲିଗଲା। କଟକ ଓଡ଼ିଶା ଡିଭିଜନ୍‌ର ରାଜଧାନୀ ଥିଲା। କଟକ ସହର ରାଜଧାନୀ ହେବାକୁ ଏକ ପ୍ରକୃଷ୍ଟ ସ୍ଥାନ ବୋଲି ତାହା ଗଙ୍ଗବଂଶର ରାଜା ଅନଙ୍ଗଭୀମ ଦେବ ଅନୁଭବ କରିଥିଲେ। ଦୁଇ କଡ଼ରେ ଈଶ୍ୱରଦତ୍ତ ମହାନଦୀ ଓ କାଠଯୋଡ଼ି ଦୁଇ ଗଡ଼ଖାଇ ଭଳି କାମକରେ। ଏଣୁ ଅନଙ୍ଗଭୀମ ଦେବ ତାଙ୍କର ରାଜଧାନୀ ଚୌଦ୍ୱାରରୁ କଟକ ଉଠାଇ ଆଣିଥିଲେ। ବାରବାଟୀ ଦୁର୍ଗ ମଧ୍ୟରେ ରାଜପ୍ରସାଦ ପ୍ରତିଷ୍ଠା ହୋଇଥିଲା। ଦୁର୍ଗ ଓ ଗଡ଼ଖାଇ ତିଆରି କରି ସେ ବାହ୍ୟ ଆକ୍ରମଣରୁ କଟକକୁ ରକ୍ଷାକରି ୧୨୧୧ରୁ ୧୨୩୮ ପର୍ଯ୍ୟନ୍ତ ରାଜତ୍ୱ କରିଥିଲେ।

ତା'ପରେ ରାଜା ମୁକୁନ୍ଦଦେବ ୧୫୬୦ ମସିହାରେ ନଅ ତାଲା ବିଶିଷ୍ଟ ବାରବାଟୀ ଦୁର୍ଗ ତିଆରି କରିଥିଲେ। ବେଙ୍ଗଲ୍‌ର ମୁସଲମାନ୍ ରାଜା ସୁଲେମାନ୍ କାମୀଙ୍କ ସହ ଯୁଦ୍ଧ କରି ସେ ୧୫୨୮ ମସିହାରେ ପ୍ରାଣ ହରାଇଲେ। ଏହାପରେ କଟକ ରାଜଧାନୀର ମହତ୍ତ୍ୱ ହରାଇଲା। ୧୦୨ ଏକର ଜାଗାରେ ନିର୍ମିତ ଏକ ବର୍ଗାକାର କ୍ଷେତ୍ରଯୁକ୍ତ ବାରବାଟୀ ଦୁର୍ଗ ଆଜି ଭଗ୍ନାବେଶରେ ଠିଆହୋଇଛି। ଗଡ଼ଖାଇ ପୋତି ହୋଇଗଲାଣି। ତା' ମଧ୍ୟରେ ଥିବା ଗଙ୍ଗବଂଶର ମନ୍ଦିର ନଷ୍ଟ ହୋଇଯାଇଛି। ଔରଙ୍ଗଜେବ୍‌ଙ୍କ ସମୟର ୧୭୧୯ରେ ତିଆରି ହୋଇଥିବା ମସଜିଦ୍ ଏବେ ସେଠାରେ ଅଛି।

ବ୍ରିଟିଶ୍ ରାଜତ୍ୱ ସମୟରେ କଟକ ଦେଇ 'ବେଙ୍ଗଲ୍-ନାଗପୁର ରେଳପଥ' କଲିକତାରୁ ମାନ୍ଦ୍ରାଜ ପର୍ଯ୍ୟନ୍ତ ତିଆରି ହେଲା ଏବଂ କଟକ, କଲିକତା ଓ ମାନ୍ଦ୍ରାଜ ସହ

ସିଧାସଳଖ ସଂଯୋଗ ହେଲା । ୧୯୧୯ ମସିହାରେ କଲିକତାରୁ ମାନ୍ଦ୍ରାଜ ରେଳ ଚାଲିଲା । ଏହାପରେ ୧୯୩୬ ମସିହା ଏପ୍ରିଲ ୧ ତାରିଖରେ ଓଡ଼ିଶା ସ୍ୱତନ୍ତ୍ର ପ୍ରଦେଶ ହେଲା । ପୁଣି ୧୯୩୬ରେ କଟକ ଓଡ଼ିଶାର ରାଜଧାନୀର ମୁକୁଟ ପିନ୍ଧିଲା । ୧୯୩୬ରୁ ୧୯୪୮ରେ କଟକ ହେଲା ସ୍ୱତନ୍ତ୍ର ଓଡ଼ିଶାର ରାଜଧାନୀ । ୧୯୪୮ରେ ଭୁବନେଶ୍ୱରରେ ନୂଆ ରାଜଧାନୀ ପ୍ରତିଷ୍ଠା ପରେ ମହତାବଙ୍କ ମୁଖ୍ୟମନ୍ତ୍ରୀତ୍ୱ ସମୟରେ ଭୁବନେଶ୍ୱର ହେଲା ଓଡ଼ିଶାର ରାଜଧାନୀ ।

୧୯୩୬-୧୯୪୮ କଟକ ଓଡ଼ିଶାର ସାଂସ୍କୃତିକ ପ୍ରାଣକେନ୍ଦ୍ର ଭାବରେ ବିବେଚିତ । ଏହା ଓଡ଼ିଶାର ସାଂସ୍କୃତିକ ରାଜଧାନୀ କହିଲେ ଅତ୍ୟୁକ୍ତି ହେବ ନାହିଁ । ୧୯୩୬ ମସିହା ଏପ୍ରିଲ୍ ୧ ତାରିଖରେ ଓଡ଼ିଶା ସ୍ୱତନ୍ତ୍ର ପ୍ରଦେଶ ଘୋଷିତ ହେଲା । ସେଇଦିନ ଠାରୁ ଓଡ଼ିଶା ପ୍ରଦେଶର ରାଜଧାନୀ ହେଲା କଟକ । ସେଦିନ ପାରଳା ମହାରାଜ ବାରବାଟୀ ଷ୍ଟାଡିୟମ୍‌ରେ ଏକ ବିରାଟ ଭୋଜିର ଆୟୋଜନ କରିଥିଲେ । ହଜାର ହଜାର ଲୋକ ଏଥିରେ ଯୋଗ ହେଇଥିଲେ । ୧୯୩୭ ମସିହା ଜୁଲାଇ ମାସ ୮ ତାରିଖରେ ରେଭେନ୍‌ସା କଲେଜ ହଲ୍‌ରେ ଓଡ଼ିଆ ବିଧାନସଭାର ପ୍ରଥମ ଅଧିବେଶନ ବସିଥିଲା । ବିଧାନସଭା ସୌଧ ତିଆରି ହୋଇନଥିବାରୁ ରେଭେନ୍ସା କଲେଜ ହଲ୍‌ରେ ଅସ୍ଥାୟୀ ଭାବେ ବିଧାନସଭା ଅଧିବେଶନ ହେଉଥାଏ । ଐତିହାସିକ ଲାଲ୍‌ବାଗ ପାଲେସ୍, କମିଶନରମାନଙ୍କର ନିବାସ ଥିଲା ଓ ପରେ ତାହା ରାଜଭବନରେ ପରିଣତ ହେଲା ।

ଏହି ଲାଲ୍‌ବାଗ୍ ପାଲେସ୍ ବହୁତ ଉତ୍‌ଥାନ ପତନ ଦେଖିଛି । ବହୁତ ଶାସକମାନଙ୍କର ନିବାସରେ ପରିଣତ ହୋଇଛି । ଏହା ଦେଖିଛି ରାଜନୈତିକ ସରଗରମ ବାତାବରଣ । ଏହା କଟକର ଥିବା ମୋଗଲ୍ ସୁବେଦାରଙ୍କ ଦ୍ୱାରା ନିର୍ମାଣ ହୋଇଥିଲା । ଏହାପରେ ଏହି ପାଲେସ୍‌କୁ ମରାଠାମାନେ ଦଖଲକୁ ନେଲେ । ଏହା ମଧ୍ୟରେ ଏହାକୁ ବହୁତ ଗଢ଼ା ଭଙ୍ଗା ହୋଇଛି । ୧୭୪୧ରେ ସୁଲତାନ ଜଙ୍ଗ୍-ନା-ଏବ୍‌ନାଜିମ୍ ଏହାକୁ ତାଙ୍କର ବାସସ୍ଥାନ କରିଥିଲେ । ବ୍ରିଟିଶ୍‌ମାନେ ୧୮୦୩ ମସିହାରେ ଲାଲ୍‌ବାଗ୍ ପାଲେସ୍‌କୁ ନିଜର ଅଧିକାରକୁ ନେଇଥିଲେ । ୧୮୯୬ରେ R.C Dutta Commision ଯିଏକି ଜଣେ ଜଣାଶୁଣା ଐତିହାସିକ । ସେ ଏଠାରେ ଅବସ୍ଥାପିତ ଥିବା ସମୟରେ ତାଙ୍କ ଝିଅକୁ ଚିଠି ଲେଖିଥିଲେ ଯେ, ଏହା ହେଉଛି ସବୁଠୁ ସୁନ୍ଦର କମିଶନର୍ ନିବାସ । ଏହା ମହାନଦୀ କୂଳରେ ଅବସ୍ଥିତ । ଏହାର ଚାରିପାଖ ଗଛଲତାରେ ପରିପୂର୍ଣ୍ଣ । ଏହାର ସୁନ୍ଦର ମନୋଲୋଭା ଗ୍ରାମୀଣ ପରିବେଶ ବାସସ୍ଥଳୀ ପାଇଁ ଅତ୍ୟନ୍ତ ମନୋରମ । ବନ୍ୟା ସମୟର ମହାନଦୀର ଦୃଶ୍ୟ ଦେଖିଲେ ଆଖି ଖୋସି ହୋଇଯାଏ ।

୧୯୪୧ ମସିହାରେ ମହାରାଜା କୃଷ୍ଣଚନ୍ଦ୍ର ଗଜପତି ମୁଖ୍ୟମନ୍ତ୍ରୀ ଥିବାବେଳେ,

ଏହାକୁ ମୁଖ୍ୟମନ୍ତ୍ରୀଙ୍କ ବାସଭବନ ରୂପେ ବ୍ୟବହାର କଲେ। ୧୮ ଜୁଲାଇ ୧୯୪୨ ଠାରୁ ଏହା ଗଭର୍ଣ୍ଣରଙ୍କ ରାଜଭବନ ରୂପେ ବ୍ୟବହାର କରାଗଲା। ସାର୍ ହଥ୍ରୋନ ଲୁଇସ୍ ପ୍ରଥମ ଗଭର୍ଣ୍ଣର୍ ଭାବେ ଏଠାରେ ରହିଥିଲେ। ବହୁତ ରାଜନୈତିକ ଏବଂ ସାଂସ୍କୃତିକ ବିପ୍ଳବର ମୂକସାକ୍ଷୀ ଏହି ଲାଲବାଗ ପାଲେସ୍। ଏହାପରେ ଶାସନ ବ୍ୟବସ୍ଥାର ମୁଖ୍ୟ କେନ୍ଦ୍ର ହୋଇଗଲା 'ଗଭର୍ଣ୍ଣର୍ ହାଉସ୍'। ୧୯୬୦ ପର୍ଯ୍ୟନ୍ତ ଲାଲ୍‌ବାଗ୍ ପାଲେସ୍ 'ଗଭର୍ଣ୍ଣର୍ ହାଉସ୍' ରୂପେ ନାମିତ ଥିଲା। ସୁକଣ୍ଠନକର ଗଭର୍ଣ୍ଣର୍ ଥିଲା ସମୟରେ ଭୁବନେଶ୍ୱର ଗଭର୍ଣ୍ଣର୍ ହାଉସ୍‌କୁ ତାଙ୍କ ବାସସ୍ଥାନ ସ୍ଥାନାନ୍ତରିତ ହେଲା। ସେ ଏହି ଲାଲ୍‌ବାଗ୍ ପାଲେସ୍‌କୁ ଭାରତୀୟ ରେଡ୍‌କ୍ରସ୍ ସୋସାଇଟିକୁ ଦାନ କରିଦେଇଥିଲେ ଏବଂ ଏଠାରେ ଶିଶୁଙ୍କ ପାଇଁ ଏକ ଡାକ୍ତରଖାନା ଖୋଲିବାକୁ ପରାମର୍ଶ ଦେଇଥିଲେ। ପରେ ଏହା ହେଲା ଶିଶୁଭବନ ୧୯୬୬ରେ ଓଡ଼ିଶା ସରକାର ଶିଶୁଭବନକୁ ହାତକୁ ନେଲେ। ବର୍ତ୍ତମାନ ଏହା ସର୍ଦ୍ଦାର୍ ବଲ୍ଲଭଭାଇ ପଟେଲ୍ Post Graduate Institute of Pediatrics, କିନ୍ତୁ ସମସ୍ତେ ଏହାକୁ ଶିଶୁଭବନ ଭାବେ ଜାଣନ୍ତି।

ଆମ ଘର ଦୁଆରମୁହଁ ସାମ୍‌ନାରେ ହାଇକୋର୍ଟର ମୁଖ୍ୟ ଫାଟକ। ଜଜ୍‌ମାନେ ଫାଟକ ମଧ୍ୟରେ ପ୍ରବେଶ କଲେ ଆମେ ଘରେ ବସି ଦେଖିପାରୁ। ହାଇକୋର୍ଟର ଗହଳି ଚହଳି ଓ ପରିବର୍ତ୍ତନ ସବୁକୁ ଦେଖିଛୁ ପିଲାଦିନୁ। ହାଇକୋର୍ଟ ମଧ୍ୟରେ ଥିବା ସୁନ୍ଦର ଫୁଲ ବଗିଚାରେ ପିଲାଦିନରୁ ବୁଲିଛୁ। କଲେଜିଏଟ୍ ସ୍କୁଲରେ ପାଠପଢ଼ା, ପ୍ରାକ୍ଟିସିଂ ମିଡିଲ୍ ସ୍କୁଲ୍‌ରେ ପିଲାଦିନର ଶିକ୍ଷା ଏବଂ ହାଇକୋର୍ଟ ମୋ ଜୀବନର ୯୦ ବର୍ଷର ଇତିହାସ। ସ୍ୱତନ୍ତ୍ର ଓଡ଼ିଶା ଗଠନ, ରାଜଭବନର ଗଭର୍ଣ୍ଣର୍ ପରିବର୍ତ୍ତନ, ଗଭର୍ଣ୍ଣର୍‌ମାନଙ୍କୁ ଦିଆଯାଉଥିବା 'ଗାର୍ଡ ଅଫ୍ ଅନର୍', ରାଜନୈତିକ ଉଷ୍ମତା, ବାର୍ ଆସୋସିଏସନ୍‌ର କାର୍ଯ୍ୟକ୍ରମ, ସେତେବେଳର ଜିଲ୍ଲା କୋର୍ଟ ଓ କାଠଯୋଡ଼ି କୂଳ ପର୍ଯ୍ୟନ୍ତ ଏହି ଛକର କାର୍ଯ୍ୟବ୍ୟସ୍ତତା ପରିଲକ୍ଷିତ ହେଉଥିଲା। ସୁନ୍ଦର ପରିବେଶ, ଧାଡ଼ି ଧାଡ଼ି ଗଛରେ ଭରା ଏହି ଛକ ରାଜଭବନ ପର୍ଯ୍ୟନ୍ତ ଥିଲା ଅତ୍ୟନ୍ତ ମନୋରମ।

ଚାଟଶାଳୀ ଶିକ୍ଷା:

ଓଡ଼ିଶା ସହ ଚାଟଶାଳୀ ଶିକ୍ଷାର ସଂପର୍କ ବହୁତ ଘନିଷ୍ଠ ଥିଲା। ସ୍ୱାଧୀନତାର ପୂର୍ବରୁ ପ୍ରାଥମିକ ଶିକ୍ଷା ଓଡ଼ିଶାରେ ଅଗ୍ରଗତି କରିନଥିଲା। ୧୯୩୬ରେ ଓଡ଼ିଶା ସ୍ୱତନ୍ତ୍ର ପ୍ରଦେଶ ହେଲା। ତା' ପୂର୍ବରୁ ଅର୍ଥାତ୍ ୧୯୩୦ ବେଳକୁ ଗାଁ ଗଣ୍ଡା ପୁରପଲ୍ଲୀରେ ଚାଟଶାଳୀ ଥିଲା ଶିକ୍ଷାର ମାଧ୍ୟମ। କଟକ ସହରକୁ ଆସୁଥିବା ଅବଧାନମାନେ ପ୍ରାୟତଃ ମେଦିନାପୁର ଅଞ୍ଚଳରୁ ଆସୁଥିଲେ। ବେଙ୍ଗଲ ଆପାତତଃ ଆମ ଓଡ଼ିଶା ଠାରୁ ଶିକ୍ଷା ସଂସ୍କୃତିରେ ଉନ୍ନତ ଥିଲା। ମେଦିନାପୁର ଓ ତା' ଆଖପାଖର ଯୁବକ ଓ ମଧ୍ୟମ ବୟସ୍କ

ଅଳ୍ପ ଶିକ୍ଷିତମାନେ ଶିକ୍ଷାଦାନ କରିବା ପେସାକୁ ଗ୍ରହଣ କରିନେଇ ଥାଆନ୍ତି। ଏହା ଏକ ଭଲ ପେସା ଥିଲା, ଗାଁରେ ରହି ଖାଇପିଇ ସମ୍ମାନର ସହ ରହିବା ଓ ଛୋଟ ଛୋଟ ପିଲାଙ୍କୁ ପଣକିଆ ଓ ବର୍ଣ୍ଣବୋଧ ପଢ଼ାଇବା ଏମାନଙ୍କ ପେସା ଥିଲା। ଏହି ଚାଟଶାଳୀ ଗୁଡ଼ିକ ସକାଳ ୭ଟାରୁ ଦିନ ୧୨ଟା ପର୍ଯ୍ୟନ୍ତ ଓ ଉପରବେଳା ୪ଟାରୁ ୬ଟା ପର୍ଯ୍ୟନ୍ତ ହେଉଥାଏ। ଚାଟଶାଳୀ ବନ୍ଦ ପରେ ଅର୍ଥାତ୍ ୬ଟା ବେଳକୁ ସନ୍ଧ୍ୟାରେ ଖେଳର ବନ୍ଦୋବସ୍ତ ଥାଏ। ଲୁଚକାଳି, ବାଗୁଡ଼ି ବା କବାଡ଼ି, ଦାଣ୍ଡିଆ ନାଚ, ଦୌଡ଼ି ଡିଆଁ ଇତ୍ୟାଦି ଥିଲା ସେତେବେଳର ଖେଳ। ଅବଧାନମାନଙ୍କର ଗାଁ କିମ୍ବା ପାଠ ପଢ଼ଉଥିବା ଅଞ୍ଚଳରେ ବହୁତ ଖାତିର ଥିଲା। ବହୁତ ଘଟଣାରେ ସେମାନେ ପରାମର୍ଶ ମଧ୍ୟ ଦେଉଥିଲେ। ବିବାହ, ଭୋଜି, ବ୍ରତ ଇତ୍ୟାଦିରେ ସେମାନଙ୍କୁ ଅଗ୍ରାଧିକାର ଆଧାରରେ ନିମନ୍ତ୍ରଣ ମିଳୁଥିଲା। ଏହି ଅବଧାନମାନଙ୍କର ଖାଦ୍ୟ ଓ ଅନ୍ୟାନ୍ୟ ଖର୍ଚ୍ଚ ଗାଁ ଲୋକ ପାଳିକରି ବହନ କରୁଥିଲେ। ଯେଉଁ ପିଲାମାନେ ପଢୁଥିଲେ, ସେମାନେ ମାସରେ ଥରେ ଅବଧାନଙ୍କ ପାଇଁ ଚାଉଳ, ଡାଲି, ପନିପରିବା ଓ ତେଲ ଲୁଣ, ନହେଲେ ତା' ବାବଦରେ ଖର୍ଚ୍ଚ ଦେଉଥିଲେ। ପିଲାମାନେ ମଧ୍ୟ ଅବଧାନଙ୍କୁ ରୋଷେଇରେ ସାହାଯ୍ୟ କରୁଥିଲେ। ଏହି ପ୍ରାଥମିକ ଶିକ୍ଷା ଥିଲା ଗ୍ରାମରେ କିଛି ଲୋକଙ୍କ ଦ୍ୱାରା ପ୍ରତିଷ୍ଠିତ ଚାଟଶାଳୀଟିଏ। କଟକ ସହରରେ ଅନେକ ଚାଟଶାଳୀ ଥିଲା। ଏହି ଚାଟଶାଳୀରୁ ଯାଇ ପିଲାମାନେ ସିଧା ପ୍ରାଇମେରୀ ସ୍କୁଲ୍‌ରେ ନାଁ ଲେଖାଉଥିଲେ।

କାଳକ୍ରମେ ସରକାର ଚାହାନ୍ତୁ ବା ଅନ୍ୟ କେଉଁ କାରଣ ହେଉ ଏହି ଚାଟଶାଳୀଗୁଡ଼ିକ ବନ୍ଦ ହେବାକୁ ଲାଗିଲା। କେତେକ କହନ୍ତି କେତେଜଣ ପ୍ରଭାବଶାଳୀ ବଙ୍ଗାଳୀ ଏହି ମେଦିନୀପୁର ଅବଧାନମାନଙ୍କୁ ଭୟଭୀତ କରୁଥିଲେ। କାରଣ ସେମାନଙ୍କର ଉଦ୍ଦେଶ୍ୟ ଥିଲା ଓଡ଼ିଆ ଏକ ସ୍ୱତନ୍ତ୍ର ଭାଷା ନହେଉ ଏବଂ ଶିକ୍ଷାଦୀକ୍ଷାରେ ଓଡ଼ିଆ ଅଗ୍ରଗତି ନକରୁ। ତା'ପରେ ଆସ୍ତେ ଆସ୍ତେ ଓଡ଼ିଶା ସରକାର ମଧ୍ୟ ଚାହିଁଲେ ସମସ୍ତେ ସ୍କୁଲରେ ପ୍ରଥମ ଶ୍ରେଣୀରୁ ହିଁ ପିଲା ନାଁ ଲେଖାନ୍ତୁ ଏବଂ ପ୍ରାଇମେରୀ ସ୍କୁଲ୍‌ରେ ପଢ଼ନ୍ତୁ। ଏହିପରି ଚାଟଶାଳୀ ଗୁଡ଼ିକ ଗ୍ରାମ ଏବଂ ସହରର ସାହିବସ୍ତିରୁ କ୍ରମେ ଲୋପ ପାଇଗଲା।

ବାଲ୍ୟ ଶିକ୍ଷା:

ଆମ ଘରେ ଖୋଲା ହୋଇଥିବା ଚାଟଶାଳୀଟି ମଧ୍ୟ କିଛିଦିନ ପରେ ବନ୍ଦ ହୋଇଗଲା। ମୁଁ ଯାଇ ପ୍ରାକ୍ଟିସିଂ ମିଡିଲ୍ ଇଂଲିସ୍ ସ୍କୁଲରେ ଯୋଗଦେଲି। ଏଠାରେ ୭ମ ଶ୍ରେଣୀ ପର୍ଯ୍ୟନ୍ତ ଥାଏ। ଏହା ରାଧାନାଥ ଟ୍ରେନିଂ ସ୍କୁଲ ମଧ୍ୟରେ ଥିଲା। ରାଧାନାଥ ଟ୍ରେନିଂ କଲେଜର ଅଧିନରେ କାମ କରୁଥିଲା। ଟ୍ରେନିଂ କଲେଜ ପିଲାମାନେ ଏଠାରେ ମଧ୍ୟ ପଢ଼ାଉଥିଲେ। ଏହା ତାଙ୍କର Traning। ଏଠାରେ ପାଠପଢ଼ା ଥିଲା ବହୁତ ଉଚ୍ଚକୋଟୀର,

ଏଠାରୁ ପାସ୍ କରିଥିବା ଛାତ୍ରମାନେ ପ୍ରାୟ ସମାଜରେ ବହୁତ ଉଚ୍ଚ ପ୍ରତିଷ୍ଠାଲାଭ କରିଛନ୍ତି। ମୋ ସାଙ୍ଗରେ ସ୍କୁଲ୍‌ରେ ପଢୁଥିଲେ, ତ୍ରିଲୋଚନା ଗରାବଡୁ। ଯିଏକି ପରେ ଇଲେକ୍ଟ୍ରିକାଲ୍ ଇଂଜିନିୟରିଂରେ ବହୁତ ନାଁ କରିଥିଲେ। ରମାନାଥ ମିଶ୍ର ପରେ ଯିଏ ଜଣେ ଖ୍ୟାତନାମା ପ୍ରଫେସର୍ ହୋଇ ଖୁବ୍ ଲୋକପ୍ରିୟ ଥିଲେ। ସ୍କୁଲର୍ ଖେଳପଡ଼ିଆଟି ବହୁତ ବଡ଼ ଥିଲା। ଖେଳିବାର ବହୁତ ସୁଯୋଗ ମଧ୍ୟ ଥିଲା। କାଠଯୋଡ଼ି ନଦୀକୂଳରେ ଏହି ସ୍କୁଲଟିର ସ୍ଥିତି ଆଜି ମଧ୍ୟ ଜ୍ୱଳନ୍ତ। ଏହାର ନାମ ବଦଳି ଯାଇଛି ଏବଂ ଛାତ୍ର ବଦଳରେ ଏବେ ଛାତ୍ରୀମାନେ ଏଠାରେ ପଢୁଛନ୍ତି। ବର୍ତ୍ତମାନ ଏହାର ନାମ ରହିଛି ପ୍ରାକ୍ଟିସିଂ ଗାର୍ଲସ୍ ହାଇସ୍କୁଲ୍।

ଆମ ସ୍କୁଲ୍‌ଟି ରାଧାନାଥ ଟ୍ରେନିଂ କଲେଜର ପରିସର ଓ ତତ୍ତ୍ୱାବଧାନରେ ଥିଲା। ରାଧାନାଥ ଟ୍ରେନିଂ କଲେଜର ଇତିହାସ ବହୁତ ପୁରୁଣା। କଟକ ସହରର ଶିକ୍ଷା ସଂସ୍କୃତିର ଅନ୍ୟତମ ପ୍ରାଣକେନ୍ଦ୍ର ରେଭେନ୍‌ସା କଲେଜ ଓ କାଠଯୋଡ଼ି କୂଳରେ ରାଧାନାଥ ଟ୍ରେନିଂ କଲେଜ୍ କଟକର ଦୁଇ ପାର୍ଶ୍ୱରେ ଦୁଇ ଖମ୍ବ ସଦୃଶ ଶିକ୍ଷା ଓ ସଂସ୍କୃତିକୁ ସମୃଦ୍ଧ କରିଛନ୍ତି। କବିବର ରାଧାନାଥ ରାୟଙ୍କ ନାମାନୁସାରେ ଏହି ଅନୁଷ୍ଠାନର ନାମ ରଖାଗଲା ରାଧାନାଥ ଟ୍ରେନିଂ କଲେଜ।

ରାଧାନାଥ ଟ୍ରେନିଂ କଲେଜ କଟକର ପୁରାତନ ଅନୁଷ୍ଠାନ। ଶିକ୍ଷକମାନଙ୍କୁ ଟ୍ରେନିଂ ଦେବାକୁ ଏହା ୧୮୬୯ ମସିହାରେ ପ୍ରତିଷ୍ଠା ହୋଇଥିଲା। ସେତେବେଳେ ଏହାର ଉଦ୍ଦେଶ୍ୟ ଥିଲା ପ୍ରାଇମେରୀ ସ୍କୁଲ୍‌ରେ ପଢ଼ାଇବା ପାଇଁ ତଳ କ୍ଲାସ୍‌ର ପଣ୍ଡିତମାନଙ୍କୁ ଏଠାରେ ଟ୍ରେନିଂ ଦିଆଯିବା। ଏଠାରେ ଦୁଇଟି ବିଭାଗ ଥିଲା- (୧) ଗୁରୁ ପ୍ରଶିକ୍ଷଣ ବିଭାଗ ଓ (୨) ପଣ୍ଡିତ ପ୍ରଶିକ୍ଷଣ ବିଭାଗ।

ଏଠାରେ ଏକ ବର୍ଷିଆ ଶିକ୍ଷା ଓ ତିନି ବର୍ଷିଆ ଶିକ୍ଷାର ବ୍ୟବସ୍ଥା ଥିଲା। ଜର୍ଜ କ୍ୟାମ୍ପ୍‌ବେଲ୍ ଶିକ୍ଷାର ଉନ୍ନତି ପାଇଁ "ସାଧାରଣ ସ୍କୁଲ୍‌କୁ ପ୍ରଥମ ଶ୍ରେଣୀ ସ୍କୁଲ୍ କରି କଟକ ଟ୍ରେନିଂ ସ୍କୁଲ୍‌ର ଆଖ୍ୟା ହେଲେ। ଏହାପରେ କଟକ ଟ୍ରେନିଂ କଲେଜ ହେଲା ପରେ ଏହି ଟ୍ରେନିଂ ସ୍କୁଲ୍‌ଟି ସେକେଣ୍ଡାରୀ ଟ୍ରେନିଂ ସ୍କୁଲ୍ ନାମରେ ପରିଚିତ ହେଲା। ୧୯୧୩ ଶିକ୍ଷାନୀତି ଅନୁସାରେ Cuttack Training College ତିଆରି ହେଲା ଏବଂ ଏଠାରେ (LT) ବା ଲାଇସେନସ୍ ଏଣ୍ଡ୍ ଟ୍ରେନିଂ ବର୍ଷକ ପାଇଁ ଦିଆଗଲା। ଏହା ଗ୍ରାଜୁଏସନ୍ ଶିକ୍ଷା ପରେ ଦିଆହେଉଥିଲା। ଏହି ଟ୍ରେନିଂ କଲେଜ ପାଟଣା ବିଶ୍ୱବିଦ୍ୟାଳୟ ସହିତ ସହବନ୍ଧିତ ଥିଲା। ରେଭେନ୍‌ସା କଲେଜିଏଟ୍ ସ୍କୁଲ୍ ଏହାର 'ଶିକ୍ଷା ଅଭ୍ୟାସ' ପାଇଁ ବ୍ୟବହାର କରାଯାଉଥିଲା। ୧୯୪୮ ମସିହାରେ କଟକ ଜିଲ୍ଲା କୋର୍ଟ, ହାଇକୋର୍ଟରେ ପରିଣତ ହେଲା ଏବଂ ହାଇକୋର୍ଟ ପାଇଁ ବଡ଼ ଜାଗାର ଆବଶ୍ୟକତା ଦୃଷ୍ଟିରୁ କଟକ ଟ୍ରେନିଂ କଲେଜ ଜିଲ୍ଲାକୋର୍ଟରେ ଦଖଲକୁ ଚାଲିଗଲା। ଏଣୁ କଟକ ଟ୍ରେନିଂ କଲେଜ ରାଧାନାଥ

ସେକେଣ୍ଡାରୀ ଟ୍ରେନିଂ ସ୍କୁଲ୍ ପରିଧି ମଧ୍ୟକୁ ଚାଲିଗଲା । LT କୋର୍ସ ବଦଳାଯାଇ 'ଡିପ୍ଲୋମା ଇନ୍ ଏଡୁକେସନ୍' ବା D.Edରେ ପରିବର୍ତ୍ତିତ ହେଲା । ଉତ୍କଳ ବିଶ୍ୱବିଦ୍ୟାଳୟ ପ୍ରତିଷ୍ଠା ପରେ ଏହି D.Ed ପାଠ୍ୟକ୍ରମ କ୍ରମେ ବି.ଇଡି. ପାଠ୍ୟକ୍ରମ ଭାବେ ୧୯୫୫ରୁ ପରିଚିତ ହୋଇଆସୁଛି । ୧୯୮୮ରୁ ରାଧାନାଥ ଟ୍ରେନିଂ କଲେଜକୁ ଉଚ୍ଚ ସମ୍ମାନ ଦେଇ ଶିକ୍ଷା ଓ ଗବେଷଣାର ଉନ୍ନତି ପାଇଁ ଏହାକୁ "ଆଡ୍‌ଭାନ୍‌ସ ଷ୍ଟଡିଜ୍ ଇନ୍ ଏଡୁକେସନ୍" ନାମରେ ନାମିତ କରାଗଲା । ଶିକ୍ଷା କ୍ଷେତ୍ରରେ ରାଧାନାଥ ଟ୍ରେନିଂ କଲେଜ, ପ୍ରାକ୍ଟିସିଂ ସ୍କୁଲ ଓ ରେଭେନ୍‌ସା କଲେଜିଏଟ୍ ସ୍କୁଲ୍ କଟକର ଶିକ୍ଷା ଓ ସଂସ୍କୃତିର ମୂଳଦୁଆ କହିଲେ ଅତ୍ୟୁକ୍ତି ହେବନାହିଁ ।

ପ୍ରାକ୍ଟିସିଂ ମିଡିଲ୍ ସ୍କୁଲ୍‌ର ସେତେବେଳେ ପ୍ରଧାନ ଶିକ୍ଷକ ଥିଲେ ରହମତ୍ ଅଲ୍ଲୀ । ସେତେବେଳେ ସେ ଗଣିତ ପଢ଼ାଉଥିଲେ । ଜଣେ ବିଜ୍ଞ ଗଣିତ ଶିକ୍ଷକ ଭାବେ ତାଙ୍କର ଖ୍ୟାତି ଥିଲା । ତାଙ୍କର ଲିଖିତ ଅଙ୍କବହି ସେତେବେଳେ ଓଡ଼ିଶାର ସବୁ ସ୍କୁଲ୍‌ରେ ବ୍ୟବହୃତ ହେଉଥିଲା । ସେତେବେଳେ ଶିକ୍ଷକ-ଛାତ୍ର ସମ୍ବନ୍ଧ ବହୁତ ଉଚ୍ଚକୋଟୀର ଥିଲା । ପ୍ରାକ୍ଟିସିଂ ମିଡିଲ୍ ସ୍କୁଲ୍‌ରୁ ପାସ୍ କରି ମୁଁ ରେଭେନ୍‌ସା କଲେଜିଏଟ୍ ସ୍କୁଲ୍‌ରେ ନାଁ ଲେଖାଇଥିଲି । ସେତେବେଳର ରେଭେନ୍‌ସା କଲେଜିଏଟ୍ ସ୍କୁଲ୍ ଆଜି ବି ସେମିତି ସେଇଠି ଅଛି । ଏହାର ଇତିହାସ ବହୁତ ପୁରୁଣା । ବହୁ ପ୍ରତିଷ୍ଠିତ ବ୍ୟକ୍ତି ଏଠାରେ ପାଠପଢ଼ି ଓଡ଼ିଶାକୁ ଗୌରବମଣ୍ଡିତ କରିଛନ୍ତି । ଅପୂର୍ବ ସରକାର ଥିଲେ ସେତେବେଳେ କଲେଜିଏଟ୍ ସ୍କୁଲ୍‌ର ପ୍ରଧାନ ଶିକ୍ଷକ । ଅଧିରାଜ ମୋହନ ସେନାପତି ଥିଲେ ଆମର ଓଡ଼ିଆ ଶିକ୍ଷକ । ଅଧିରାଜ ସାର୍, ଫକୀରମୋହନ ସେନାପତିଙ୍କର ନାତି ।

କଲେଜିଏଟ୍ ସ୍କୁଲର ସ୍ମୃତି:

ଆମ ସାଙ୍ଗରେ ପାଠ ପଢୁଥିଲେ ମିହିର ସେନ୍ । ୮ମ ଶ୍ରେଣୀରେ ସେ ମୋ ସାଙ୍ଗରେ ସ୍କୁଲରେ ନାଁ ଲେଖେଇଥିଲେ, ବର୍ଷାଦିନେ କାଠଯୋଡ଼ିରେ ବନ୍ୟାପାଣି ଆସିଲେ ଆମେ ଡିଆଁଘାଟରୁ ପହଁରା ଆରମ୍ଭ କରୁଥିଲୁ । ଡିଆଁଘାଟ ଥିଲା ଆଜିର ଏସ୍.ପି. ଅଫିସ୍ ସାମ୍‌ନା ନଈକୂଳ । ମୁଁ, ମିହିର୍ ଓ ଅମର୍ ରାୟ ନାମକ ଅନ୍ୟଜଣେ ସାଙ୍ଗ ସବୁବେଳେ ଡିଆଁଘାଟରୁ ପୁରୀଘାଟ ବୁରୁଜ ବା ସନ୍‌ସାଇନ୍ ପଡ଼ିଆ ସାମ୍‌ନା ବୁରୁଜ ପର୍ଯ୍ୟନ୍ତ ପହଁରୁଥିଲୁ । ମିହିର୍ ସେନ୍ ସେତେବେଳେ ଭଲ ପହଁରି ପାରୁନଥିଲେ । ସ୍କୁଲ୍‌ଶିକ୍ଷା ପରେ କଟକରେ କଲେଜରେ ମିହିର୍ ସେନ୍ ପଢ଼ିଥିଲେ ଓ ତା'ପରେ ସେ ବିଜୁ ପଟ୍ଟନାୟକଙ୍କ ପୃଷ୍ଠପୋଷକତାରେ ଲଣ୍ଡନ୍‌ରେ ବାର୍-ଆର୍ଟ-ଲ ପଢ଼ିବାକୁ ଗଲେ । ଲଣ୍ଡନରେ ସେ ପହଁରିବା ଅଭ୍ୟାସ କଲେ ଓ ପରେ ପ୍ରଥମ ଭାରତୀୟ ଭାବେ ୧୯୫୮ ମସିହାରେ ଇଂଲିଶ ଚାନେଲ୍ ପହଁରିଥିଲେ ଓ ପଣ୍ଡିତ ନେହେରୁଙ୍କ ସମୟରେ ୧୯୫୯ ମସିହାରେ ପଦ୍ମଶ୍ରୀ

ଉପାଧିରେ ଭୂଷିତ ହୋଇଥିଲେ । କଟକର କାଳିଗଳିରେ ତାଙ୍କର ଜନ୍ମ । ଆମର ସାଙ୍ଗ ଓ ସ୍କୁଲ୍ ସାଙ୍ଗ ହିସାବରେ ସେ ଆମର କଲେଜିଏଟ୍ ସ୍କୁଲ୍‌ର ଗୌରବ, କଟକର ଗୌରବ ଏବଂ ଓଡ଼ିଶାର ଗର୍ବ ।

ଆମ ସ୍କୁଲ୍ ଓ ନେତାଜୀ ସୁଭାଷ ଚନ୍ଦ୍ର ବୋଷ:

ଓଡ଼ିଶା ଗୌରବ ନେତାଜୀ ସୁଭାଷ ଚନ୍ଦ୍ର ବୋଷ ୧୮୯୭ ମସିହାରେ କଟକର ଓଡ଼ିଆ ବଜାରରେ ଜନ୍ମଗ୍ରହଣ କରିଥିଲେ । ସୁଭାଷ ବୋଷ ଷ୍ଟୁଆର୍ଟ ସ୍କୁଲ୍‌ର ୭ମ ଶ୍ରେଣୀ ପର୍ଯ୍ୟନ୍ତ ପଢ଼ିଲେ । ତା'ପରେ ୮ମ ଶ୍ରେଣୀରୁ ମାଟ୍ରିକ୍ ପାସ୍ ପର୍ଯ୍ୟନ୍ତ ରେଭେନ୍ସା କଲେଜିଏଟ୍ ସ୍କୁଲ୍‌ରେ ପଢ଼ିଥିଲେ । ସେତେବେଳେ ରେଭେନ୍ସା କଲେଜିଏଟ୍ ସ୍କୁଲ୍ କଲିକତା ପ୍ରଦେଶର ଶିକ୍ଷା ପରିସର ମଧ୍ୟରେ ଥିଲା ଏବଂ ମାଟ୍ରିକ୍ ପରୀକ୍ଷାରେ ସୁଭାଷ ବୋଷ ସମଗ୍ର କଲିକତା ପ୍ରୋଭିନ୍‌ସରେ ୨ୟ ସ୍ଥାନ ଅଧିକାର କରିଥିଲେ । କଲେଜିଏଟ୍ ସ୍କୁଲ୍‌ରୁ ପାଶ୍ ପରେ ସେ କଲିକତା ପ୍ରେସିଡେନ୍‌ସି କଲେଜରେ ଅଳ୍ପ ସମୟ ପାଇଁ ପଢ଼ିଥିଲେ । ତା'ପରେ ୧୯୧୮ କଲିକତା ବିଶ୍ୱବିଦ୍ୟାଳୟ ଅଧୀନରେ ଥିବା ସ୍କଟିସ୍ ଚର୍ଚ୍ଚ କଲେଜରୁ ସେ ବି.ଏ ପାସ୍ କରିଥିଲେ । ଏହି ମହାନ୍ ପୁରୁଷ ଯେ ଆମ ରେଭେନ୍‌ସା କଲେଜିଏଟ୍ ସ୍କୁଲ୍‌ରୁ ପାସ୍ କରିଥିଲେ, ଆଜି ମନେପକାଇ ଗର୍ବ ଅନୁଭବ କରୁ । କଲେଜିଏଟ୍ ସ୍କୁଲ୍‌ରେ ପଢୁଥିଲା ବେଳେ ସେ ହଇଜା ଓ ଝାଡ଼ାବାନ୍ତି ରୋଗୀଙ୍କୁ ନଣ୍ଡାଦେଉଳ ମଧ୍ୟରେ ରଖି ସେମାନଙ୍କର ସେବା, ଶୁଶ୍ରୂଷା କରିଥିଲେ । ସେହି ସମୟରେ ତାଙ୍କର ପିତା ଜାନକୀନାଥ ବୋଷ ପ୍ରଧାନ ଶିକ୍ଷକଙ୍କୁ ଏହାର ସତ୍ୟତା ଜଣାଇବା ପାଇଁ କହିଥିଲେ । ପ୍ରଧାନ ଶିକ୍ଷକ ଯାଇ ଦେଖିଲେ ପ୍ରକୃତରେ ସୁଭାଷ ବୋଷ ଓ ତାଙ୍କର କେତେଜଣ ସ୍କୁଲ୍ ବନ୍ଧୁ ଓ ସାହିର କେତେକ ସାଙ୍ଗ ସମେତ ମିଶି ବ୍ଲିଚିଂ ପକାଇ, ସିଝା ପାଣିଦେଇ, ବହୁତ ଝାଡ଼ାବାନ୍ତି ରୋଗୀଙ୍କୁ କଲେଜିଏଟ୍ ସ୍କୁଲ୍ ପଛ ଗେଟ୍ ନିକଟସ୍ଥ ନଣ୍ଡା ଦେଉଳରେ ସେବା ଶୁଶ୍ରୂଷା କରିଥିଲେ । ତାଙ୍କର ଦେଶସେବାର ଇଚ୍ଛା ପିଲାଦିନରୁ ହିଁ ଥିଲା । ସେତେବେଳେ କିଏ ଜାଣିଥିଲା ସେ ଦିନେ ଦେଶ ପାଇଁ ନେତୃତ୍ୱ ନେଇ ପ୍ରାଣବଳୀ ଦେବେ ଓ ମହାନ୍ ନେତା ହେବେ । ଓଡ଼ିଆ ବଜାର ଜାନକୀନାଥ ବୋଷଙ୍କ ଘର ପଡ଼ିଶା ଘର ଥିଲା ମୋର ମାମୁଁ ଘର । ମୋର ବୋଉ ହେମଲତା ସାହୁ, ସୁଭାଷଚନ୍ଦ୍ର ବୋଷଙ୍କ ଠାରୁ ମାତ୍ର ୫ ବର୍ଷ ସାନ । ସାଙ୍ଗ ହୋଇ ସେମାନେ ପିଲାଦିନ ବିତାଇଛନ୍ତି । ପାଖାପାଖି ଘର ହୋଇଥିବାରୁ ଦୁଇ ପରିବାର ଭିତରେ ସବୁବେଳେ ଯିବାଆସିବା ସଂପର୍କ ଥିଲା । ସୁଭାଷ ବୋଷଙ୍କ ସାଇକେଲ୍ ପଛରେ ବସି ବୁଲିଯାଏ । ମୋ ମାଆ ତା'ର ପିଲାଦିନର ସ୍ମୃତି ଆମ ଆଗରେ ବର୍ଣ୍ଣନା କରେ ।

ଏମିତି ଦେଖିଲେ କଲେଜିଏଟ୍ ସ୍କୁଲ୍‌ର ଖ୍ୟାତି ବହୁତ ଥିଲା । ଏହା ଥିଲା ଓଡ଼ିଶାର ଶ୍ରେଷ୍ଠ ସ୍କୁଲ୍ । ରେଭେନ୍‌ସା କଲେଜିଏଟ୍‌ରେ ଛାତ୍ର କହିଲେ ସମସ୍ତେ ଟିକେ ଆମକୁ ଖାତିର

କରୁଥିଲେ । ୧୦ମ ଶ୍ରେଣୀରେ ପଢୁଥିଲା ବେଳେ ଓଡ଼ିଶା ଅଲିମ୍ପିକ୍‌ରେ ଯୋଗ ଦେବାକୁ ଇଚ୍ଛା ହେଲା । ମୁଁ ସ୍କୁଲ୍ ଅଲିମ୍ପିକ୍‌ରେ ସାଇକେଲ୍ ଚାଳନାରେ ପ୍ରଥମ ହୋଇ ପୁରସ୍କୃତ ହୋଇଥିଲି । ଏଣୁ ଓଡ଼ିଆ ଅଲିମ୍ପିକ୍ ପାଇଁ ସନ୍‌ସାଇନ୍ ପଡ଼ିଆରେ ସାଇକେଲ୍ ଚାଳନା ଅଭ୍ୟାସ କଲୁ । ମୁକ୍ତାର୍ ଆଲାମ୍ ମଧ୍ୟ ମୋ ସାଙ୍ଗରେ ଅଭ୍ୟାସ କରୁଥିଲେ । ବର୍ଷେ ଅଭ୍ୟାସ ପରେ ତା'ପର ବର୍ଷ ଓଡ଼ିଶା ଅଲିମ୍ପିକ୍‌ରେ ଭାଗନେଇ ମୁଁ ୩ୟ ସ୍ଥାନ ଅଧିକାର କରିଥିଲି । ମୁକ୍ତାର୍ ଆଲାମ୍ ପ୍ରଥମ ହୋଇଥିଲେ । ସେ ସ୍ମୃତି ଆଜି ଏକ ଅଭୁଲା ସ୍ମୃତି । ପରବର୍ତ୍ତୀ ସମୟରେ ମୋର ଶ୍ୱାସରୋଗ ବାହାରିବାରୁ ଡାକ୍ତରମାନେ ମତେ ସାଇକେଲ୍ ରେସ୍‌ରେ ଭାଗ ନେବାକୁ ମନାକଲେ । ଫୁଟ୍‌ବଲ୍ ମଧ୍ୟ ଥିଲା ସେତେବେଳେ କଟକର ବହୁତ ପ୍ରିୟ ଖେଳ । ବିଜୁ ପଟ୍ଟନାୟକ, ଜର୍ଜ ପଟ୍ଟନାୟକ, ସିଜୁ ପଟ୍ଟନାୟକ ଏମାନେ ତିନି ଭାଇ । ସମସ୍ତେ କିଲ୍ଲା ପଡ଼ିଆରେ ଫୁଟ୍‌ବଲ୍ ଖେଳିବାର ଆମେ ଦେଖିଛୁ । ମୋର ଫୁଟ୍‌ବଲ୍ ଥିଲା ପ୍ରିୟଖେଳ । ୯ମ ଶ୍ରେଣୀରେ ଫୁଟ୍‌ବଲ୍ ଖେଳରେ ଆମ କଲେଜିଏଟ୍ ସ୍କୁଲ୍‌ରେ ଆମ କ୍ଲାସ୍ ପ୍ରଥମ ହୋଇଥିଲା । ମୁଁ ଥିଲି ଆମ ଶ୍ରେଣୀର ଫୁଟ୍‌ବଲ୍ କ୍ୟାପ୍‌ଟେନ୍ ।

କଲେଜିଏଟ୍ ସ୍କୁଲ୍‌ରେ ଆମର ସବୁପ୍ରକାର ସାଂସ୍କୃତିକ କାର୍ଯ୍ୟକ୍ରମ ହେଉଥିଲା । ଏଥି ମଧ୍ୟରେ ମୁଖ୍ୟ ଥିଲା ଡ୍ରାମା, ସେତେବେଳେ କଟକ ସହରରେ ସାଂସ୍କୃତିକ ଅନୁଷ୍ଠାନ ବେଶି ନଥିଲା । ସ୍କୁଲ୍ କଲେଜର ଡ୍ରାମା ଥିଲା ସାଧାରଣ ଜନତାଙ୍କ ପାଇଁ ଏକ ମୁଖ୍ୟ ଆକର୍ଷଣ । ଆମର ନବମ ଶ୍ରେଣୀରେ ଛାତ୍ର ଓ ଶିକ୍ଷକ ମିଶି ଏକ ଡ୍ରାମା କରିଥିଲୁ, ତା'ର ନାମ ଥିଲା "ଶ୍ରୀ ଜଗନ୍ନାଥ" । ନୀଳ କନ୍ଦରରୁ ନୀଳ ମାଧବ ଆସି ଜଗନ୍ନାଥ ମନ୍ଦିରରେ କେମିତି ସ୍ଥାପିତ ହେଲେ । ରାଜା ଇନ୍ଦ୍ରଦ୍ୟୁମ୍ନ ରୂପେ କାଠଗଡ଼ା ସାହିର ରଥିନ ମିତ୍ର ସୁନ୍ଦର ଅଭିନୟ କରିଥିଲେ । ମୋର ଭୂମିକା ଥିଲା ସୃଷ୍ଟିଧରର, ବିଦ୍ୟାପତିଙ୍କ ସେନାପତି । ଏହି ନାଟକ ଏତେ ସୁନ୍ଦର ହୋଇଥିଲା ଯେ କଟକର ବିଶିଷ୍ଟ ଲୋକ ଓ ପାଖାପାଖି ଲୋକଙ୍କର ବିରାଟ ଜନସମାଗମ ହୋଇଥିଲା । ସେତେବେଳର ନାଟକ ଓ ଅଭିନୟ ଆଜିର ସିନେମା ପରି ମଧ୍ୟ ଅନେକ ଲୋକପ୍ରିୟ ଥିଲା ।

ସାଇକେଲ୍ ଓ ଆମ ପିଲାଦିନ:

୧୯୩୬-୩୭ ମସିହାର ଘଟଣା । ସେତେବେଳେ କଟକ ସହରରେ କାଁ ଭାଁ ଗୋଟିଏ ଦୁଇଟି କାର୍ ଥିବାର ଆମେ ଦେଖିଛୁ । ସାଧାରଣତଃ ଲୋକଙ୍କ ଚଳପ୍ରଚଳ ପାଇଁ ଥିଲା ସାଇକେଲ୍ । ତା' ପୁଣି ସମସ୍ତେ କିଣିବାକୁ ସକ୍ଷମ ହେଉନଥିଲେ । ବଜାରରେ ସେତେବେଳେ ରାଲେ, ହରକ୍ୟୁଲେସ, ବି.ଏସ୍.ଏ ସାଇକେଲ୍ ମିଳୁଥିଲା । ସେତେବେଳେ ନୂଆ ସାଇକେଲ୍‌ର ଦାମ୍ ଥିଲା ୮୦ ଟଙ୍କା । ସେତେବେଳକୁ ଏହା ବହୁତ ଦାମ୍ । ମୋର ମନେଅଛି ଆମ ଘରେ ମୋର ୭ମ ଶ୍ରେଣୀରେ ଦୁଇଖଣ୍ଡ

ସାଇକେଲ୍ କିଣା ହେଲା । ମୋର ବି.ଏସ୍.ଏ ଓ ମୋର ସାନଭାଇ ଗୋପାଳ ପାଇଁ ଗୋଟିଏ ରାଲେ ସାଇକେଲ୍ । ସେତେବେଳେ ସାଇକେଲ ଚଢ଼ିବାର ନିଶା ଥିଲା ପ୍ରବଳ । ଆମେ ସାଇକେଲ୍ ଚଢ଼ି ଘରୁ ହାଇକୋର୍ଟ ଛକରୁ ଯୋବ୍ରା ପର୍ଯ୍ୟନ୍ତ ଯାଉଥିଲୁ । ଛୁଟିରେ ଆମେ କଟକରୁ ଜଗତପୁର ଦେଇ ଧର୍ମଶାଳା ଯାଉଥିଲୁ । ଧର୍ମଶାଳା କାହାମା ଘାଟରେ ନଦୀ ପାରି ହୋଇ ସାଇକେଲ୍‌ରେ ଯାଇ ଜନକରେ ପହଞ୍ଚୁଥିଲୁ । ଜନକରେ ଆମର ଘର ଥିଲା । ସେଠାରେ ସୁନ୍ଦର ବଗିଚା, ନଈକୂଳ ବାଲି ଓ ଗ୍ରାମୀଣ ପରିବେଶରେ ଆମେ ଛୁଟି କଟାଉଥିଲୁ । ନଈବାଲିରେ ସବୁଦିନ ବାଗୁଡ଼ି ଖେଳୁଥିଲୁ । ଏହି ଜନକ ଘର ଥିଲା ଆମ ଜେଜେବାପାଙ୍କର ଗ୍ରୀଷ୍ମ ନିବାସସ୍ଥଳୀ । ଖରାଦିନ ସାରା ଆମେ ନଈରେ ଗାଧୋଇବା, ଗାଁରେ ସାଇକେଲ୍ ଚଳାଇବା ଥିଲା ଆମର ସଉକ । ସନ୍ଧ୍ୟାରେ ଘନ ଅନ୍ଧକାର, ବାଉଁଶବଣ, ଗାଉଁଲି ରାସ୍ତା, ନୀରବ ନିସ୍ତବ୍ଧ ପରିବେଶ ମଧ୍ୟରେ ଲଣ୍ଠନ ଜାଳି ସନ୍ଧ୍ୟା କାଟୁଥିଲୁ । ବିଜୁଳି ନଥିଲା । ନଈର ବାଲିକୁଦା ଗଣ୍ଡରୁ ମାଛ ଆସେ । ମାଛ ବଣ୍ଟା ହୁଏ ଏବଂ ଘରେ ପ୍ରାୟ ପ୍ରତିଦିନ ମାଛ ହୁଏ । ତରକାରୀ ଓ ଭଜା ହୁଏ । କେଲୁଅ ନଈ ଆମ ଘର ପାଖରେ, ଆମେ ସେଠି ପହଁରୁ । ଖରାଦିନଟା ଆମର ଦ୍ୱିତୀୟ ଘର ଜନକରେ ବହୁତ ମଜା ହୁଏ ।

ରଜ ବହୁତ ମଜାରେ କଟେ, ସାଙ୍ଗମାନଙ୍କ ସହ ବାଗୁଡ଼ି ଖେଳ ହୁଏ । ସାଙ୍ଗସାଥିମାନଙ୍କ ଘରକୁ ଯାଉ । ରାତିରେ ଲଣ୍ଠନ ଧରି ଘରକୁ ଆସିବାରେ ସାଙ୍ଗମାନେ ସାହାଯ୍ୟ କରନ୍ତି । ଆମର ସେଠି ଥାଏ ବିରାଟ ଆମ୍ବ ବଗିଚା । ଏ ଖରାଛୁଟିରେ ଆମ୍ବ ପାଚିଲେ ଘରଦ୍ୱାର ବାସନାରେ ଭରିଯାଏ । ଆମର ଗୋଟିଏ ଆମ୍ବଘର ଥାଏ । ପ୍ରତିଦିନ ଚାକରମାନେ ପଚା ଆମ୍ବ ବାଛନ୍ତି । ପାଚିଲା ଆମ୍ବ, ପଣସ ପ୍ରଚୁର ଖିଆହୁଏ । ପିଲାଦିନର ଗାଁର ପରିବେଶ ବହୁତ ଆତ୍ମୀୟତାରେ ଭରାଥିଲା । ଆମେ କଟକରୁ ଆସିଛୁ ବୋଲି ଗାଁର ସାଙ୍ଗସାଥିମାନଙ୍କର ବହୁତ ଖାତିର ଓ ଗାଁର ବାସିନ୍ଦାମାନେ ମଧ୍ୟ ଆଦର ସ୍ନେହରେ ଘରକୁ ଡାକି ବିଭିନ୍ନ ଖାଦ୍ୟ ଖାଇବାକୁ ଦେଉଥିଲେ ।

କେଲୁଅ ନଦୀ ଆରପଟରେ ରତ୍ନଗିରି ଓ ଲଳିତଗିରି । ଲଳିତଗିରି ଓ ରତ୍ନଗିରିର ବୌଦ୍ଧକୀର୍ତ୍ତି ସେତେବେଳେ ପୋତି ହୋଇ ରହିଥିଲା । ଅଳ୍ପ କିଛି ଖୋଦିତ ହୋଇଥିଲା । ସେତେବେଳେ ଗୀତିନାଟ୍ୟ କରିବାକୁ କବି ବୈଷ୍ଣବ ପାଣି ତାଙ୍କ ଗାଁ କୋଠପଦାରୁ ଜନକ ଆସୁଥିଲେ । ଆମ ଜେଜେବାପାଙ୍କ ସହ ତାଙ୍କର ଭଲ ସଂପର୍କ ଥିଲା । ଆମେ ବୈଷ୍ଣବ ପାଣିଙ୍କର ଗୀତିନାଟ୍ୟ ସେତେବେଳେ ଉପଭୋଗ କରିଛୁ । ସେ ନିଜେ ମୃଦଙ୍ଗ, ଝାଞ୍ଜ ଓ ହାରମୋନିୟମ୍ ବଜାଇ ଗୀତ ଗାଉଥିଲେ ଓ ତାଙ୍କର ସହକର୍ମୀମାନେ ପାଳିଧରି ଗୀତ ଗାଉଥିଲେ । ସେ ଯେ ଏତେ ବିରାଟ ଗୀତିକାର ହେବେ ଓ ଓଡ଼ିଶାରେ ଏତେ

ସ୍ୱନାମଧନ୍ୟ ହେବେ ଆମେ ତାହା ସେତେବେଳେ ଜାଣି ନଥିଲୁ। କିନ୍ତୁ ତାଙ୍କର ଗୀତିନାଟ୍ୟ ସେ ଅଞ୍ଚଳରେ ସେତେବେଳେ ପ୍ରସିଦ୍ଧି ଲାଭ କରିଥିଲା।

କୁସୁପୁର, ବାଲିଚନ୍ଦ୍ରପୁର ସେତେବେଳେ ଥିଲା ସଂସ୍କୃତି ଓ ସାହିତ୍ୟରେ ଖୁବ୍ ଆଗୁଆ। ସେତେବେଳେ କୁସୁପୁର, ତାରପୁର ଇତ୍ୟାଦି ଆଡୁ ଯାତ୍ରାପାର୍ଟି ଆସି ଜନକରେ ବହୁଦିନ ପର୍ଯ୍ୟନ୍ତ ଯାତ୍ରା କରୁଥିଲେ। ଯାତ୍ରା ଓ ପାଲା ଖରାଦିନେ ମୁଖ୍ୟତଃ ସବୁଦିନ ରାତ୍ରରେ ହେଉଥିଲା। ବହୁତ ଜନସମାଗମ ହେଉଥିଲା। ରାତି ଅନିଦ୍ରା ହୋଇ ଆମେ ଯାତ୍ରା ଦେଖୁଥିଲୁ। ପେଟ୍ରୋମାକ୍ସ ଲାଇଟ୍‌ରେ ଆଲୋକିତ ସୁନ୍ଦର ପେଣ୍ଡାଲ୍‌ମାନ ସଜ୍ଜିତ ହେଉଥିଲା। ଗ୍ରାମୀଣ ପରିବେଶରେ ଯାତ୍ରା ବହୁତ ଉପଭୋଗ କରୁଥିଲୁ। କୁସୁପୁରର ନନ୍ଦକିଶୋରଙ୍କ ବିଷୟରେ ସେତେବେଳେ ବହୁତ ଶୁଣିଛୁ। ସେ କୁସୁପୁର ସ୍କୁଲ୍‌ରେ ହେଡ୍‌ମାଷ୍ଟର୍ ଥିଲେ, ପରେ ପଲ୍ଲୀକବି ଭାବେ ପ୍ରତିଷ୍ଠିତ ହେଲେ। ଆମର ଜେନାପୁରରେ ଯେଉଁ ଧାନ ଅମଳ ହେଉଥିଲା ତାକୁ ମାଟି ତଳେ ଖଣି ପକେଇ ରଖାଯାଉଥିଲା। ବର୍ଷା ଆରମ୍ଭରେ ତାକୁ ଖୋଳି ପୁଣି ବାହାର କରାଯାଉଥିଲା। ଆମେ ସହରରେ ରହୁଥିବାରୁ ଏସବୁ ଦେଖି ବହୁତ ନୂଆ ନୂଆ ଲାଗୁଥିଲା। ଗ୍ରାମ୍ୟ ପରିବେଶ ଓ ରଜଦୋଳି ଥିଲା ରଜର ମୁଖ୍ୟ ଆକର୍ଷଣ। ଆମ୍ବ ବଗିଚାରେ ପଟାଦୋଳି ଲାଗେ। ଗୀତ ଗାଇ ରଜ ତିନିଦିନ ସମସ୍ତେ ମଉଜ ମଜଲିସ୍‌ରେ ମାତି ଯାଉଥିଲେ। ଆମ୍ବତୋଟାରେ ବାଗୁଡ଼ି ଖେଳ। ରଜ ପୋଡ଼ପିଠା, ମାଂସ ତରକାରୀ, ରଜବୁଲା ଓ ଘରେ ଘରେ ନିମନ୍ତ୍ରଣ ପାଇ ପିଠା ଓ ଆମ୍ବ-ପଣସ ଖାଇ ରଜ ମଜା ନେଉଥିଲୁ। ରଜ ତିନିଦିନ ରାତିରେ ଯାତ୍ରା ଗାଁକୁ ଉତ୍ସବମୁଖର କରିଦେଉଥିଲା।

ରଜ ପରେ ପରେ ପ୍ରାୟ ବର୍ଷା ଆସିଯାଏ, କଟକରେ ଆମର ସ୍କୁଲ୍ ଖୋଲିଯାଏ। ଆମେ ଜନକରୁ ଗ୍ରୀଷ୍ମଛୁଟି କଟାଇ କଟକ ଚାଲି ଆସୁ। ଆସିଲାବେଳେ କାଆମା ଘାଟରେ ପାଣି ହୋଇଯାଇଥାଏ। ସାଇକେଲ୍‌କୁ ଡଙ୍ଗାରେ ରଖି ନଦୀପାରି ହେଉ। ସାଇକେଲ୍‌ରେ ଲମ୍ବା ଯାତ୍ରା କରିବାର ଆନନ୍ଦ ଏବେ ମଧ୍ୟ ଭୁଲି ହୁଏନାହିଁ।

ଜିମ୍ନାସିୟମ୍ - ମୁଁ ଓ ଉତ୍କଳ ଭୀମ:

ଆମ ଘର ହାଇକୋର୍ଟ ଛକରୁ ନିମଚଉଡ଼ି ଆସିବା ବାଟରେ ବାମ ପଟେ ଆକବର ଖାଁ ଗୁଡ଼ାଖୁ ଦୋକାନ ଗଳିରେ କିଛି ବାଟ ପରେ ଥିଲା ଉତ୍କଳ ଭୀମ ପଦ୍ମଚରଣ ରାୟଙ୍କର ବ୍ୟାୟାମଶାଳା। ନିଜ ପ୍ରଚେଷ୍ଟାରେ ଉଚ୍ଚା ଘରେ ଗୁରୁ ପଦ୍ମଚରଣ ପ୍ରତିଷ୍ଠା କରିଥିଲେ ଏହି ବ୍ୟାୟାମ ବିଦ୍ୟାଳୟ। ଏଠାରେ ବଡିବିଲ୍ଡିଂ ପାରମ୍ପରିକ ବ୍ୟାୟାମ, ମାଲିସ୍, ଶରୀର ଗଠନ ଆଦି ଶିକ୍ଷା ଦିଆଯାଉଥିଲା। ସେ ନିଜେ ରହି ନିଜର ତତ୍ତ୍ୱାବଧାନରେ ଶିକ୍ଷା ଦେଉଥିଲେ, ରେଭେନ୍‌ସାରେ ପଢ଼ିଲା ବେଳେ ମୁଁ ଓ ଅନ୍ୟ କେତେଜଣ ସାଂଗ ସେ

ବ୍ୟାୟାମଶାଳାରେ ଯୋଗ ଦେଲୁ। "ବଡିବିଲ୍ଡର" ଉତ୍କଳ ଭୀମ ପଦ୍ମଚରଣ ରାୟଙ୍କ ଖାଲି କଟକରେ ନୁହେଁ, ଓଡ଼ିଶାରେ ମଧ୍ୟ ନାଁ ଥିଲା, ତାଙ୍କଠାରୁ ଶିକ୍ଷା ପାଇଁ କେତେଜଣ "ଉତ୍କଳଶ୍ରୀ" "ଭାରତଶ୍ରୀ" ଉପାଧିରେ ଭୂଷିତ ହୋଇଛନ୍ତି। ଆମେମାନେ ନିୟମିତ ଦୁଇବର୍ଷ ପର୍ଯ୍ୟନ୍ତ ତାଙ୍କର ବ୍ୟାୟାମଶାଳାରେ ଶିକ୍ଷା ନେଇଛୁ। ସେ ନିଜେ ଛାତ୍ରମାନଙ୍କୁ ତେଲ ମାଲିସ୍ କରିଦେଉଥିଲେ। ଶରୀରର ବିଭିନ୍ନ ମାଂସପେଶୀଗୁଡ଼ିକ ଭିନ୍ନ ଭିନ୍ନ ଭାବେ କେମିତି ବୃଦ୍ଧି ପାଇବ ତା'ର ଭିନ୍ନ ଭିନ୍ନ ବ୍ୟାୟାମ ଶିଖାଉଥିଲେ, ଦଣ୍ଡ, ବୈଠକ, ଡମ୍ବେଲ୍, ବେକ ବ୍ୟାୟାମ, ଦୌଡ଼ିବା ସଙ୍ଗେ ସଙ୍ଗେ "ଭାର ଉତ୍ତୋଳନ" ମଧ୍ୟ ଶିଖାଉଥିଲେ।

ଏହି ବ୍ୟାୟାମଶାଳା କାଳକ୍ରମେ ମ୍ୟୁନିସିପାଲିଟି ଅଫିସ୍ ପରିସରକୁ ଉଠିଗଲା। ଏ ପର୍ଯ୍ୟନ୍ତ ମଧ୍ୟ ତାହା ଏକ ପ୍ରଖ୍ୟାତ ବ୍ୟାୟାମଶାଳା ରୂପେ କାମ କରୁଛି। ଏହା ବହୁତ ଲୋକପ୍ରିୟ, ବର୍ତ୍ତମାନ ଏହା "କଳିଙ୍ଗ ଜିମ୍ନାସିୟମ୍" ନାମରେ ନାମିତ। ଏହା ଶହୀଦ ଭବନର ପାଖରେ ଅବସ୍ଥିତ। ବର୍ତ୍ତମାନ ଏହା କଟକର ଏକ ନାମ୍‌ଜାଦା ବ୍ୟାୟାମଶାଳା।

ଆମର ଚିତ୍ରଶିକ୍ଷା:

ବିଶିଷ୍ଟ ଶିଳ୍ପୀ ତଥା ଶିକ୍ଷକ ଗୋପାଳ କାନୁନ୍‌ଗୋ ଆମ କଲେଜିଏଟ୍ ସ୍କୁଲ୍‌ର ଚିତ୍ରକଳା ଶିକ୍ଷକ ଥିଲେ। ତାଙ୍କର ଉଦ୍ଦେଶ୍ୟ ଥିଲା ସବୁ ଛାତ୍ର ଚିତ୍ରଶିକ୍ଷା କରନ୍ତୁ। ଚିତ୍ରକଳା ପ୍ରତି ପିଲାଙ୍କର ଆଗ୍ରହ ବଢୁ। ସେଥିପ୍ରତି ତାଙ୍କର ବହୁତ ଧ୍ୟାନ ଥିଲା। ଆମେ ଚିତ୍ରକଳା ପ୍ରତି ବହୁତ ଆଗ୍ରହୀ ଥିଲୁ। ତାଙ୍କର ଢେଙ୍କାନାଳ ଜିଲ୍ଲା ସ୍କୁଲ୍‌କୁ ବଦଳି ହୋଇଯାଇଥିଲା। ସାର୍ ଜନ୍ ଅଷ୍ଟିନ୍ ସାହେବ ସେତେବେଳେ ଓଡ଼ିଶାର ଗଭର୍ଣ୍ଣର୍ ଥିଲେ। ସେ ଗୋପାଳ କାନୁନ୍‌ଗୋଙ୍କ ଚିତ୍ର ଦେଖି ଖୁସି ହୋଇଯାଇଥିଲେ। ତାଙ୍କର ଖ୍ୟାତି ଶୁଣି ତାଙ୍କୁ ଦେଖା କରିବାକୁ ଚାହିଁଥିଲେ। ଗଭର୍ଣ୍ଣର୍‌ଙ୍କର ସେକ୍ରେଟାରୀ ଗୋପାଳ କାନୁନ୍‌ଗୋଙ୍କୁ ଡକାଇବାକୁ କହିଥିଲେ। କିନ୍ତୁ ଗଭର୍ଣ୍ଣର୍ ସାହେବ କହିଥିଲେ ତାଙ୍କୁ ମୁଁ ନିଜେ ଦେଖା କରିବାକୁ ଯିବି। ସେ ନିଜେ ଢେଙ୍କାନାଳ ଯାଇଥିଲେ ତାଙ୍କୁ ଦେଖା କରିବାକୁ। ସେ ସମୟରେ ବ୍ରିଟିଶ୍ ଲୋକଙ୍କର କଳା ଓ କଳାକାରଙ୍କ ପ୍ରତି ଥିବା ସମ୍ମାନବୋଧର ଉଦାହରଣ ଏ ଯୁଗରେ ବିରଳ।

ଉତ୍କଳ ବିଶ୍ୱବିଦ୍ୟାଳୟ:

କଲେଜିଏଟ୍ ସ୍କୁଲ୍‌ରୁ ୧୯୪୪ରେ ମୁଁ ମାଟ୍ରିକ୍ ପାସ୍ କଲି। ସେହି ବର୍ଷ ଓଡ଼ିଶାରେ 'ଉତ୍କଳ ବିଶ୍ୱବିଦ୍ୟାଳୟ' ପ୍ରତିଷ୍ଠା ହେଲା। ବିଶ୍ୱବିଦ୍ୟାଳୟରୁ ମାଟ୍ରିକ୍ ପରୀକ୍ଷାଫଳ ଘୋଷିତ ହେଉଥିଲା। ସେତେବେଳେ ବୋର୍ଡ ନଥିଲା, ଏଣୁ ଆମେ ଉତ୍କଳ ବିଶ୍ୱବିଦ୍ୟାଳୟର ପ୍ରଥମ ମାଟ୍ରିକ୍ ପାସ୍ କରିଥିବା ବ୍ୟାଚ୍। ଏଥି ପୂର୍ବରୁ ଓଡ଼ିଶାର ସ୍କୁଲ୍‌ଗୁଡ଼ିକ ପାଟଣା ବିଶ୍ୱବିଦ୍ୟାଳୟର ଅଧୀନରେ ଥିଲା।

ଉତ୍କଳ ବିଶ୍ୱବିଦ୍ୟାଳୟ ପ୍ରଥମେ ରେଭେନ୍‌ସା କଲେଜରେ କାର୍ଯ୍ୟ ଆରମ୍ଭ କଲା। ଏହାର ପ୍ରଥମ କୁଳପତି ଥିଲେ ପ୍ରାଣକୃଷ୍ଣ ପରିଜା। ସେତେବେଳେ ଗୋଦାବରୀଶ ମିଶ୍ର ଥିଲେ ଓଡ଼ିଶାର ଶିକ୍ଷାମନ୍ତ୍ରୀ। କୃଷ୍ଣଚନ୍ଦ୍ର ଗଜପତି ମହାରାଜଙ୍କ ମୁଖ୍ୟମନ୍ତ୍ରିତ୍ୱ ସମୟରେ ଓଡ଼ିଶା ଆସେମ୍ବ୍ଲିରେ ୧୯୪୩ ମସିହା ଜୁନ୍ ୩୦ରେ ଉତ୍କଳ ବିଶ୍ୱବିଦ୍ୟାଳୟ ନିୟମ ପାଳିତ ହେଲା ଏବଂ ଉତ୍କଳ ବିଶ୍ୱବିଦ୍ୟାଳୟ ପ୍ରତିଷ୍ଠିତ ହେଲା। ୧୯୪୩ ମସିହାରୁ ଉତ୍କଳ ବିଶ୍ୱବିଦ୍ୟାଳୟ ରେଭେନ୍‌ସା କଲେଜ ପରିସରରେ କାର୍ଯ୍ୟକ୍ଷମ ହେଲା। ପ୍ରାଣକୃଷ୍ଣ ପରିଜା ସେତେବେଳର ରେଭେନ୍ସା କଲେଜ ପ୍ରିନ୍‌ସିପାଲ୍ ଥିଲେ। ସେ ଏହାର ପ୍ରଥମ କୁଳପତି ଭାବେ ଦାୟିତ୍ୱ ଗ୍ରହଣ କଲେ। ସେତେବେଳେ ଇଂଲିଶ୍‌ର ଆସିଷ୍ଟାଣ୍ଟ୍ ପ୍ରଫେସର V.V John ହେଲେ ଏହାର ପ୍ରଥମ କୁଳସଚିବ। ତା'ପରେ କ୍ରମେ ୧୯୬୭ ମସିହା ଜାନୁୟାରୀ ମାସ ୧ ତାରିଖରୁ ଓଡ଼ିଶାରେ ସମ୍ବଲପୁର ଓ ବ୍ରହ୍ମପୁର ବିଶ୍ୱବିଦ୍ୟାଳୟ ପ୍ରତିଷ୍ଠା ହେଲା। ବର୍ତ୍ତମାନର ବାଣୀବିହାର ପରିସରରେ ଥିବା ଉତ୍କଳ ବିଶ୍ୱବିଦ୍ୟାଳୟ ଭାରତର ପ୍ରଥମ ରାଷ୍ଟ୍ରପତି ରାଜେନ୍ଦ୍ର ପ୍ରସାଦଙ୍କ ଦ୍ୱାରା ନିର୍ମାଣର ଶୁଭାରମ୍ଭ ହୋଇଥିଲା ଏବଂ ଦ୍ୱିତୀୟ ରାଷ୍ଟ୍ରପତି ସର୍ବପଲ୍ଲୀ ରାଧାକୃଷ୍ଣନ୍‌ଙ୍କ ଦ୍ୱାରା ୨ ଜାନୁୟାରୀ ୧୯୬୩ରେ ଉଦ୍‌ଘାଟିତ ହୋଇଥିଲା। ଉତ୍କଳ ବିଶ୍ୱବିଦ୍ୟାଳୟରୁ ମାଟ୍ରିକ ପାସ୍ କଲାପରେ ୧୯୪୪ରେ ମୁଁ Steward Collegeରେ ନାମ ଲେଖାଇଲି, ସେତେବେଳେ ଆମେ ଥିଲୁ Steward Collegeର ଦ୍ୱିତୀୟ ବ୍ୟାଚ୍। ଡି.ଟି. ରବର୍ଟ ସାହେବ ଥିଲେ ଆମର ପ୍ରିନ୍‌ସିପାଲ, ସେ ଥିଲେ Steward Collegର ଶେଷ ଇଂରେଜ ପ୍ରିନ୍‌ସିପାଲ୍। ପ୍ରତିଦିନ ଦିନ ୧୦ଟାରେ କଲେଜରେ ପ୍ରାର୍ଥନା ହୁଏ, ବାଇବେଲ୍‌ରୁ ରବର୍ଟ ସାହେବ ନିଜେ ଗୋଟିଏ ଗୋଟିଏ ପଙ୍‌କ୍ତି ବାଛିଥା'ନ୍ତି ପ୍ରାର୍ଥନା ପାଇଁ। ଖୁବ୍ କଡ଼ା ଲୋକ ଥିଲେ। କଲେଜ ଜୀବନ ବହୁତ ଶୃଙ୍ଖଳିତ ଥିଲା। ସେତେବେଳେ ଷ୍ଟିୱାର୍ଟ କଲେଜର ପାଠପଢ଼ା ଥିଲା ବହୁତ ଉଚ୍ଚକୋଟୀର, ପ୍ରାକ୍‌ଟିକାଲ୍ କ୍ଲାସ୍ ଓ ଥିଓରୀ କ୍ଲାସ୍ ଉନ୍ନତମାନର ଥିଲା। ୧୯୪୪ ମସିହା ବେଳକୁ କଟକର ମାତ୍ର ଦୁଇଟି କଲେଜ ଥିଲା। ଷ୍ଟିୱାର୍ଟ କଲେଜ ଓ ରେଭେନ୍ସା କଲେଜ। ତା'ପରେ ଅବଶ୍ୟ ଖ୍ରୀଷ୍ଟ କଲେଜ ପ୍ରତିଷ୍ଠା ହେଲା। ମାଡ୍ରାସର ଡକ୍ଟର ଜୟରମଣ ଆମକୁ ଇଂରାଜୀ ପଢ଼ାଉଥିଲେ। ରସାୟନ ଓ ପଦାର୍ଥ ବିଜ୍ଞାନ ପଢ଼ାଉଥିଲେ ଶିଶିର ମୁଖାର୍ଜୀ। ୧୯୪୬ ଉତ୍କଳ ବିଶ୍ୱବିଦ୍ୟାଳୟରୁ 'ଇଣ୍ଟର୍ ମିଡିଏଟ୍ ଇନ୍ ସାଇନ୍‌ସ' ସାର୍ଟିଫିକେଟ୍ ମିଳିଲା। ଷ୍ଟିୱାର୍ଟ କଲେଜରେ କେବଳ ଇଣ୍ଟରମିଡିଏଟ୍ ପର୍ଯ୍ୟନ୍ତ ଥିଲା। ରେଭେନ୍‌ସାରେ ଥିଲା ଡିଗ୍ରୀ କ୍ଲାସ୍।

ରେଭେନ୍‌ସାର ଇତିହାସ:

୧୯୪୬ ମସିହାରେ ବି.ଏସ୍‌ସି. ପଢ଼ିବା ପାଇଁ ରେଭେନ୍‌ସା କଲେଜରେ ନାଁ

ଲେଖାଇଥିଲି । ସେତେବେଳେ ରେଭେନ୍‌ସା ଥିଲା ଓଡ଼ିଶାର ଶିକ୍ଷାର ପ୍ରାଣକେନ୍ଦ୍ର । ରେଭେନ୍ସା କଲେଜ ଓ ତାହାର ଅଟ୍ଟାଳିକା ସେତେବେଳେ ଓଡ଼ିଶାରେ କାହିଁକି ସମଗ୍ର ଭାରତବର୍ଷରେ ଶ୍ରେଷ୍ଠ ଶୈକ୍ଷିକ ପରିସର ଥିଲା । ସୁନ୍ଦର ଅଟ୍ଟାଳିକା, ବିରାଟ ଛାତ୍ରାବାସ ସାଙ୍ଗକୁ ଶିକ୍ଷାକ୍ଷେତ୍ରରେ ସୁନାମ ଥିବା ପ୍ରଫେସରଙ୍କ ଦ୍ୱାରା ପାଠପଢ଼ା ହେଉଥିଲା ।

ନଅଙ୍କ ଦୁର୍ଭିକ୍ଷ ପରର ଘଟଣା । ସେତେବେଳେ ଥୋମାସ୍ ଏଡ୍‌ୱାର୍ଡ୍ ରେଭେନ୍‌ସା ଥାଆନ୍ତି ଓଡ଼ିଶା ଡିଭିଜନ୍‌ର କମିଶନର୍ । ସେତେବେଳେ ସେ ଅନୁଭବ କଲେ ଓଡ଼ିଶାର ଛାତ୍ରମାନେ କଲିକତାରେ ଉଚ୍ଚଶିକ୍ଷା ଲାଭ କରିବାକୁ ବହୁତ ହଇରାଣ ହେଉଛନ୍ତି ଓ ଏହି କାରଣ ପାଇଁ ଅନେକ ଉଚ୍ଚଶିକ୍ଷାରୁ ବଞ୍ଚିତ ହେଉଛନ୍ତି । ରେଭେନ୍‌ସା ସାହେବ ବେଙ୍ଗଲ୍ ସରକାରଙ୍କୁ ବୁଝାଇବାରେ ସକ୍ଷମ ହୋଇଥିଲେ ଏବଂ କଟକ ଜିଲ୍ଲା ସ୍କୁଲ୍‌ରେ କଲେଜ ଆରମ୍ଭ କରିବାର ଅନୁମତି ପାଇଲେ । ଏହିପରି ଓଡ଼ିଶାରେ ୧୯୬୮ ମସିହାରେ ପ୍ରଥମେ କଲେଜ ପ୍ରତିଷ୍ଠା ହେଲା । କଟକ ଜିଲ୍ଲା ସ୍କୁଲ୍‌ରେ ପ୍ରଥମ କରି ଇଣ୍ଟରମିଡିଏଟ୍ ଶ୍ରେଣୀ ଖୋଲି କଲେଜ ଚାଲୁହେଲା । କଟକ ଜିଲ୍ଲା ସ୍କୁଲ୍ ତା'ପରେ ରେଭେନ୍ସା କଲେଜିଏଟ୍ ସ୍କୁଲ୍ ବୋଲି ପରିଚିତ ହେଲା । ଏବଂ ୧୮୭୫ ମସିହାରେ କମିଶନର୍ ରେଭେନ୍‌ସା ସାହେବ ରେଭେନ୍ସା କଲେଜିଏଟ୍ ସ୍କୁଲ୍‌କୁ ସଂପୂର୍ଣ୍ଣ ଡିଗ୍ରୀ କଲେଜ କରିବାକୁ ବେଙ୍ଗଲ୍ ସରକାରଙ୍କ ଠାରୁ ଅନୁମତି ଆଣିଲେ । ଏହାପରେ ମୟୂରଭଞ୍ଜ ମହାରାଜା କୃଷ୍ଣଚନ୍ଦ୍ର ଭଞ୍ଜଦେଓଙ୍କ ଆର୍ଥିକ ସହାୟତା ଦ୍ୱାରା ସରକାରଙ୍କ ସର୍ତ୍ତ ପୂରଣ କରି ରେଭେନ୍ସା କଲେଜ ସ୍କୁଲ୍ ପରିସର ମଧ୍ୟରେ ଜନ୍ମ ଦେଲା, 'କଟକ କଲେଜ' ନାମକ ଏକ ସରକାରୀ ଡିଗ୍ରୀ କଲେଜ । ଏହା କଲିକତା ବିଶ୍ୱବିଦ୍ୟାଳୟ ସହିତ ସହବନ୍ଧନ ପାଇଥିଲା । ୧୯୧୧ରେ କଲେଜକୁ ପରମାନେଣ୍ଟ୍ ସ୍ୱୀକୃତି ମିଳିଥିଲା । ୧୯୧୬ରେ ରେଭେନ୍ସା କଲେଜର ଉତ୍ତରଦାୟିତ୍ୱ କାଲ୍‌କାଟା ବିଶ୍ୱବିଦ୍ୟାଳୟ ଅଧୀନରୁ ଯାଇ ପାଟଣା ବିଶ୍ୱବିଦ୍ୟାଳୟ ଅଧୀନରେ ରହିଲା । ବର୍ତ୍ତମାନ ରେଭେନ୍‌ସା ପରିସରରେ ଥିବା ବିରାଟ ପଡ଼ିଆଟିର ନାମ 'ଚକର ପଡ଼ିଆ' । ୧୯୨୧ ମସିହାରେ ଏଠାରେ ନବନିର୍ମିତ କୋଠାକୁ ରେଭେନ୍‌ସା କଲେଜ ଉଠିଆସିଲା । ସାର୍ ଏଡ୍‌ୱର୍ଡ୍ ଗେଟ୍ ସେତେବେଳର ବିହାର ଓଡ଼ିଶାର ଗଭର୍ଣ୍ଣର୍ । ଏହାର ମୂଳଦୁଆ ସ୍ଥାପନର ଶୁଭାରମ୍ଭ କରିଥିଲେ । ମୟୂରଭଞ୍ଜ ମହାରାଜା ନୂତନ କଲେଜ ଘର ନିର୍ମାଣ ପାଇଁ ୧ ଲକ୍ଷ ଟଙ୍କା ଦାନ କରିଥିଲେ । କନିକା ମହାରାଜା ରାଜେନ୍ଦ୍ର ନାରାୟଣ ଭଂଜଦେଓ ୫୫,୦୦୦ ଟଙ୍କା ଦାନ କରି ଏକ ସୁନ୍ଦର ମନୋଲୋଭା ଲାଇବ୍ରେରୀ ତିଆରି କରିବାରେ ସାହାଯ୍ୟ କରିଥିଲେ, ତାହା ଆଜି କନିକା ଲାଇବ୍ରେରୀ ଭାବେ ପରିଚିତ । ରେଭେନ୍‌ସା କଲେଜ ପାଟଣା ବିଶ୍ୱବିଦ୍ୟାଳୟ ଅଧୀନରେ ଥିଲା । ସ୍ୱତନ୍ତ୍ର ପ୍ରଦେଶ ଗଠନ ହେବାର ବହୁତ ଦିନ ପରେ ଉତ୍କଳ ବିଶ୍ୱବିଦ୍ୟାଳୟ ଅଧିନିୟମ

ପାସ୍ ହୋଇ ଉତ୍କଳ-ବିଶ୍ୱବିଦ୍ୟାଳୟ ପ୍ରତିଷ୍ଠା ହେବା ପରେ ୧୯୪୩ରେ ଏହା ଉତ୍କଳ ବିଶ୍ୱବିଦ୍ୟାଳୟ ଅଧୀନକୁ ଆସିଲା।

ସେତେବେଳେ ରେଭେନ୍‌ସା କଲେଜରେ ମୋ ସାଙ୍ଗରେ ସମୀର ମୁଖାର୍ଜୀ, ହରପ୍ରସନ୍ନ ମିଶ୍ର, ମଧୁସୂଦନ କାନୁନଗୋ, ଚଣ୍ଡୀ ଚରଣ ଦାସ, ନରେଶ ନାଏକ, ତ୍ରିଲୋଚନ ପ୍ରଧାନ, କାଳୀ ମିଶ୍ର, ଭାନୁଜୀ ରାଓ, ନାରାୟଣ ରାଓ, ନିତ୍ୟାନନ୍ଦ ପଟ୍ଟନାୟକ ଇତ୍ୟାଦି ପଢୁଥିଲେ। ଏମାନେ ସମସ୍ତେ ପରବର୍ତ୍ତୀ ଜୀବନରେ ପ୍ରସିଦ୍ଧ ଲାଭ କରିଥିଲେ। ସମୀର ମୁଖାର୍ଜୀ ଆଇ.ଏ.ଏସ୍ ପାଇ ଓଡ଼ିଶାରେ ବିଭିନ୍ନ ପଦପଦବିରେ ରହି ଅବସର ନେଲେ, ହରପ୍ରସନ୍ନ ମିଶ୍ର ଜଣେ ପ୍ରସିଦ୍ଧ ଇଂଜିନିୟର ଥିଲେ। ରାଉରକେଲା ଷ୍ଟିଲ୍ ପ୍ଲାଣ୍ଟ୍‌ରେ କିଛିଦିନ କାମ କରିଥିଲେ ଏବଂ ଇପିକଲ୍‌ର ଚେୟାରମ୍ୟାନ୍ ହୋଇ ଅବସର ନେଲେ। ମଧୁସୂଦନ କାନୁନ୍‌ଗୋ ବନାରସ ହିନ୍ଦୁ ବିଶ୍ୱବିଦ୍ୟାଳୟର ପ୍ରାଣୀବିଜ୍ଞାନର ମୁଖ୍ୟ ଥିଲେ। ଭାରତବର୍ଷରେ ବହୁତ ଖ୍ୟାତି ଅର୍ଜନ କରିଥିଲେ। ତାଙ୍କର ସମସ୍ତ ରିସର୍ଚ୍ଚ ଜେନେଟିକ୍ ଉପରେ। ଦେଶ ବିଦେଶରେ ତାଙ୍କର କାମ ଉଚ୍ଚପ୍ରଶଂସିତ ହୋଇଛି। ଚଣ୍ଡୀ ଚରଣ ଦାସ ଥିଲେ ଜଣେ ଖ୍ୟାତନାମା ପ୍ରଫେସର, ବ୍ରହ୍ମପୁର ବିଶ୍ୱବିଦ୍ୟାଳୟରେ ପ୍ରାଣୀବିଜ୍ଞାନର ମୁଖ୍ୟ ଥିଲେ ବହୁତ ବର୍ଷ ଓ ବ୍ରହ୍ମପୁର ବିଶ୍ୱବିଦ୍ୟାଳୟ କୁଳପତି ହେବାର ଗୌରବ ଅର୍ଜନ କରିଥିଲେ। ଭାନୁଜୀ ରାଓଙ୍କୁ କିଏ ନ ଜାଣେ। ଓଡ଼ିଆ ସାହିତ୍ୟର ଜଣେ ଆଗଧାଡ଼ିର କବି ଓ ଚମତ୍କାର ତାଙ୍କର କବିତା। ଓଡ଼ିଆ ସାହିତ୍ୟ ସୃଷ୍ଟିର ସିଏ ଜଣେ ଉଜ୍ଜ୍ୱଳ ତାରକା। ନରେଶ ନାଏକ ଜଣେ ବିଚକ୍ଷଣ ଇଂଜିନିୟର। ୨ୟ ବିଶ୍ୱଯୁଦ୍ଧ ପରେ ସେ ଜର୍ମାନୀରେ ଟ୍ରେନିଂ ପାଇ ରାଉରକେଲା ଷ୍ଟିଲ୍ ପ୍ଲାଣ୍ଟ୍‌ରେ ମୁଖ୍ୟ ଇଂଜିନିୟର ଭାବେ କାମ କରିଥିଲେ।

ତ୍ରିଲୋଚନ ପ୍ରଧାନ ପଦାର୍ଥ ବିଜ୍ଞାନରେ ଜଣେ ଅଗ୍ରଣୀ ଓ ଜଣାଶୁଣା ନାଁ, ବିଭିନ୍ନ କଲେଜରେ ଅଧ୍ୟାପନା ପରେ ଇନ୍‌ଷ୍ଟିଚ୍ୟୁଟ୍ ଅଫ୍ ଫିଜିକ୍ସରେ ଡାଇରେକ୍ଟର ହୋଇ ଅବସର ନେଇଥିଲେ। ଡକ୍ଟର ନାରାୟଣ ରାଓ ହୋମିଓପାଥିର ଜଣେ ଖ୍ୟାତନାମା ଡାକ୍ତର। ସେ ହେଉଛନ୍ତି ଡା. ଅଭିନ୍ନ ଚନ୍ଦ୍ର ରାଓଙ୍କର ସୁପୁତ୍ର। ତାଙ୍କ ଦ୍ୱାରା ଅଭିନ୍ନ ଚନ୍ଦ୍ର ରାଓ ହୋମିଓପାଥି ମେଡିକାଲ୍ କଲେଜ ପ୍ରତିଷ୍ଠା ସମ୍ଭବ ହେଲା ଓ ଅଭିନ୍ନ ଚନ୍ଦ୍ର ରାଓ ହେମିଓପାଥି ମେଡିକାଲ୍ କଲେଜ୍‌ରେ ଡ. ନାରାୟଣ ରାଓ ପ୍ରିନ୍‌ସିପାଲ୍ ଥିଲେ। ଜଣେ ଖ୍ୟାତନାମା ମେଡିକାଲ୍ କଲେଜରେ ହୋମିଓପାଥି ଡାକ୍ତର ଭାବେ କଟକ ଭୁବନେଶ୍ୱରରେ ସେ ଘରେ ଘରେ ଜଣାଶୁଣା। ରେଭେନ୍ସା କଲେଜରେ ପଢୁଥିବା ସମୟରେ ସେ ଆମ କଲେଜର ଆଥ୍‌ଲେଟିକ୍ ଚମ୍ପିୟାନ୍ ହୋଇଥିଲେ। ଅନ୍ୟମାନଙ୍କ ମଧ୍ୟରେ ନିତ୍ୟାନନ୍ଦ ପଟ୍ଟନାୟକ ଓଡ଼ିଶା କୃଷି ବୈଷୟିକ ବିଶ୍ୱବିଦ୍ୟାଳୟର କୁଳପତି ହୋଇ ଅବସର ନେଇଛନ୍ତି। କାଳି ମିଶ୍ର ହେଉଛନ୍ତି ଜଣେ ଖ୍ୟାତନାମା ଟ୍ୟାକ୍ସ ପ୍ରାକ୍ଟିସନର। ରେଭେନ୍‌ସା କଲେଜରୁ ପାସ୍

କରିଥିବା ଛାତ୍ରମାନେ ସବୁ ସମୟରେ ବିଭିନ୍ନ କ୍ଷେତ୍ରରେ ନାଁ କରିଛନ୍ତି। ରେଭେନ୍‌ସା କଲେଜ ଓଡ଼ିଶାର ସାଂସ୍କୃତିକ ଗୌରବ ବଜାୟ ରଖିଛି। ଆମ ସମୟରେ ଉତ୍କଳ ବିଶ୍ୱବିଦ୍ୟାଳୟର ଗୋଟିଏ ସମାବର୍ତ୍ତନ ଉତ୍ସବରେ ସି.ଭି ରମଣ ଯୋଗଦେଇ ଦୀକ୍ଷାନ୍ତ ଭାଷଣ ଦେଇଥିଲେ। ସି.ଭି ରମଣଙ୍କ ଯୋଗଦାନ ରେଭେନ୍ସାଭିଆନ୍‌ଙ୍କ ମଧ୍ୟରେ ଉତ୍ସାହ ଓ ଉଦ୍ଦୀପନା ଭରି ଦେଇଥିଲା। ସେ ଥିଲେ ଭାରତର ଦ୍ୱିତୀୟ ନୋବେଲ୍ ପୁରସ୍କାର ବିଜେତା। ତାଙ୍କର ଭାଷଣ ଶୁଣିବାକୁ ଅଡିଟୋରିୟମ୍ ଭର୍ତ୍ତି ହୋଇଯାଇଥିଲା। କଟକର ବହୁତ ସାଧାରଣ ଲୋକ ମଧ୍ୟ ଶୁଣିବାକୁ ଆଗ୍ରହର ସହ ଯୋଗଦାନ କରିଥିଲେ। ରେଭେନ୍ସା କଲେଜ ସବୁବେଳେ ସ୍ୱନାମଧନ୍ୟ ଲୋକମାନଙ୍କୁ ବକ୍ତା ଭାବେ ଡାକି ଛାତ୍ରମାନଙ୍କୁ ଉତ୍ସାହିତ କରିବା ସହିତ ତାଙ୍କୁ ସମ୍ମାନିତ ମଧ୍ୟ କରିଛି।

ସେତେବେଳର ସିନେମା ଘର:

କଟକ ସହରରେ ସିନେମା ହଲ୍ ନଥିଲା। ଖୋଲା ପଡ଼ିଆରେ ବାଲୁବଜାର ଷ୍ଟୁଡେଣ୍ଟ୍ ଷ୍ଟୋରରୁ ଟାଉନ୍ ହଲ୍‌କୁ ଯାଇଥିବା ଗଳିରେ ଏକ ପଡ଼ିଆରେ ‘ଖୋଲା ପଡ଼ିଆ ସିନେମା’ ଦେଖାହେଉଥିଲା, ତା’ ନାଁ ଥିଲା ‘ଚାମେରିଆ’। ସେତେବେଳେ ଥିଲା ସବୁ ‘ନିରବ ସିନେମା’। ଇଂରାଜୀ ମୂକ ସିନେମା ସବୁ ସେତେବେଳେ ଦେଖିବାକୁ ମିଳୁଥିଲା। ଆମେ ମଝିରେ ମଝିରେ ୪ ଅଣା ଦେଇ ସେଠି ‘ମୁକ୍ତାକାଶ ଥିଏଟର୍’ରେ ମୂକ ସିନେମା ଦେଖୁଥିଲୁ। ଆମ ସମୟରେ ‘ଚାମେରିଆ’ ଅର୍ଥାତ୍ ମୁକ୍ତାକାଶ ସିନେମା ବହୁତ ଲୋକପ୍ରିୟ ଥିଲା।

କଟକରେ ତିଆରି ହେଲା ପ୍ରଥମ ହଲ୍ ‘ମୂକ ସିନେମା ହଲ୍’। ତିନିକୋଣିଆ ବଗିଚାରୁ ବକ୍ସିବଜାର ଗଲା ବାଟରେ ଏହି ହଲ୍‌ରେ ପ୍ରଥମ ସିନେମା ଥିଲା “ରାଜା ହରିଶ୍ଚନ୍ଦ୍ର”। ଏହା ବହୁତ ଦିନ ଚାଲିଲା। ଏହା ଥିଲା ସେତେବେଳେ ହିଟ୍ ଫିଲ୍ମ। କଳାଧଳା ସିନେମା ଓ ଭାରତର ପ୍ରଥମ ସବାକ୍ ଚଳଚ୍ଚିତ୍ର ଥିଲା ଦାଦା ସାହେବ ଫାଲ୍‌କେଙ୍କର ପ୍ରଥମ ଅବଦାନ। ‘ମୂକ ସିନେମା ହଲ୍’ କୁ ପରେ ଭାଙ୍ଗିଦିଆଗଲା। ପରବର୍ତ୍ତୀ ସମୟରେ ପ୍ରଭାତ ସିନେମା ହଲ୍- ବକ୍ସି ବଜାର, କ୍ୟାପିଟାଲ୍ ସିନେମା ହଲ୍ - ତିନିକୋଣିଆ ବଗିଚା, ହିନ୍ଦୀ ସିନେମା ରାଣୀହାଟ ପୋଲ ପାଖରେ ତିଆରି ହୋଇଥିଲା। ପରେ ଦୋଳମୁଣ୍ଡାଇରେ ‘ଗ୍ରାଣ୍ଡ ସିନେମା’ ୧୯୭୦ ବେଳକୁ ତିଆରି ହୋଇଗଲା। ଯାହାହେଲେ ମଧ୍ୟ ନାଟକ ପ୍ରତି ଲୋକଙ୍କର ଆକର୍ଷଣ ଥିଲା ନିଆରା, କଳାବିକାଶ କେନ୍ଦ୍ର ଥିଲା ଏହାର ଜ୍ୱଳନ୍ତ ଉଦାହରଣ।

ଓଡ଼ିଶାର ଖିଲିପାନ ପ୍ରସଙ୍ଗ:

ସମୟ ଥିଲା, ଓଡ଼ିଶାରୁ ପାନପତ୍ର ଭାରତର ଅଧିକାଂଶ ସ୍ଥାନକୁ ଯାଉଥିଲା।

ଏବେ ମଧ୍ୟ ପାନପତ୍ର ପାଇଁ ଓଡ଼ିଶାର ପାରାଦୀପ, କୁଜଙ୍ଗ ଅଞ୍ଚଳ ପ୍ରସିଦ୍ଧ। ପାନ ବରଜ ଏ ଅଞ୍ଚଳର ପ୍ରଧାନ ଚାଷ। କଟକର ଖିଲିପାନ ବହୁତ ପ୍ରସିଦ୍ଧ। ମୁଁ ପାନ ଖାଏ। କଡ଼ାଗୁଣ୍ଡି ସହ ସରୁ ଗୁଆ, ଚୂନଦିଆ ଖଇରିଆ ପାନ ବହୁତ ଦିନରୁ ଖାଉଛି ଏବଂ ଏବେ ମଧ୍ୟ ୯୦ ବର୍ଷ ବୟସରେ ଖାଉଛି। ଏ ପାନ ବିଶ୍ୱଶାନ୍ତି ସମ୍ମିଳନୀ ପର୍ଯ୍ୟନ୍ତ ମଧ୍ୟ ଯାଇଥିଲା ଏବଂ ଏହା ବହୁତ ଖ୍ୟାତିଲାଭ କରିଥିଲା। ମୁଁ ମୋ ସାଙ୍ଗରେ କିଛି ପାନପତ୍ର, ଗୁଆ, ଖଇର, ଗୁଆକାତି ନେଇଯାଇଥିଲି। ପ୍ରଫେସର ରାଧାନାଥ ରଥ ସେତେବେଳେ ବାଣୀବିହାର ମନୋବିଜ୍ଞାନର ପ୍ରଫେସର୍ ଥିଲେ। ଆମର ବନ୍ଧୁତା ମଧ୍ୟ ବହୁତ ଗଭୀର ଥିଲା। ସିଏ ମତେ ଦିଲ୍ଲୀରେ ପଚାରିଲେ- "ଲକ୍ଷ୍ମୀନାରାୟଣ ତମେ ହଇରାଣ ହେବ।" ମୁଁ ପଚାରିଲି, "କେମିତି ?" ସେ କହିଲେ, "ସେ ଥଣ୍ଡା ଦେଶରେ ସବୁ ମିଳିବ। କିନ୍ତୁ ଖିଲିପାନ ମିଳିବନି।" ମୁଁ ହସିଲି ଏବଂ କହିଲି ଯେ "ସେ ବନ୍ଦୋବସ୍ତ ମୁଁ ଆଗରୁ କରିଛି। ପ୍ରାୟ ମାସକ ପାଇଁ ମୁଁ ପ୍ରସ୍ତୁତ ହୋଇ ପାନ, ଗୁଆ, ଖଇର, ଚୂନ ସାଙ୍ଗରେ ଆଣିଛି।" ସେ ହସିଲେ ଓ କହିଲେ- "ତାକୁ ସବୁ ଲଗେଜ୍‌ରେ ରଖିଦିଅ, ହ୍ୟାଣ୍ଡବ୍ୟାଗ୍ ବାଟରେ ଚେକ୍ ହୋଇପାରେ।" ମୁଁ ତରତରରେ ସବୁ ଲଗେଜ୍ ବ୍ୟାଗ୍‌ରେ ରଖିଦେଲି। ଆମ ସାଙ୍ଗରେ ଥା'ନ୍ତି ବୁଖାରୀ ସାହେବ, ଜୁମ୍ମା ମସ୍‌ଜିଦ୍‌ର ବୁଖାରୀ। ସେ ଥିଲେ ପ୍ରସିଦ୍ଧ ପାନୁଆ, ବାଟସାରା ପାନ ଚୋବାଉ ଥାଆନ୍ତି। ମୁଁ ତାଙ୍କୁ ଲକ୍ଷ୍ୟ ରଖିଥାଏ। ଆମ ଗ୍ରୁପ୍ ମଧ୍ୟରେ ଆମେ ଦୁଇଜଣ ଥିଲୁ ପାନୁଆ। ଏହା ମଧ୍ୟରେ ଆମେ ଦୁଇଜଣ ପରସ୍ପରର ଘନିଷ୍ଠ ସଂପର୍କରେ ଥିଲୁ। ସେ ମତେ ଚୌଧୁରୀ ଡାକନ୍ତି, ମୁଁ ତାଙ୍କୁ ବୁଖାରୀ ସାହେବ ସମ୍ବୋଧନ କରେ। କିନ୍ତୁ ପାନ ବିଷୟରେ କେବେ କଥା ହୋଇନଥାଉ। ଦିନେ ସକାଳୁ ସକାଳୁ ବୁଖାରୀ ସାହେବ ମୋ ହୋଟେଲ ରୁମ୍‌ରେ ଖଟଖଟ କଲେ। କିଏ ଡାକୁଛି ଭାବି ଦେଖିଲି ବୁଖାରୀ ସାହେବ। ଆଇୟେ, ଆଇୟେ ବୁଖାରୀ ସାହେବ- ଗୁଡ୍ ମର୍ନିଙ୍ଗ୍, କହି ଡାକିଲି କକ୍ଷ ମଧ୍ୟକୁ। କହିଲେ, ଚୌଧୁରୀ ତୁମ୍ହାରା କମ୍‌ରା ବହୁତ ଆଚ୍ଛା ହୈ। ଆଚ୍ଛା ତୁମ୍ହାରା ପାନ୍ କୋ କ୍ୟା ହୁଆ ହୈ ? ତା'ର ମାନେ ପାନ ଅଛିକି, ମୁଁ ବୁଝିଗଲି। ଟେବୁଲ୍ ଉପରେ ପାନ ପସରା ଥାଏ, ମୁଁ କହିଲି ବୁଖାରୀ ସାହେବ- ପାନ୍ ବନାଉଁ ? ବହୁତ ଖୁସି ହୋଇଗଲେ। ଆସିବାକୁ ଦିନଟିଏ ବାକି, ତାଙ୍କ ପାନ ସରିଯାଇଥାଏ। ତାଙ୍କୁ ୬-୮ ଖଣ୍ଡ କଟକୀ ଖିଲିପାନ କରି ଦେଲି ଟିସୁ ପେପର୍ ପ୍ୟାକ୍ କରି। ବହୁତ ଖୁସି ହୋଇଗଲେ। କହିଲେ- "ମୁଝେ ଜାନ୍ ମିଲ୍‌ଗୟା, ୟାଦ୍ ରହେଗା କଟକ୍ କା ୟେ ପାନ୍ ଔର୍ ତୁମ୍।"

ଏତେ ବଡ଼ ଲୋକ। ଭାରତବର୍ଷର ମୁସଲମାନ୍ ସଂପ୍ରଦାୟର ଶ୍ରେଷ୍ଠ ଜୁମ୍ମା ମସ୍‌ଜିଦର ମୁଖ୍ୟ ଆମ କଟକ ଖିଲିପାନ ଖାଇ ଏତେ ପ୍ରଶଂସା କଲେ ଯେ ବହୁତ କୃତକୃତ୍ୟ ଲାଗିଲା। କହିଲେ- "ଆଓ ଦିଲ୍ଲୀ, ମିଲେଙ୍ଗେ ବୈଠ୍‌କେ ପାନ୍ ଖାଏଙ୍ଗେ।"

ପ୍ରକୃତରେ ଫେରିଲା ବାଟରେ ମୁଁ ଜୁମ୍ମା ମସ୍‌ଜିଦ୍ ଗଲି। ସେ ମତେ ଜୁମ୍ମା ମସ୍‌ଜିଦ୍ ଭିତରେ ନିଜ ସାଙ୍ଗରେ ଯାଇ ବୁଲେଇ ଦେଖେଇଲେ। ସେ ଆଜି ନାହାନ୍ତି, କିନ୍ତୁ ଆଜି ସେ ସ୍ମୃତି କଟକର ଖିଲିପାନ ସାଙ୍ଗରେ ଜଡ଼ିତ। ମୁଁ ଏବେ ମଧ୍ୟ ପାନ ଖାଏ। ଏଇ ପାନ ପାଇଁ ଜଣେ ବିରାଟ ବ୍ୟକ୍ତି ସାଙ୍ଗରେ ବନ୍ଧୁତା ହୋଇଥିଲା ଭାବିଲେ ଏବେ ମଧ୍ୟ ତାହା ଶିହରିତ କରିଦିଏ। କଟକ ଓ କଟକର ଖିଲିପାନ ଏମିତି ପ୍ରସିଦ୍ଧି ଲାଭ କରୁଥାଉ।

With Old Friends at Ravensaw Collegiate School Cuttack - 2007

ମୁଁ କାହିଁକି ଓ କିପରି ବ୍ୟବସାୟରେ ପ୍ରବେଶ କଲି

୧୯୪୭ ମସିହା ମାର୍ଚ୍ଚ ମାସ, ବେଶ୍ ଗରମ ପଡ଼ିଥାଏ। ସନ୍ଧ୍ୟାବେଳେ ଆମେ ଯାଇ କାଠଯୋଡ଼ି କୂଳରେ ବସି ଥଣ୍ଡା ପବନ, ସବୁଜ ପରିବେଶରେ ସାଙ୍ଗସାଥୀ ମେଳରେ ସମୟ କଟାଉ, ଏହା ଥିଲା ଆମର ପ୍ରତିଦିନର କାର୍ଯ୍ୟକ୍ରମ। ସେ ସମୟ ଦେଶ ସ୍ୱାଧୀନ ହେବାର ବାତାବରଣ ଖୁବ୍ ଜୋର୍‌ରେ ଘନେଇ ଥାଏ। ପ୍ରାୟ ଅଳ୍ପଦିନ ପରେ ଦେଶ ସ୍ୱାଧୀନ ହୋଇଯିବ ବୋଲି ଖବରକାଗଜରୁ ଯାହା ଜଣାପଡୁଥାଏ। ପ୍ରତିଦିନ କିଛି କାର୍ଯ୍ୟକ୍ରମ କଟକରେ ସଭାସମିତି ମାଧ୍ୟମରେ ଦେଶ ସ୍ୱାଧୀନତାର ସମ୍ଭାବନାକୁ ବଢ଼ାଇ ଦେଇଥାଏ। ଦିନେ ମୁଁ ଆଉ ମୋର ବନ୍ଧୁ ସୁଦାମ ପୃଷ୍ଟି କାଠଯୋଡ଼ି କୂଳରେ ସନ୍ଧ୍ୟାରେ ବସି ଗପୁଥାଉ, ଖବରକାଗଜ ପଢୁଥାଉ। ଖବରକାଗଜରେ ଗୋଟିଏ ଲେଖା ବାହାରିଥିଲା। ସରକାର ଭାରତର ଜାତୀୟ ପତାକା ପାଇଁ ନିର୍ଦ୍ଦିଷ୍ଟ ମାପ ଓ ବିସ୍ତୃତ ବିବରଣୀ ଠିକ୍ କରିଛନ୍ତି। ଏହାର ଲମ୍ୱା, ଚଉଡ଼ା ଓ ମଝିରେ ଥିବା ଅଶୋକ ଚକ୍ର ଓ ତା' ମଧ୍ୟରେ କେତୋଟି ଅଖ ରଖିବା ଇତ୍ୟାଦିର ବିସ୍ତୃତ ବିବରଣୀ ଦିଆଯାଇଥିଲା। ଏହି ନିର୍ଦ୍ଦିଷ୍ଟ ମାପ ଅନୁସାରେ ଜାତୀୟ ପତାକା ତିଆରି ହେବ ଏବଂ ଏହା ବାହାରେ କେହି ତିଆରି କଲେ ତାହା ଜାତୀୟ ପତାକା ପ୍ରତି ଅବମାନନା ହେବ। ବିଶଦ୍ ବିବରଣୀ ପାଇଁ ନିର୍ଦ୍ଦିଷ୍ଟ ଠିକଣାରେ ଚିଠି ଲେଖିବାକୁ ଲେଖାଥିଲା। ଆମେ ଏହା ପଢ଼ି ଦୁଇ ବନ୍ଧୁ ଭାବିଲୁ ଯେ ଆମେ କିଛି ଜାତୀୟ ପତାକା ତିଆରି କରିବା। ଆମେ ଭାରତ ସରକାରଙ୍କୁ ନିର୍ଦ୍ଦିଷ୍ଟ ଠିକଣାରେ ଚିଠି ଲେଖିଲୁ। ଉତ୍ତରରେ ବିଶେଷ ବିବରଣୀ ଦେଇ କିଭଳି କନା ବ୍ୟବହାର ହେବ, ଛୋଟ ଓ ବଡ଼ ଜାତୀୟ ପତାକାର ଲମ୍ୱ ଓ ଚୌଡ଼ା, ଅଶୋକ ଚକ୍ରର ଆକାର ସବୁ ପ୍ରାଞ୍ଜଳ ଭାବରେ ବୁଝାଇ ଲେଖାଥିବା ଉତ୍ତର ମିଳିଲା।

ଆମେ ଏକ 'ଫାର୍ମ' କରି ଜାତୀୟ ପତାକା ତିଆରି ପାଇଁ ଲାଗି ପଡ଼ିଲୁ। ଘରେ ବାହାରେ ଯାହା ସାଙ୍ଗରେ ପରାମର୍ଶ କଲୁ କେହି ଉତ୍ସାହିତ କରୁନଥାନ୍ତି। କିନ୍ତୁ ଆମେ ଦୁଇଜଣ ପଛକୁ ଘୁଞ୍ଚିବା ଅବସ୍ଥାରେ ନଥିଲୁ। ଆମ ଫାର୍ମ ନାଁ ଦିଆଗଲା "ପୃଷ୍ଟି ଆଣ୍ଡ୍ ଚୌଧୁରୀ"। ଘରୁ ମାଗି ଅଳ୍ପ କିଛି ମୂଳଧନରେ ଆମେ ପ୍ରଥମେ କନା ଖୋଜିବାରେ

ଲାଗିଲୁ। ପତଳା ଧଳା କନା ଦରକାର ଥିଲା। କଟକ ସହର ସାରା ଖୋଜି ଖୋଜି ଯାହା କନା ପାଇଲୁ କିଣି ଆଣିଲୁ। ଚାନ୍ଦିନୀଚୌକରେ ଥିବା ଦରଜି ସାହିରେ ୧୦-୧୫ ଜଣ ଟେଲରଙ୍କୁ ସଂପର୍କ କରି ସରକାରଙ୍କ ମାପ ଅନୁସାରେ ପତାକା ମାପର କନା ସିଲେଇ ହେଲା। ଜଣେ ଭଲ ଚିତ୍ରକରଙ୍କୁ ଦେଇ ମାପ ଅନୁସାରେ ଅଶୋକ ଚକ୍ରର 'କାଠଛାଞ୍ଚ' ଦ୍ୱାରା ଭଲ କ୍ୱାଲିଟିର ରଙ୍ଗ ଦେଇ ଛପା କାମ ଆରମ୍ଭ ହେଲା। କିଛି ଥିଲା ଆମର ଦେଶ ଭକ୍ତିର ଇଚ୍ଛା, କିଛି ଥିଲା ବ୍ୟବସାୟର ଲକ୍ଷ୍ୟ। ଜୀବନର ପ୍ରଥମ ଅଭିଯାନ। ଏଣୁ ଭୟ ମଧ୍ୟ ଥାଏ କୌଣସି ପ୍ରକାରେ ଆମେ ସଫଳତା ପାଇବା ଆଶାରେ ଲାଗି ପଡ଼ିଥାଉ। ଏତେ ଆମେ ଏଥିରେ ନିବିଷ୍ଟ ଭାବେ ଜଡ଼ିତ ହୋଇଗଲୁ ଯେ ଖାଇବା ପିଇବା ଭୁଲିଗଲୁ। 'ଜାତୀୟ ପତାକା' ଜୁଲାଇ ମାସ ବେଳକୁ ପ୍ରଚୁର ପରିମାଣରେ ତିଆରି ହୋଇଗଲା। ଆମ ପାଖରେ ସମ୍ବଳ ମଧ୍ୟ ସରିଯାଇଥାଏ। ଖବରକାଗଜରେ ବିଜ୍ଞାପନ ଦେଲୁ 'ଜାତୀୟ ପତାକା' ଭାରତ ସରକାରଙ୍କ ସଠିକ୍ ନିୟମ ଅନୁସାରେ ତିଆରି ହୋଇ କଟକର କଚେରୀ ଛକ 'ପୃଷ୍ଟି ଆଣ୍ଡ୍ ଚୌଧୁରୀ' ଦୋକାନରେ ଉପଲବ୍ଧ। ଏହାପରେ ଆସ୍ତେ ଆସ୍ତେ ବିଭିନ୍ନ ଅନୁଷ୍ଠାନ କିଣିବାକୁ ଆଗ୍ରହ ପ୍ରକାଶ କଲେ। ଅଗଷ୍ଟ ପହିଲା ୧୯୪୭ ବେଳକୁ ଏତେ ପରିମାଣରେ ଖୋଜିଲେ ଯେ, ଆମ ପାଖରେ ଥିବା ସବୁ କିଛି ତିଆରି ଜାତୀୟ ପତାକା ସରି ଆସିଥିଲା। ରାତିଦିନ ଲାଗି ଆମର ମିସ୍ତ୍ରୀ ଓ ଚିତ୍ରକାର ତିଆରି କରିବାରେ ଲାଗିଥାନ୍ତି। ଅଗଷ୍ଟ ୧୫ ତାରିଖରେ ଦେଶ ସ୍ୱାଧୀନ ହେଲା। ଆମ ଫାର୍ମ ପ୍ରାଣପଣେ ଯାହା ପାରିଲା ସପ୍ଲାଇ କଲା। ସଂପୂର୍ଣ୍ଣ ଦେୟ ଆଗତୁରା ଦେଇ ମଧ୍ୟ ବିଭିନ୍ନ ଶିକ୍ଷାନୁଷ୍ଠାନ, ସ୍କୁଲ୍, କଲେଜ ଅପେକ୍ଷା କରି ରହିଲେ ତାଙ୍କର ପାଳି ପଡ଼ିବା ପର୍ଯ୍ୟନ୍ତ। ଅଗଷ୍ଟ ମାସ ଶେଷ ପର୍ଯ୍ୟନ୍ତ ଆମେ ପ୍ରାୟ ଅଧିକାଂଶ ଅନୁଷ୍ଠାନ ଓ ବ୍ୟକ୍ତିବିଶେଷଙ୍କୁ ଦେବାକୁ ସକ୍ଷମ ହୋଇଥିଲୁ। କୋର୍ଟ କଚେରୀ ସବୁ ମଧ୍ୟ ଆମଠୁଁ କିଣିଲେ। କାରଣ ଆମେ ଥିଲୁ ଓଡ଼ିଶାର ଏକ ମାତ୍ର ଫାର୍ମ। ପଶ୍ଚିମ ଓଡ଼ିଶା, ବାଲେଶ୍ୱର, ଢେଙ୍କାନାଳ, ବ୍ରହ୍ମପୁର ସବୁ ଜାଗାରୁ ଆମେ ଅର୍ଡର ପାଇ ଜାତୀୟ ପତାକା ଯୋଗାଇଥିଲୁ। ଏତେ ପରିମାଣରେ 'ଜାତୀୟ ପତାକା' ବିକ୍ରି ହେବ ଆମେ ଭାବି ପାରିନଥିଲୁ। ମାରୱାଡ଼ି ପଟିର କେତେଜଣ ପ୍ରତିଷ୍ଠିତ ବ୍ୟବସାୟୀ ଆମର ଲାଭ ଓ ବ୍ୟବସାୟ ଦେଖି ଆମକୁ ସଂପର୍କ କଲେ। ପରେ ଅନେକ ବ୍ୟବସାୟୀ 'ଜାତୀୟ ପତାକା' ତିଆରି କରିଥିଲେ। ଆମେ ବିତରଣ କରିଥିବା 'ଜାତୀୟ ପତାକା'ରେ କୌଣସି ତ୍ରୁଟି ନଥିଲା। ସମସ୍ତେ ଏହାର କ୍ୱାଲିଟି ପାଇଁ ପ୍ରଶଂସା କରିଥିଲେ।

ଏହା ଥିଲା ଆମ ଜୀବନରେ ବ୍ୟବସାୟର ପ୍ରଥମ ଅନୁଭୂତି। ଏହା ଦ୍ୱାରା ଆମେ ଅନେକ ଆନୁଷ୍ଠାନର ମୁଖ୍ୟଙ୍କ ସହ ପରିଚିତ ହେଲୁ। ଅନେକ ସ୍କୁଲ୍‌ର ହେଡ୍‌ମାଷ୍ଟର୍, କଲେଜର ପ୍ରିନ୍‌ସିପାଲ୍‌ଙ୍କ ସହ ସଂପର୍କ ହେଲା। ଏହା ଭବିଷ୍ୟତ ବ୍ୟବସାୟ ପାଇଁ ବହୁତ

ସାହାଯ୍ୟ କଲା, ଏହି ଘଟଣା ଆମ ଦୁଇ ବନ୍ଧୁଙ୍କ ଜୀବନର ମୋଡ଼ ବଦଳାଇ ଦେଲା। ଏଇଥିରୁ ପ୍ରଚୁର ଆତ୍ମବିଶ୍ୱାସ ନେଇ ଆମେ ଭବିଷ୍ୟତ କର୍ମପନ୍ଥା ସ୍ଥିର ପାଇଁ ଯୋଜନା ପ୍ରସ୍ତୁତ କଲୁ।

ଓଡ଼ିଶା ସାଇଣ୍ଟିଫିକ୍ କମ୍ପାନୀ (ODISHA SCIENTIFIC COMPANY):

ରେଭେନ୍‌ସା କଲେଜରୁ ବି.ଏସ୍‌ସି. ପାସ୍ କରି ସାରିଥାଏ। ପଦାର୍ଥ ବିଜ୍ଞାନ ଓ ରସାୟନ ବିଜ୍ଞାନରେ ମୋର ବହୁତ ଆଗ୍ରହ ଥାଏ। ବହୁତ ଭଲ ପଢୁଥିଲି। ପ୍ରାକ୍ଟିକାଲ୍ କ୍ଲାସ୍‌ମାନଙ୍କରେ ଭଲ କରୁଥିବାରୁ ସାର୍‌ମାନଙ୍କର ସହ ବହୁତ ଭଲ ସଂପର୍କ ଥାଏ, ଏଣେ ଜାତୀୟ ପତାକା ବ୍ୟବସାୟର ଅନୁଭୂତି, ବ୍ୟବସାୟ ପାଇଁ ପ୍ରେରଣା ଦେଇଥାଏ। ଏଇ ସମୟରେ ଆମ ଦୁଇ ବନ୍ଧୁଙ୍କ ମନରେ ଆସିଲା ସ୍କୁଲ୍ କଲେଜର ଲାବୋରେଟୋରୀମାନଙ୍କୁ ବିଜ୍ଞାନ ଯନ୍ତ୍ରପାତି ସପ୍ଲାଇ କଲେ କେମିତି ହୁଅନ୍ତା। ଆମେ ଲାଗି ପଡ଼ିଲୁ। ବିଭିନ୍ନ ସ୍କୁଲ୍ କଲେଜ ଯାଇ ଶିକ୍ଷକ ଓ ଲାବୋରେଟୋରୀ ସହାୟକମାନଙ୍କ ଠାରୁ କିଛି କିଛି ଧାରଣା ପାଇଲୁ। ଡିପିଆଇ ଅଫିସ୍ ଥିଲା ଆମ ଘର ସାମ୍ନା କଲେଜିଏଟ୍ ସ୍କୁଲ୍ ପଛପଟେ। ସେତେବେଳର ଜିଲ୍ଲା ଇନ୍‌ସ୍ପେକ୍ଟର ଅଫିସ୍ ମଧ୍ୟ ସେଇ ପାଖରେ, ଏଣୁ ଅଫିସ୍ ଯାଇ ଆବଶ୍ୟକତା ବିଷୟରେ ବୁଝିଦେଲୁ। ସ୍କୁଲ କଲେଜ, ଡିପିଆଇ ଅଫିସ୍ ସମସ୍ତଙ୍କର ଏକ ମତ ଥିଲା ଯେ ଏହା ଏକ ଭଲ ବ୍ୟବସାୟ, ମାତ୍ର ବହୁତ କଷ୍ଟକର। ମାତ୍ର ଏଭଳି ଏକ ବ୍ୟବସାୟ କଟକରେ ହେଲେ ଆଉ ସୁଦୂର କଲିକତାରୁ ଲାବୋରେଟୋରୀ ଯନ୍ତ୍ରପାତି ମଗାଇବାର ଅସୁବିଧା ରହନ୍ତା ନାହିଁ। ଆମେ ଏହିସବୁ ପୃଷ୍ଠଭୂମିକୁ ଆଧାର କରି ବିଜ୍ଞାନ ଯନ୍ତ୍ରପାତି ବ୍ୟବସାୟ କରିବାକୁ ସ୍ଥିର କଲୁ। ଏହାଦ୍ୱାରା ଜନ୍ମନେଲା ଦୁଇଟି ଫାର୍ମ। ମୁଁ ପ୍ରତିଷ୍ଠା କଲି 'ଓଡ଼ିଶା ସାଇଣ୍ଟିଫିକ୍ କମ୍ପାନୀ' ଆଉ ମୋର ବନ୍ଧୁ ସୁଦାମ ଚରଣ ପୃଷ୍ଟି ତାଙ୍କ ଫାର୍ମର ନାମ ଦେଲେ 'ସାଇନ୍ସ ହାଉସ୍'। ଦୁଇଟି ଯାକ ଫାର୍ମ ପାଖାପାଖି ଥିଲା ହାଇକୋର୍ଟ ଛକରେ। ଆମେ ବିଜ୍ଞାନ ଯନ୍ତ୍ରପାତି ଓ ସ୍କୁଲ୍ କଲେଜର ବ୍ୟାବହାରିକ ଆବଶ୍ୟକତା ଅନୁସାରେ ଯନ୍ତ୍ରପାତି ଖୋଜିବାକୁ କଲିକତା ଓ ଅମ୍ବାଲା ସାଙ୍ଗ ହୋଇ ଗଲୁ। କଲିକତାର ଧର୍ମତାଲାରେ 'ଚଣ୍ଡୀଚରଣ ଦାସ' ନାମକ ବହୁତ ପୁରାତନ ଓ ପ୍ରସିଦ୍ଧ ଫାର୍ମରୁ ଗ୍ଲୋବ୍, ମାନଚିତ୍ର, ଅନ୍ୟାନ୍ୟ ଚିତ୍ର ଥିବା ଫଳ, ପଶୁ, ପକ୍ଷୀ ଇତ୍ୟାଦି ଯାହା ଦରକାର ସେଠାରୁ ପାଇଗଲୁ। ସେତେବେଳେ 'ସର୍ଭେ ଅଫ୍ ଇଣ୍ଡିଆ' ପକ୍ଷରୁ ଦିଆଯାଇଥିବା ସଠିକ୍ ନିୟମ ପାଳନ କରି ମାନଚିତ୍ର ଗୁଡ଼ିକର ନିର୍ଭୁଲ୍ ନକ୍ସା ଆମେ ସେଠାରୁ ପାଇଗଲୁ। ଦାମ୍ ବେଶୀ ଥିଲା, କିନ୍ତୁ ନିର୍ଭୁଲ୍ ଓ ମଜଭୁତ ଥିଲା ସେ ମ୍ୟାପ୍‌ଗୁଡ଼ିକ, ତା'ପରେ ଇଣ୍ଡିଆନ୍ ରିସର୍ଚ୍ଚ ଲାବୋରେଟୋରୀ (IRL)ରୁ ଅଣୁବୀକ୍ଷଣ ଯନ୍ତ୍ର ମିଳିଗଲା। ତାହା ମଧ୍ୟ ଥିଲା ଖୁବ୍ ଉନ୍ନତମାନର। ଅନ୍ୟାନ୍ୟ କାଚନିର୍ମିତ ବିକର, ଫ୍ଲାସ୍ ଓ ଅମ୍ଳଜାନ

ପାଇଁ ଦରକାର କାଚଯନ୍ତ୍ର ଓ ଅନ୍ୟାନ୍ୟ ରସାୟନିକ ପଦାର୍ଥ କଲିକତା ଓ ଢୋଲପୁରରୁ ମିଳିଗଲା। ସବୁଥିରୁ ଅଳ୍ପ ଅଳ୍ପ ଆଣି ପୂର୍ଣ୍ଣପ୍ରାଣରେ ଲାଗି ପଡ଼ିଲି ବ୍ୟବସାୟରେ। ଖବରକାଗଜରେ ବିଜ୍ଞାପନ ମାଧ୍ୟମରେ ପ୍ରଚାର ମଧ୍ୟ ହୋଇଗଲା। ବିଭିନ୍ନ ସ୍କୁଲ୍ ଓ ନୂଆ କରି ଖୋଲୁଥିବା ବିଜ୍ଞାନ କଲେଜରୁ ଅନେକ ଆସି ବିଜ୍ଞାନ ଯନ୍ତ୍ରପାତି ଦେଖିଲେ ଓ କିଣିବାର ଆଗ୍ରହ ପ୍ରକାଶ କଲେ। ମୁଁ ରେଭେନ୍ସା କଲେଜରୁ ସଦ୍ୟ ବି.ଏସ୍‌ସି. ପାସ୍ କରିଥାଏ ଏବଂ ସେମାନଙ୍କୁ ଯନ୍ତ୍ରପାତି ଓ କେତେକ ବିଜ୍ଞାନ ପରୀକ୍ଷା ଓ ପରୀକ୍ଷାଗାରର ଅଭିଜ୍ଞତା ଭଲ ଭାବେ ବୁଝାଇ ପାରୁଥାଏ। ସେତେବେଳେ ନୂଆକରି ଗଢ଼ିଉଠୁଥିବା ସ୍କୁଲ୍ କଲେଜର ବିଜ୍ଞାନ ଶିକ୍ଷକଙ୍କ ମଧ୍ୟରେ ଏତେଟା ବ୍ୟବହାରିକ ଜ୍ଞାନ ନଥାଏ। କିଛି ଆମଠାରୁ ବ୍ୟବହାରିକ ଜ୍ଞାନକୌଶଳ ଜାଣିବାପରେ ସେମାନେ ବହୁତ ଖୁସି ହେଉଥିଲେ। କ୍ରମେ ମୋର 'ଓଡ଼ିଶା ସାଇଣ୍ଟିଫିକ୍ କମ୍ପାନୀ' ଧିରେ ଧିରେ ଲୋକଲୋଚନକୁ ଆସିଲା ଓ ଖ୍ୟାତି ମଧ୍ୟ ଲାଭ କଲା। ମୋର ଉଦ୍ଦେଶ୍ୟ ଥିଲା ଭଲ ଜିନିଷ ସପ୍ଲାଇ କରିବା ସଙ୍ଗେ ସଙ୍ଗେ ବିଜ୍ଞାନକୁ ଲୋକାଭିମୁଖୀ ଓ ଲୋକପ୍ରିୟ କରିବା। ତାହାହିଁ ହେଲା। ଘର ପାଖରେ ଡି.ପି.ଆଇ ଅଫିସ୍। ସି.ଆଇ ଅଫିସ୍। ଏଣୁ ସ୍କୁଲ୍ କଲେଜର ଶିକ୍ଷକ, ହେଡ୍‌ମାଷ୍ଟର ଓ ପ୍ରିନ୍‌ସିପାଲ୍‌ମାନେ ଓ ଆମ ପାଖରୁ ଲାବୋରେଟୋରୀ ଯନ୍ତ୍ରପାତି ଦେଖି ନେଉଥିଲେ। ଗୋଟିଏ ସ୍ଥାନରେ ସବୁ କାମ ହୋଇଯାଉଥିଲା। ଏହି ସମୟରେ ମୁଁ ସେତେବେଳର ଡି.ପି.ଆଇ ମହାଶୟଙ୍କୁ ସୌଜନ୍ୟମୂଳକ ସାକ୍ଷାତ କଲି। ସେ ଆମର ରେଭେନ୍ସା କଲେଜର ପ୍ରିନ୍‌ସିପାଲ୍ ଥିଲେ। ଆମ ସମୟରୁ ପରମ୍ପରା ଚଳି ଆସୁଥିଲା ରେଭେନ୍ସା କଲେଜର ପ୍ରିନ୍‌ସାପାଲ ପରବର୍ତ୍ତୀ ସମୟରେ ଡି.ପି.ଆଇ ହେବେ। ଏହା ବହୁତ ଦିନ ଧରି ଓଡ଼ିଶାରେ ଚାଲିଥିଲା। ପରେ ଏ ପରମ୍ପରା ଆଉ ଦେଖିବାକୁ ମିଳୁନି। ଯାହାହେଉ ଡି.ପି.ଆଇ. ମହାଶୟ ଜଣେ ସଦ୍ୟ ପାସ୍ କରିଥିବା ଓ ବିଜ୍ଞାନରେ ଜ୍ଞାନ ଥିବା ଛାତ୍ର। ଏପରି ଏକ ପଦକ୍ଷେପ ନେଇଥିବାରୁ ସେ ଆମକୁ ଆଶୀର୍ବାଦ କଲେ ଓ ଡି.ଡି.ପି.ଆଇଙ୍କୁ ଭେଟି କ'ଣ ସବୁ ଆଗାମୀ ଦିନରେ କାର୍ଯ୍ୟକ୍ରମ ଅଛି ବୁଝିବାକୁ କହିଲେ। ଡି.ଡି.ପି.ଆଇ ଥିଲେ କଡ଼ା ମିଜାଜ୍‌ର ଜଣେ ଖୁବ୍ ଭଲ ପ୍ରଶାସକ। ସେ କହିଲେ- "ଦେଖ ବହୁତ ପରିମାଣର ବିଜ୍ଞାନ ଯନ୍ତ୍ରପାତି ସମଗ୍ର ଓଡ଼ିଶାକୁ ଯୋଗାଇବାକୁ ହେବ। ସରକାର ବିଜ୍ଞାନର ଓ ଲାବୋରେଟୋରୀ ଉନ୍ନତିକରଣ ପାଇଁ ପ୍ରଚୁର ପରିମାଣରେ ଅର୍ଥ ଏ ବର୍ଷର ମଞ୍ଜୁର କରିବେ। ଏ ବିଷୟରେ ପ୍ରାଥମିକ କଥାବାର୍ତ୍ତା ହୋଇସାରିଛି। ଏହାକୁ କରିବାକୁ ହେଲେ ଗୋଟିଏ ଫାର୍ମ ପକ୍ଷରେ ଅସମ୍ଭବ, ତୁମେ ପୁଣି ନୂଆ କରି ଏଥିରେ ଯୋଗଦେଇଛ। ଯଦି ୩-୪ଟି ବ୍ୟାବସାୟିକ ଅନୁଷ୍ଠାନ ମିଶି ଗୋଟିଏ 'ମିଳିତ ବ୍ୟବସାୟ ଅନୁଷ୍ଠାନ କରନ୍ତି', ହେଲେ କିଛି ହୋଇ ପାରନ୍ତା।" ଏଥିରୁ ଅନେକ ପ୍ରେରଣା ମିଳିଲା। ମୁଁ ମୋ

ବନ୍ଧୁ ସୁଦାମ ବାବୁ ମିଶି ମଙ୍ଗଳାବାଗରେ ଥିବା 'ୟୁନିୟନ୍ ସାଇଣ୍ଟିଫିକ୍ ମାର୍ଟ,' ସାଙ୍ଗରେ କଥାବାର୍ତ୍ତା କଲୁ। ସେ ବହୁତ ଆଗ୍ରହ ପ୍ରକାଶ କଲେ। ଆମେ ତିନିଜଣ ମିଶି ତିଆରି କଲୁ 'କମ୍ବାଇଣ୍ଡ୍ ଫାର୍ମ'। ଏହାପରେ ତିନିଜଣ ମିଶି ଆମର ମିଳିତ ଅନୁଷ୍ଠାନର କାଗଜପତ୍ର ନେଇ ଡିପିଆଇ ଓ ଡିଡିପିଆଇଙ୍କୁ ଦେଖାକଲୁ। ଡିପିଆଇ, ଡିଡିପିଆଇ ଓ ଆମ ମିଳିତ ବ୍ୟବସାୟିକ ଅନୁଷ୍ଠାନର ତିନି ଜଣ ମୁଖ୍ୟଙ୍କ ସହ ମିଟିଂ ପରେ ଡିପିଆଇ କହିଲେ- "ତୁମେ ସବୁ ସଦ୍ୟ ଛାତ୍ରମାନେ ବ୍ୟବସାୟିକ ଅନୁଷ୍ଠାନ କରିଛ। ତୁମେ ସ୍ୱାଧୀନତାର ପରବର୍ତ୍ତୀ ଓଡ଼ିଶାରେ ବିଜ୍ଞାନର ପ୍ରସାର ପାଇଁ କାମ କର। ମୁଁ ତୁମକୁ ସାହାଯ୍ୟ କରିବି, ମାତ୍ର ଆମର ଦୁଇଟି ସର୍ତ୍ତ। (୧) ଗୁଣାତ୍ମକ, ଭଲ ଜିନିଷ ଯୋଗାଇବ, (୨) ମୁଁ ଯେମିତି ଏ ବିଷୟରେ କୌଣସି ଅଭିଯୋଗ ନଶୁଣେ।" ଆମେ ଡି.ପି.ଆଇ ମହାଶୟଙ୍କ ସବୁ ସର୍ତ୍ତରେ ରାଜି ହୋଇଗଲୁ ଏବଂ ସବୁଠୁଁ ଭଲ ଜିନିଷ ଅଳ୍ପ ଲାଭ ରଖି ଯୋଗାଇବାକୁ ପ୍ରତିଶ୍ରୁତିବଦ୍ଧ ବୋଲି କହିଲୁ। ଏହା ଥିଲା ଡିପିଆଇଙ୍କ ମୌଖିକ ପ୍ରତିଶ୍ରୁତି।

ଏତେ ପରିମାଣର ଅର୍ଡର ମିଳିବା ପୂର୍ବରୁ ଆମେ ସବୁ ବିଭିନ୍ନ ସ୍ଥାନକୁ ଯାଇ ବିଭିନ୍ନ ସାମଗ୍ରୀ ବିଷୟ ଖୋଜଖବର ନେଲୁ। କଲିକତା, ଅମ୍ବାଲା, ଦିଲ୍ଲୀ, ବମ୍ବେ ଇତ୍ୟାଦି ସହର ଯାଇ ବିଭିନ୍ନ ବ୍ୟବସାୟ ପ୍ରତିଷ୍ଠା ସହ ଯୋଗାଯୋଗ କଲୁ। ସବୁ ଠିକ୍ଠାକ୍ ଥିଲା। ଏହା ଆମ ଆତ୍ମସମ୍ମାନର ପ୍ରଶ୍ନ ହୋଇଗଲା। ଅର୍ଡର ପାଇଲା ପରେ ଆମେ କଲିକତା, ଅମ୍ବାଲା, ଦିଲ୍ଲୀ ଯାଇ ବ୍ୟକ୍ତିଗତ ଭାବେ ବିଜ୍ଞାନ ଯନ୍ତ୍ରପାତି ଓ ଅନ୍ୟାନ୍ୟ ସାମଗ୍ରୀ ନିଜେ ବାଛି, ପ୍ୟାକିଂ ଭଲ ଭାବେ ଦେଖି ରେଳ ଯୋଗେ କଟକ ଆଣିଲୁ। କଟକ ଷ୍ଟେସନ୍ ବଜାର ପାଖ ପାଟାରା ସାହି ବଡ଼ ଘର ନେଇ ସେଇଠୁ ବିଭିନ୍ନ ଅନୁଷ୍ଠାନକୁ ଯୋଗାଇଲୁ। ଦିନରାତି ପରିଶ୍ରମ କରି ରାତି ୧୨ଟା, ୧ଟା ପର୍ଯ୍ୟନ୍ତ ଆମେ କାମ କରୁଥିଲୁ। କେମିତି ଭଲରେ ଜିନିଷ ଗୁଡ଼ିକ ଅନୁଷ୍ଠାନରେ ପହଞ୍ଚିବ ସେ ବିଷୟରେ ମଧ୍ୟ ଧ୍ୟାନ ଦେଉଥିଲୁ। ସ୍କୁଲ୍ କଲେଜରୁ ଯେଉଁମାନେ ଯନ୍ତ୍ରପାତି ନେବାକୁ ଆସୁଥିଲେ ସେମାନଙ୍କୁ ବ୍ୟାବହାରିକ କୌଶଳ ପ୍ରଦର୍ଶନ ଓ ଏହାର ରକ୍ଷଣାବେକ୍ଷଣ ବିଷୟରେ ଭଲ ଭାବରେ ବୁଝାଉଥିଲୁ। ଦରକାର ହେଲେ ଲେଖିକି ମଧ୍ୟ ଦେଉଥିଲୁ। ଆମେ ଭାବୁଥିଲୁ ଯେପରି ଆମ ନିଜର ଅନୁଷ୍ଠାନକୁ ଏ ଯନ୍ତ୍ରପାତି ଯାଉଛି। ଏହାର ହେପାଜତ ଓ ବ୍ୟବହାର ଠିକ୍ ଭାବରେ ହେଉ। ଏହି ମନୋଭାବ ଆମର ବ୍ୟବସାୟିକ ପ୍ରତିଷ୍ଠାନକୁ ବହୁତ ଜନପ୍ରିୟ କରିଦେଲା। ମତେ ପ୍ରାୟ ସେତେବେଳେ ଓଡ଼ିଶାର ସବୁ କଲେଜ, ସ୍କୁଲ୍ ଓ ଉତ୍କଳ ବିଶ୍ୱବିଦ୍ୟାଳୟର ସବୁ ମୁଖ୍ୟମାନେ ବ୍ୟକ୍ତିଗତ ଭାବେ ଜାଣିଥିଲେ। ଆମର ବନ୍ଧୁ ସଂଖ୍ୟା ଅନେକ ପରିମାଣରେ ବଢ଼ିଯାଇଥିଲା।

■

ବିଶ୍ୱଶାନ୍ତି ସମ୍ମିଳନୀ ଓ ମୁଁ

ବିଶ୍ୱଶାନ୍ତି ସମ୍ମିଳନୀ ପାଇଁ ସଜବାଜ:

୧୯୬୫ ମସିହା ଜୁଲାଇ ମାସ ୨ ତାରିଖରୁ ୧୫ ଦିନ ବିଶ୍ୱଶାନ୍ତି ସମ୍ମିଳନୀ ହେଉଥାଏ। ଫିନ୍‌ଲ୍ୟାଣ୍ଡର ହେଲ୍‌ସିଙ୍କି ସହରରେ। ପୃଥିବୀର ସବୁଦେଶରୁ ପ୍ରତିନିଧିମାନେ (Delegates) ସେଠାକୁ ଯିବାକୁ ସ୍ଥିର ହେଲା। ଭାରତର ସବୁ ରାଜ୍ୟରୁ ମଧ୍ୟ ପ୍ରତିନିଧିମାନେ ଯିବେ। ଓଡ଼ିଶାରୁ ସେତେବେଳେ ୪ ଜଣ ଯିବାକୁ ସ୍ଥିର ହେଲା। (୧ମ) ପ୍ରଫେସର ରାଧାନାଥ ରଥ, ସେତେବେଳର ଉତ୍କଳ ବିଶ୍ୱବିଦ୍ୟାଳୟର ପ୍ରଫେସର ଓ ବିଭାଗୀୟ ମୁଖ୍ୟ, ମନୋବିଜ୍ଞାନ ବିଭାଗ। ରାଧାନାଥ ବାବୁଙ୍କୁ ଜଣେ ବିଶିଷ୍ଟ ମନୋବିଜ୍ଞାନୀ ଭାବେ କେବଳ ଓଡ଼ିଶାରେ କାହିଁକି ସମଗ୍ର ଭାରତବର୍ଷରେ ସମସ୍ତେ ଜାଣିଥିଲେ। ସେ ମଧ୍ୟ ବିଶ୍ୱ ମନସ୍ତତ୍ତ୍ୱ ସଂସ୍ଥାର ସଭାପତି ଥିଲେ। (୨ୟ) ପ୍ରତିନିଧି ହେଲେ ଡା. ନିରୁପମା ରଥ। ନିରୁପମା ରଥ ଥିଲେ ଜଣେ ଜଣାଶୁଣା ଡାକ୍ତର। କଟକରେ ତାଙ୍କୁ ଜଣେ ଉଚ୍ଚକୋଟୀର ଡାକ୍ତର, ସ୍ନେହୀ ଓ ମହିଳା ନେତ୍ରୀ ଭାବେ ସମସ୍ତେ ଜାଣିଥିଲେ। ତୃତୀୟ ପ୍ରତିନିଧି ହେଲି ମୁଁ। ସେତେବେଳେ ଉତ୍କଳ ବିଶ୍ୱବିଦ୍ୟାଳୟରୁ ସିନେଟ୍ ସଭ୍ୟ ଥିଲି ଏବଂ ଶିକ୍ଷାକ୍ଷେତ୍ରରେ ସ୍କୁଲ୍ କଲେଜ ସହ ଅନ୍ତରଙ୍ଗ ଭାବେ ଜଡ଼ିତ ଥିଲି। (୪ର୍ଥ) ସଭ୍ୟ ଶ୍ରୀ ରାମଚନ୍ଦ୍ର ରାମ ଥିଲେ ରଣପୁରର ନିର୍ବାଚିତ ଏମ୍.ଏଲ୍.ଏ ଏବଂ ଜଣେ ଜଣାଶୁଣା କମ୍ୟୁନିଷ୍ଟ୍ ନେତା। ଜୁଲାଇ ୩ ତାରିଖ ବେଳକୁ ଆମକୁ ବାହାରିବାକୁ ପଡ଼ିବ। ରାଧାନାଥ ବାବୁ ଡା. ନିରୁପମା ରଥଙ୍କ ସହ ବାରମ୍ୱାର ଦେଖାସାକ୍ଷାତ କରି ଆଗାମୀ ଗସ୍ତ ବିଷୟରେ ଚୂଡ଼ାନ୍ତ ପ୍ରସ୍ତୁତି କରୁଥିଲେ। ପ୍ରଥମ ଥର ବିଦେଶ ଗସ୍ତ। ଅନ୍ତର୍ଜାତୀୟ ବିମାନ ବନ୍ଦରରେ କ'ଣ ସବୁ କଟକଣା, କେମିତି ଯିବାକୁ ହେବ, କେତେ ଓଜନର ଜିନିଷ ନେଇପାରିବୁ ଇତ୍ୟାଦି ଅନେକ ବୁଝିବାପରେ ବାହାରି ପଡ଼ିଲୁ ଦିଲ୍ଲୀ ଅଭିମୁଖେ। କଟକ ଷ୍ଟେସନ୍‌ରୁ-ଟ୍ରେନ୍‌ରେ କଲିକତା, ବିମାନ ଯୋଗେ ଗଲୁ ଦିଲ୍ଲୀ।

ଓଡ଼ିଶା ପରି ଅନ୍ୟ ରାଜ୍ୟରୁ ମଧ୍ୟ ପ୍ରତିନିଧିମାନେ ଆସିଥିଲେ। ସବୁ ରାଜ୍ୟର ପ୍ରତିନିଧି ମିଶି ଥିଲେ ଶହେଜଣ। ସମସ୍ତେ ମିଳିତ ହେଲୁ ଦିଲ୍ଲୀ ବିମାନ ବନ୍ଦରରେ। ତା'ପରେ ସମସ୍ତେ ହୋଟେଲ୍ ଅଭିମୁଖେ ଗଲୁ। ଆମେ ସମସ୍ତେ ବୈଦେଶିକ ମନ୍ତ୍ରୀ ସ୍ୱରଣ ସିଂହଙ୍କ ଦ୍ୱାରା ଆମନ୍ତ୍ରିତ ହୋଇ ବୈଦେଶିକ ବିଭାଗକୁ ଗଲୁ ଏବଂ ବୈଦେଶିକ ବିଭାଗ ମନ୍ତ୍ରୀ ସ୍ୱରଣ ସିଂହ ଶାନ୍ତି ସମ୍ମିଳନୀ ସମ୍ପର୍କରେ ଭାରତର ଆଭିମୁଖ୍ୟ ବିଷୟରେ

With Indian Delegates to World Peace Conference at Finland – 1965

ଅନେକ କିଛି କହିଲେ। ଏକ ସ୍ୱତନ୍ତ୍ର ବିମାନ ଯୋଗେ ୩ ତାରିଖ ସକାଳୁ ସକାଳୁ ବାହାରି ପଡ଼ିଲୁ କାବୁଲ୍ ଅଭିମୁଖେ, କାରଣ ଏହି ବିମାନଟି ଥିଲା Afgan Airlinesର। ଆମର ସବୁ ପ୍ରତିନିଧିଙ୍କର ମୁଖ୍ୟଙ୍କ ଠାରୁ ଯିବାର ସମସ୍ତ ବିବରଣୀ ବୁଝିନେଲୁ। ଆମକୁ କୁହାଯାଇଥାଏ ଆପଣମାନଙ୍କର Passport ଓ Visa ଆପଣମାନଙ୍କୁ ଦିଲ୍ଲୀ ବିମାନ ବନ୍ଦରରେ ମିଳିବ। ସେ ପର୍ଯ୍ୟନ୍ତ ମିଳିନଥାଏ। ତାହା ସବୁ ସେକ୍ରେଟାରୀ ମହାଶୟଙ୍କ ଦାୟିତ୍ୱରେ ଥାଏ।

ସକାଳ ୮ଟାରେ ବିମାନ ଛାଡ଼ିଲା। ବିମାନ ମଧ୍ୟରେ ନିଜ ନିଜର ସ୍ଥାନ ବାଛି ନେଲା ପରେ, ଆରମ୍ଭ ହେଲା ଗପସପ, ମନରେ ଅନେକ ଆନନ୍ଦ ଓ ଉତ୍କଣ୍ଠା ମଧ୍ୟରେ ବିମାନଟି ଆକାଶକୁ ଉଠିଲା। ୩ ତାରିଖ ଦିନ ୧୧ଟା ବେଳକୁ ଆମର ବିମାନ କାବୁଲ ବିମାନ ବନ୍ଦରରେ ପହଞ୍ଚିଲା। ଆମେ ଭାବିଥିଲୁ ଘଣ୍ଟାଏ-ଦୁଇଘଣ୍ଟା ମଧ୍ୟରେ ବିମାନ କାବୁଲ ଛାଡ଼ି ଗନ୍ତବ୍ୟ ପଥରେ ଚାଲିବ, ମାତ୍ର ବହୁତ ଡେରି ହେଲା। କେହି କିଛି

କହିପାରୁନଥାନ୍ତି। ତା'ପରେ ସେକ୍ରେଟାରୀ ମହାଶୟ ଘୋଷଣା କଲେ ଯେ ଆଫଗାନ୍ ଭାରତୀୟ ଶାନ୍ତି ପ୍ରତିନିଧି ଦଳଙ୍କୁ ଦେଖା କରିବାକୁ ଚାହାନ୍ତି। ଯେତେବେଳର ଆଫଗାନ୍ ରାଜା ଥିଲେ ମହମ୍ମଦ ଜହିର୍ ଶାହ। ସେ ମହମ୍ମଦ ନାଦିର୍ ଶାହଙ୍କ ପୁତ୍ର। ନାଦିର୍ ଶାହଙ୍କ ମୃତ୍ୟୁ ପରେ ସେ କାବୁଲ୍ ସିଂହାସନ ଆରୋହଣ କଲେ ଏବଂ ୧୯୩୩ରୁ ୧୯୭୩ ପର୍ଯ୍ୟନ୍ତ ଦେଶ ଶାସନ କରିଥିଲେ। ୧୯୭୩ ମସିହାରେ ଯେ ଇଟାଲୀରେ ଆଖି ଅପରେସନ୍ ପାଇଁ ଯାଇଥିଲା ବେଳେ ତାଙ୍କର ସଂପର୍କୀୟ ଓ ପୂର୍ବତନ ପ୍ରଧାନ ମନ୍ତ୍ରୀ ମହମ୍ମଦ୍ ଦାଉଦ୍ ଖାଁ ବିଦ୍ରୋହ କରି ତାଙ୍କୁ ବାହାର କରି ସାଧାରଣତନ୍ତ୍ର ସରକାର ଗଠନ କଲେ ଏବଂ ଜହିର୍ ଶାହ ଇଟାଲୀରେ ନିର୍ବାସିତ ଜୀବନଯାପନ କଲେ, ୨୦୦୨ ପର୍ଯ୍ୟନ୍ତ। ତା'ପରେ ତାଲିବାନ୍‌ଙ୍କ ଶାସନରେ ସେ ଦେଶକୁ ଫେରିଲେ ମଧ୍ୟ ସ୍ୱାସ୍ଥ୍ୟ ଖରାପ ହୋଇଯାଇଥିଲା। କିଛିଦିନ ଦିଲ୍ଲୀ ଓ କିଛିଦିନ ଏମିରେଟସ୍‌ରେ ଚିକିତ୍ସା ପରେ ୨୩ ଜୁଲାଇ ୨୦୦୭ରେ ସେ ମୃତ୍ୟୁବରଣ କରିଥିଲେ। ରାଜା ଜହିର୍ ଶାହ ଭାରତକୁ ବହୁତ ଭଲପାଉଥିଲେ ଏବଂ ଭାରତୀୟ ଶାନ୍ତି ପ୍ରତିନିଧିମାନେ ବିଶ୍ୱଶାନ୍ତି ସମ୍ମିଳନୀରେ ଯୋଗଦେବାକୁ ଯାଉଛନ୍ତି ଜାଣି ବହୁତ ଖୁସି ହୋଇଯାଇଥିଲେ। ଏ ସମସ୍ତ ପ୍ରତିନିଧିଙ୍କୁ ରାଜପ୍ରସାଦକୁ ନିମନ୍ତ୍ରଣ କରି ନୈଶ ଭୋଜନରେ ଆପ୍ୟାୟିତ କରିବାକୁ ଇଚ୍ଛା ପ୍ରକଟ କଲେ।

ଆମ ଭାରତୀୟ ପ୍ରତିନିଧିମାନଙ୍କର ମୁଖ୍ୟ ଥିଲେ ରମେଶ ଚନ୍ଦ୍ର। ସେ ଥିଲେ ଆମର ସେକ୍ରେଟାରୀ ଜେନେରାଲ୍। ବିଶ୍ୱଶାନ୍ତି ପାଇଁ ତାଙ୍କର ଅବଦାନ ଅନେକ। ବିଶ୍ୱଶାନ୍ତି ପାଇଁ ସେ ଅନେକ କିଛି ଲେଖିଯାଇଛନ୍ତି ଏବଂ ଏହାପରେ ୧୯୭୧ ମସିହାରେ ବିଶ୍ୱଶାନ୍ତି କାଉନ୍‌ସିଲର୍ ସମ୍ମେଳନ ମସ୍କୋଠାରେ ହେଲା। ସେ ଥିଲେ ଏହି ସମ୍ମିଳନୀରେ ସମଗ୍ର ବିଶ୍ୱର ସେକ୍ରେଟାରୀ ଜେନେରାଲ୍।

କାବୁଲ୍‌ର ରାଜା, ରାଜଭବନ ଓ ନୈଶଭୋଜି - ଏକ ଅଭୁଲା ସ୍ମୃତି:

ସମସ୍ତ ଭାରତୀୟ ପ୍ରତିନିଧିମାନଙ୍କୁ ବସ୍ ପଠାଇ ନିଆଗଲା। କାବୁଲ୍‌ର ଏକ ବିଳାସପୂର୍ଣ୍ଣ ହୋଟେଲକୁ। ବାଟରେ ଆମେ କାବୁଲକୁ ଦେଖିବାକୁ ସୁଯୋଗ ପାଇଲୁ। ବସ୍‌ର ଝରକା କାଚରୁ କାବୁଲକୁ ଦେଖି ଆମେ ଚମକି ଯାଇଥିଲୁ। ବିମାନ ବନ୍ଦରରୁ ସହର ବହୁତ ଦୂର। ରାସ୍ତାରେ ଦୁଇ ପାଖରେ ଜୀର୍ଣ୍ଣ ଘରଗୁଡ଼ିକ ଦିଶୁଛି। ସେତେବେଳର ଆଫ୍‌ଗାନିସ୍ଥାନର ସହରାଞ୍ଚଳସ୍ଥିତ ବସ୍ତିର ଅବସ୍ଥା ବହୁତ ଖରାପ ଥିଲା। ଆର୍ଥିକ ପରିସ୍ଥିତି ମଧ୍ୟ ଭଲ ନଥିଲା। ତାକୁ ଦେଖି ଆମ ମନରେ ଓଡ଼ିଶାର ପୁରପଲ୍ଲୀର ଦୃଶ୍ୟ ଆଖି ଆଗରେ ଭାସିଯାଉଥାଏ। ଆମେମାନେ ସବୁ ହୋଟେଲ୍‌ରେ ନିଜ ନିଜ ରୁମ୍‌ରେ ରହିଲୁ। ରାଜାଙ୍କ ନିମନ୍ତ୍ରଣ, ପ୍ରଥମ ପାଇଁ କେଉଁ ଏକ ବିଦେଶ ରାଜ୍ୟର ରାଜା, ପୁଣି ଯେଉଁମାନଙ୍କ

ବଂଶଧର ଭାରତକୁ ଶାସନ କରିଥିଲେ । ଆମ ସାଙ୍ଗରେ ଆନ୍ଧ୍ରର ଜଣେ ଏମ୍.ପି. ଥିଲେ, ଆଉରି ଅନେକ ନିର୍ବାଚିତ ପ୍ରତିନିଧି ଥା'ନ୍ତି । ବହୁତ ଶିକ୍ଷାବିତ୍, ମହିଳା ନେତ୍ରୀ ଓ ସମାଜସେବୀ, ସମସ୍ତେ ବେଶ୍ ଉତ୍ସାହିତ ଥାନ୍ତି । ସନ୍ଧ୍ୟା ହେଲା । ହୋଟେଲରୁ ଆମେମାନେ ରାଜପ୍ରାସାଦକୁ ଯିବାକୁ ଅପେକ୍ଷା କରିଥାଉ । ଦଳ ଦଳ ହୋଇ ସମସ୍ତେ ମୋଗଲମାନଙ୍କ ରାଜତ୍ୱ ବିଷୟରେ ଆଲୋଚନା କରୁଥାନ୍ତି, କାବୁଲ୍ ସହର ବୁଲିବାକୁ ଭାରି ଇଚ୍ଛା ଥାଏ । ମାତ୍ର ଅନୁମତି ନଥାଏ । କେବଳ ବସ୍‌ରୁ ହୋଟେଲ୍ ହୋଟେଲ୍‌ରୁ ରାଜପ୍ରାସାଦ ।

ଠିକ୍ ସନ୍ଧ୍ୟା ୭ଟାରେ ପହଞ୍ଚିଲୁ ଦାରୁଲ୍ ଅମାନ୍ ପାଲେସ୍ । ରାଜା ମହମ୍ମଦ ଜହିର୍ ଶାହାଙ୍କର ରାଜପ୍ରାସାଦ ଅତି ସୁନ୍ଦର ଦେଖି ଆଖି ଖୋସି ହୋଇଯାଉଥାଏ । କାବୁଲ ସହରଠାରୁ ୧୭ କି.ମି. ଦୂର । ବିରାଟ ଗମ୍ବୁଜ ଥାଇ ଅଟ୍ଟାଳିକାମାନ ଦାରୁଲ୍ ଅମାନ୍ ପାଲେସ୍ ୧୯୨୦ ମସିହାରେ ରାଜା ଅମାନୁଲ୍ଲା ଖାଁଙ୍କ ଦ୍ୱାରା ନିର୍ମିତ ହୋଇଥିଲା । କାବୁଲ୍ ସହରକୁ ସୁନ୍ଦର କରିବା ପାଇଁ ଏବଂ ଏକ ଆଧୁନିକ କାବୁଲ୍ ସହର ଗଢ଼ିବା ଲକ୍ଷ୍ୟରେ କାବୁଲ୍ ସହରଠାରୁ ୧୬ କି.ମି. ଦୂରରେ ଏହି ପ୍ରାସାଦଟି ତିଆରି ହୋଇଥିଲା ଏକ ପାହାଡ଼ ଉପରେ । କାବୁଲ୍ ସହରକୁ ଏହି ରାଜପ୍ରାସାଦ ପର୍ଯ୍ୟନ୍ତ ନାରୋଗଜ୍ ରେଳ ସଂଯୋଗ ଥିଲା । ପର୍ବତ ଉପରେ ଏକ ସୁନ୍ଦର ଅଟ୍ଟାଳିକା ସମସ୍ତଙ୍କୁ ଆକୃଷ୍ଟ କରୁଥିଲା । ମହମ୍ମଦ୍ ଜହିର୍ ଶାହାଙ୍କ ନିର୍ବାସନ ପରେ, ଏହି ରାଜପ୍ରାସାଦରେ ୧୯୬୯ରେ ନିଆଁ ଲାଗିଯାଇଥିଲା । କିଛି ଅଂଶ ପରେ ପୁନଃନିର୍ମାଣ ହେଲା । ପରେ ପରେ ୧୯୯୦ରେ ମୁଜାହିଦ୍ଦିନ୍‌ମାନେ ଏହାକୁ ଧ୍ୱଂସ କରିଦେଇଥିଲେ, ବର୍ତ୍ତମାନ ଏହାର ଧ୍ୱଂସାବଶେଷ କେବଳ ଦୃଶ୍ୟମାନ ।

ରାଜପ୍ରାସାଦଟି ପାହାଡ଼ ଉପରେ ଅବସ୍ଥିତ । ଏଠାରୁ କାବୁଲ ସହର ରାତ୍ରିବେଳା ଖୁବ୍ ସୁନ୍ଦର ଦେଖାଯାଏ । ରାଜା ଜହିର୍ ଶାହ ନିଜେ ନୈଶ ଭୋଜିରେ ଉପସ୍ଥିତ ଥିଲେ । ଆମେମାନେ ତାଙ୍କୁ ଦେଖିବାର ସୁଯୋଗ ପାଇଲୁ । ରାତି ୮ଟାରୁ ୧୦ଟା ପର୍ଯ୍ୟନ୍ତ ଚାଲିଲା ପାର୍ଟି । ସମସ୍ତେ ବହୁତ ଉପଭୋଗ କଲେ । ଏଥିରେ ନିରାମିଷ ଓ ଆମିଷ ଖାଦ୍ୟର ବନ୍ଦୋବସ୍ତ ଥିଲା । ବଡ଼ ବଡ଼ ପୋର୍ସିଲିନ୍ ବାଉଲ୍‌ରେ ମାଂସ, ବିଭିନ୍ନ ପ୍ରକାର ସାଦା ତରକାରି ରାଜକୀୟ ଢାଞ୍ଚାରେ ପରଷା ଯାଇଥାଏ । ନିରବତା ଭରା, ବାମତଳ ଶୀତଳ ଆଲୋକମୟ । ଅତିଥି ଭବନର ଡାଇନିଂ ହଲ୍‌ରେ ଏକ ଗମ୍ଭୀର ପରିବେଶରେ ସେଦିନ ସନ୍ଧ୍ୟା ଥିଲା ଖୁବ୍ ଉପଭୋଗ୍ୟ । ସେମାନଙ୍କର ରାଜକୀୟ ଆଦବ୍ କାଇଦା, ଶୈଳୀ ଓ ଠାଣିରୁ ଜାଣି ହେଉଥିଲା, ମୋଗଲମାନେ କେତେ ବିଳାସପ୍ରିୟ ଥିଲେ । ଆମକୁ ରାଜପ୍ରାସାଦ ମଧ୍ୟରେ ଅନ୍ୟ କେଉଁ ଆଡ଼କୁ ଯିବାକୁ ଅନୁମତି ନଥିଲା । ସୈନ୍ୟସାମନ୍ତ ଭରା ରାଜପ୍ରାସାଦ କେବଳ ଅତିଥି ଭବନ ଓ ନୈଶ ଭୋଜିର ସେ ବିରାଟ ହଲ୍‌ରୁ ଆମକୁ ରାତି ୧୦ଟା ବେଳକୁ ବିଦାୟ ନେବାକୁ ପଡ଼ିଥିଲା ।

ଭାରତ ଏକ ମହାନ୍ ଦେଶ, ଏହାର ସଂସ୍କୃତି ମହାନ୍ । ଭାରତ ସହ ଆଫ୍‌ଗାନ୍‌ର

ସଂପର୍କ ବହୁତ ସଦୃଢ଼। ରାଜା ଜହିର୍ ଶାହ ଭାରତକୁ ଭଲପା'ନ୍ତି ବୋଲି ସଂକ୍ଷେପରେ କହିଥିଲେ। ତା'ପରେ ରାଜପ୍ରାସାଦକୁ ପଛରେ ଛାଡ଼ି ଚାଲିଲୁ ହୋଟେଲ ଆଡ଼େ। ତା' ପରଦିନ ସକାଳୁ ଅର୍ଥାତ୍ ଜୁଲାଇ ୪ ତାରିଖରେ ଆମେ ପହଞ୍ଚିଲୁ କାବୁଲ୍ ବିମାନ ବନ୍ଦରରେ। ହୋଟେଲ୍‌ରୁ ବିମାନ ବନ୍ଦର ଏକ ଘଣ୍ଟାର ରାସ୍ତା ୩ଟା ବେଳେ ଯିବାକୁ ହେବ ତାସ୍‌କେଣ୍ଟ୍। ସମସ୍ତଙ୍କ ମୁହଁରେ ରାଜପ୍ରାସାଦର ନୈଶ ଭୋଜି ସମ୍ପର୍କରେ ଚର୍ଚ୍ଚା। ବିମାନ ମଧ୍ୟରେ Break-fast ପରଷା ଆରମ୍ଭ ହୋଇଗଲା। ପ୍ରାୟ ଏକ ଘଣ୍ଟାର ବାଟ। ଦେଖୁ ଦେଖୁ ଆମର ଗନ୍ତବ୍ୟସ୍ଥଳ ଆସିଗଲା। ସୁନ୍ଦର ମେଘ ବାଦଲ ଭରା – ଆକାଶକୁ ଦେଖୁଥାଉ। ଗଛଲତା ଭରା ସହରଟିଏ। ସତେ ଯେପରି ଲଜ୍ଜାଭରା ସବୁଜିମାରେ ଅନେଇ ବସିଛି ଆମ ଭଳି ଭାରତୀୟ ଅତିଥିଙ୍କୁ। ବିମାନ ଅବତରଣ କଲା ତାସ୍‌କେଣ୍ଟ୍ ଅନ୍ତର୍ଜାତୀୟ ବିମାନ ବନ୍ଦରରେ।

ଦିଲ୍ଲୀରୁ ତାସ୍‌କେଣ୍ଟ୍ ଆସିବା ବେଳେ କନ୍‌ଟପ୍ଲେସ୍‌ର ଗୋଟିଏ ସ୍ପେଶିଆଲ୍ ଦୋକାନରେ ପାନକୁ ପ୍ରାୟ ୧ ମାସ ପର୍ଯ୍ୟନ୍ତ ରଖିବା ପାଇଁ ଗୋଟିଏ ଟିଣ ଡବାର ବନ୍ଦୋବସ୍ତ କରାଯାଇଥିଲା। ସେ ଦୋକାନଟି ପାନ ଅଭ୍ୟାସ ଥିବା ଗ୍ରାହକମାନଙ୍କ ପାଇଁ। ଗୋଟା ପାନକୁ ଦୁଇ ଫାଳକରି ମଝି ଶିର କାଢ଼ିଦେଇ ଡବାରେ ରଖେ ଓ ତା' ଉପରେ 'ସୋରିଷ' ପରି ଛୋଟ ମଞ୍ଜି ଦୁଇ ମୁଠା ପକାଇ ଦେଇ ଆଉ ଗୋଟିଏ ଥାକ ପାନ ତା' ଉପରେ ବସାଇଦିଏ। ଏହିପରି ୪/୫ ଥାକ ପାନ ରଖିବାର ବ୍ୟବସ୍ଥା ସେଥିରେ ହୋଇଥାଏ। ଏହି ମଞ୍ଜିର ଗୁଣ ହେଉଛି ପାନକୁ ମାସେ ପର୍ଯ୍ୟନ୍ତ ସଢ଼ାଇ ଦିଏନାହିଁ। ବାକି ଗୁଆ ଓ ମସଲା ଅନ୍ୟ ଗୋଟିଏ ଡବାରେ ନେଇଥାଉ। ଗୋଟିଏ ପ୍ଲାଷ୍ଟିକ୍ ଛୋଟ ଡବାରେ ଚୂନ ରଖାହୋଇଥାଏ। ଟିଣଡବା ଉପରେ ଲେଖା ହୋଇଥାଏ ମେଡିସିନ୍। ଏହି ଡବାଟି ପ୍ରତ୍ୟେକ ସ୍ଥାନରେ ମେଡିସିନ୍ ଭାବରେ ହୋଟେଲମାନଙ୍କରେ ସଂରକ୍ଷିତ ରଖାହୋଇ ଆମକୁ ସେଠାରେ ପହଞ୍ଚିବା ପରେ ପ୍ରତିଦିନ ସକାଳେ ଖାଇବାକୁ ଅନୁମତି ଦିଆଯାଏ। ଏହି ଖିଲିପାନ ଡବାର ମହତ୍ତ୍ୱ ଓ ଆବଶ୍ୟକତା ଏପରି ହେଲା ଯେ, ଆମର ବହୁତ ବିଶିଷ୍ଟ ବ୍ୟକ୍ତିଙ୍କ ସହିତ ମୋର ଅତି ଘନିଷ୍ଟ ବନ୍ଧୁତ୍ୱ ହୋଇପାରିଲା। ଏମାନେ ପ୍ରତ୍ୟହ ୧୦/୨୦ ଖଣ୍ଡ ପାନ ଖାଆନ୍ତି ଅଭ୍ୟାସଗତ ଭାବେ କିନ୍ତୁ ଭାବିଲେ ଯେ ଜୁଲାଇ ମାସଟି ଚଳାଇନେବେ କୌଣସିମତେ କଷ୍ଟେମଷ୍ଟେ। କିନ୍ତୁ ଜଣେ ପାନମାଷ୍ଟର୍ ୧୦୦ ଜଣଙ୍କ ମଧ୍ୟରେ ଅଛନ୍ତି ବୋଲି ଜାଣିବା ମାତ୍ରେ ମୋ ପାଖରେ ପ୍ରତ୍ୟହ ୩/୪ ଜଣ ସକାଳ ୯ଟା ପର୍ଯ୍ୟନ୍ତ ପାନଖିଲ ଆଣିବା ପାଇଁ ଉପସ୍ଥିତ ଥାଆନ୍ତି। ଏହି ବନ୍ଧୁମାନେ ହେଲେ ଦିଲ୍ଲୀ ଜୁମ୍ମା ମସ୍‌ଜିଦ୍‌ର ସାହି ଇମାମ୍ ଅବ୍‌ଦୁଲ୍ଲା ବୁଖାରି। ଆମର ପ୍ରତିନିଧିମାନଙ୍କ ସେକ୍ରେଟେରୀ ଚିତ୍ତ ବିଶ୍ୱାସ (କଲିକତାର), ବିହାରର ଶର୍ମା ଓ ମୁଲାଏମ୍ ଚାନ୍ଦ୍ ଦେବ ମଧ୍ୟପ୍ରଦେଶର।

ଆମର ପ୍ରଥମ ପାନ ବନେଇବା ଆରମ୍ଭ ହେଲା ତାସ୍‌କେଣ୍ଟରେ ପହଞ୍ଚିବା ପରେ।

ସକାଳୁ ସକାଳୁ ଗାଧୋଇ ପାଧୋଇ ପୂଜାପାଠ କରି ଆମେ ଆମର ପାନଭଙ୍ଗା ଆରମ୍ଭ କଲୁ। ଶାସ୍ତ୍ରୀଜୀ ଓ ମୁଁ ବସି ଟେବୁଲ୍ ଉପରେ ପାନବଟା ମେଲାଇ ଚୂନ ଦେଇ ମସଲା ପକାଇ ରଖିଛୁ। ଏପରି ସମୟରେ ଦି' ଜଣ ସୋଭିଏଟ୍ ଅଳ୍ପବୟସ୍କ ଝିଅ ରୁମ୍ ଝାଡ଼ିବା ପାଇଁ ମାଷ୍ଟର୍ ଚାବିରେ କବାଟ ଖୋଲି ଆମ ପଛରେ ଆସି ଛିଡ଼ାହୋଇ ଦେଖୁଛନ୍ତି ଏ କ'ଣ କାର୍ଯ୍ୟ ଚାଲିଛି। ତାଙ୍କ ଭାଷାରେ ପଚାରିଲେ ଏ କ'ଣ ଜିନିଷ ଓ ଏହାର ଉପକାରିତା ? ଆମେ ଦୁହେଁ ପ୍ରଥମେ ଚମକି ପଡ଼ିଲୁ ତାଙ୍କୁ ଆମ ପଛରେ ଦେଖି। ଭାଷାର ପ୍ରୟୋଗ ଅଭାବରୁ କହିଲୁ, ଏହା ଗୋଟିଏ ଶକ୍ତିବର୍ଦ୍ଧକ ମେଡିସିନ୍ ଯାହା ଭାରତବର୍ଷରେ ଲୋକେ ଚେରମୂଳି ବା ଆୟୁର୍ବେଦିକ ଔଷଧ ହିସାବରେ ବ୍ୟବହାର କରିଥାଆନ୍ତି। ଏହାକୁ ମୁଁ ଖିଲ କରି ମୋଡ଼ିଦେବା ପରେ ସେ ଦୁହେଁ ଏହା କାହିଁକି ହେଲା ବୋଲି ଠାରରେ କହିଲେ। ଶାସ୍ତ୍ରୀ ମହାଶୟ ହସି ହସି କହିଲେ ଏକଥା କିଏ କାହିଁକି ପଚାରିଲେ ? ଏହି ଔଷଧ ଖାଇବାର ଉପଯୁକ୍ତ ସମୟ ଗଡ଼ିଯାଉଛି। ସେମାନେ ତେଣୁ 'ସରି'ର ରୁଷିଆନ୍ ଶବ୍ଦ କହି ପରିଷ୍କାର କରିବା କାର୍ଯ୍ୟରେ ଲାଗିଗଲେ ଓ କିଛି ସମୟ ପରେ ପ୍ରସ୍ଥାନ କଲେ।

ଏହା ପୂର୍ବରୁ ଆଉ ଗୋଟାଏ ହାସ୍ୟାତ୍ମକ ଘଟଣା ମଧ୍ୟ ସେଇଠାରେ ଘଟିଥିଲା। ଶ୍ରୀଯୁକ୍ତ ଶାସ୍ତ୍ରୀ ମହାଶୟ ତେଲ ଲଗାଇ ଗାଧୋଇବାକୁ ଯାଇଥିଲେ। ଥଣ୍ଡାପାଣିର ଚାବି ଖୋଲିଦେଲେ। ପାଣି ପ୍ରାୟ ଅଧା ଭର୍ତ୍ତି ହୋଇଗଲା, ତା'ପରେ ଗରମ ପାଣି ଚାବି ଖୋଲିଲେ। ମୁଣ୍ଡ ପର୍ଯ୍ୟନ୍ତ ଟବ୍ ପାଣି ଆସିବା ପରେ ଟବ୍‌ରେ ପଶିଗଲେ। ଆର୍କମେଡିସ୍‌ଙ୍କ ପରି ୟୁରେକା ୟୁରେକା ପାଟିକରି ତା' ମଧ୍ୟରୁ ଉଠିଆସିଲେ। କବାଟ ଖୋଲି ସେ ମତେ ଡାକ ପକାଇଲେ। ଚଟାଣଟା ପୂରା ତିନ୍ତିଯାଇଥିଲା। କ'ଣ କରାଯିବ ? ଆମେ ଏଇ କଥାବାର୍ତ୍ତା ହେଉଥିବା ସମୟରେ ଦୁଇଜଣ ଝିଅପିଲା ଆସି ଦୁଆର ଖଟ୍‌ଖଟାଇଲେ। ଖୋଲିବା ପରେ ଦେଖିଲୁ ଦୁଇଟି (air blower) ଓ ଅନ୍ୟାନ୍ୟ ଯନ୍ତ୍ରପାତି ଧରି ground floor officeରୁ direction ପାଇଁ ଆସିଛନ୍ତି ସଙ୍ଗେ ସଙ୍ଗେ ଚଟାଣ ସଫା କରିବା ପାଇଁ। ଶାସ୍ତ୍ରୀଜି ଓଦା ଟାୱେଲ୍ ପିନ୍ଧି ରୁମ୍‌ରେ ରହିଲେ ସେମାନଙ୍କ ଯିବା ପର୍ଯ୍ୟନ୍ତ। ମୁଁ ସେପରି ଠାରରେ ଯାହା ବୁଝିଲି ତା' କହି ତାଙ୍କୁ ବିଦା କଲି। ଭାବବିନିମୟ ନିମନ୍ତେ ସେଠାକାର କିଛି କଥା–

"Do' broe utro"- good morning

"Do' brii den" good afternoon"

"Do brii veche good night

Tashkent-

Reception by Indo-Soviet society "SPACIB DRASWITIA TOVARISH"

ରୁଷ୍ ଭାଷାରେ ଯାହାର ଅର୍ଥ:- 'Thank you & how do you do comrade!'

ତାସ୍‌କେଣ୍ଟ୍‌କୁ ଯାତ୍ରା:

ଏହି ତାସ୍‌କେଣ୍ଟ୍ ଅଞ୍ଚଳଟି ଏକ ପଛୁଆ ଚାଷପୋଯୋଗୀ ସ୍ଥାନରୁ ଏକ ଉତ୍କୃଷ୍ଟ ଶିଳ୍ପପୋଯୋଗୀ ଯାନ୍ତ୍ରିକ ଅଞ୍ଚଳ ଭାବରେ ପରିଣତ ହୋଇଛି । ବିକାଶ ଏଠାରେ ଗୋଟିଏ ପୁରୁଷ ସମୟର ବ୍ୟବଧାନରେ ଅତ୍ୟଧିକ ହୋଇ ରହିଛି । ଏହି ଅଞ୍ଚଳର ବିକାଶ ଓ ଅଗ୍ରଗତି ଆମେରିକା ଓ ଇଉରୋପୀୟ ଦେଶମାନଙ୍କ ଅପେକ୍ଷା ୨/୩ ଗୁଣ ଅଧିକ ହୋଇଯାଇଛି । ସେଠାରେ କହନ୍ତି "ତାସ୍‌କେଣ୍ଟ୍ ହୋଇଛି ଗୋଲାପ ଫୁଲ, ତାସ୍‌କେଣ୍ଟ୍‌ର ବନ୍ଧୁତା ଓ ଶାନ୍ତିର ବିକାଶ ପାଇଁ ଏହା ବହୁ ପରିମାଣରେ ବେଷ୍ଟିତ ମଧ୍ୟ ।"

ଏହି ଅଞ୍ଚଳଟି ନଦୀର ଉପତ୍ୟକାରେ ଅବସ୍ଥିତ ଓ ଏହା ଉଜ୍‌ବେକିସ୍ତାନ୍ ରାଜ୍ୟର ରାଜଧାନୀ ଅଟେ ।

କାବୁଲ୍ ବତ୍‌ମାନ୍ ଘାଟୀରୁ ଆସି ଏଠାରେ ବିମାନ ଯୋଗେ ବିଶ୍ରାମସ୍ଥଳୀକୁ ଯାଇଥିଲୁ । ସେଠାରେ ସ୍ୱାସ୍ଥ୍ୟପରୀକ୍ଷା ପରେ, ଆମକୁ ଗୋଟିଏ ଛୋଟ ସଭାରେ ସମ୍ବର୍ଦ୍ଧିତ କରାଯାଇଥିଲା । ସେଠାରୁ ସ୍ୱତନ୍ତ୍ର ବସ୍ ଯୋଗେ ଆମକୁ ନିର୍ଦ୍ଦିଷ୍ଟ ହୋଟେଲ୍‌କୁ ନିଆଯାଇଥିଲା । ଆମକୁ ନିଆଯାଇଥିବା ଗୋଟିଏ ବଡ଼ ଘରେ କେବଳ ମୁଁ ଓ ବିହାରର ସହରରୁ ନିର୍ବାଚିତ ଅଳ୍ପ ମାନେ ସେହି ରେ ଅନ୍ୟ ମାନଙ୍କରେ ନିର୍ଦ୍ଧାରିତ ସ୍ଥାନରେ ରହିଲେ । ସେତେବେଳେ ସାନ୍ଧ୍ୟ ଖରା ପଡୁଥାଏ । ଆକାଶ ନିର୍ମଳ ଥାଏ । ଆମ ଦିଲ୍ଲୀ ପଞ୍ଚ ତାରକା ହୋଟେଲ ପରି । ଏଠାରେ ବହୁତ ପ୍ରକାରର ପାନୀୟ ଫଳ, ଶୁଖିଲା ଖାଦ୍ୟ ଆଲମାରୀରେ ଭର୍ତ୍ତି ହୋଇଥାଏ । ଗଦିରେ ଶୋଇପଡ଼ିଲେ ଆଉ କମ୍ବଳ ଦରକାର ହୁଏ ନାହିଁ, କାରଣ ସେ ଗଦି ଓ ଖଟ ଏତେ ନରମ ଯେ ଶୋଇପଡ଼ିଲେ ଦେହଯାକ ଘୋଡ଼ାଇ ହୋଇ ପଡ଼ିବ କେବଳ ତକିଆ ଗୁଡ଼ିକୁ ଛାଡ଼ି ବିଛଣାରୁ ଉଠିଲେ ଆଉ ସମସ୍ତ ବିଛଣା ପୂର୍ବପରି ସମାନ । ବାହାରେ ବେଶ୍ ଥଣ୍ଡା ପଡୁଥାଏ । ଘରେ ରହିଲୁ ।

ତାସ୍‌କେଣ୍ଟ୍ ଏକ ଐତିହାସିକ ସହର ଉଜ୍‌ବେକିସ୍ତାନ୍‌ର ରାଜଧାନୀ । ଏହା ସବୁଠୁଁ ସୁନ୍ଦର ଏବଂ ସବୁଜ ସହର । ଏହି ରାସ୍ତାର ଦୁଇକଡ଼ ରାସ୍ତାଗୁଡ଼ିକ ଖୁବ୍ ସିଧା ଓ ପ୍ରଚଣ୍ଡ ଜଙ୍ଗଲୀ ପରିବେଶ । ରାସ୍ତାର ଛକମାନଙ୍କରେ କୃତ୍ରିମ ଝରଣା, ଆନନ୍ଦଦାୟକ ପାର୍କ । ଫୁଲ ଓ ସବୁଜିମାଭରା ଏହି ଅସଂଖ୍ୟ ପାର୍କର ସହର ତାସ୍‌କେଣ୍ଟ୍‌କୁ ଦେଖିଲେ ମନେହୁଏ ସତେ ଯେମିତି ପ୍ରକୃତି କାନିପାରି ଏଇଠି ଶୋଇପଡ଼ିଛି । ବର୍ତ୍ତମାନ ତାସ୍‌କେଣ୍ଟ୍‌କୁ ଇସ୍‌ଲାମିକ୍ ସଭ୍ୟତା ଓ ସଂସ୍କୃତିର ରାଜଧାନୀ ବୋଲି କୁହାଯାଉଛି । ବାସ୍ତବିକ ତାସ୍‌କେଣ୍ଟ୍ ଓ ତା'ର ଚାରିପାଖରେ ଇସ୍‌ଲାମିକ ସଭ୍ୟତାର ମୂକ ସାକ୍ଷୀମାନେ ଆଜି ବି ଉଜ୍ଜୀବିତ ।

ବିମାନରୁ ଓହ୍ଲାଇ ସମସ୍ତେ ଏକାଠି ହେଲୁ ବିମାନବନ୍ଦର ଲାଉଞ୍ଜ୍‌ରେ। ଆମକୁ ଏକ ସୁନ୍ଦର ସମ୍ବର୍ଦ୍ଧନା କରାଗଲା। Red wine ଆଉ ଗୋଲାପର ଫୁଲ ପ୍ରଦାନ କରାଗଲା। ସ୍ୱାସ୍ଥ୍ୟ ମଧ୍ୟ ପରୀକ୍ଷା କରାଗଲା। ସେମାନଙ୍କର ଆତିଥ୍ୟ ବହୁତ ମନୋମୁଗ୍ଧ କରିଥିଲା। ତାସ୍‌କେଣ୍ଟ୍ ଜୁଲାଇ ମାସରେ ଭାରତବର୍ଷର ପାଣିପାଗ ସହ ସମାନ, ବେଶ୍ ଗରମ ଥାଏ। ଏହା ନାତିଶୀତୋଷ୍ଣ ଓ ଉଷ୍ଣ ଜଳବାୟୁର ମିଶ୍ରଣ। ଡିସେମ୍ବର, ଜାନୁୟାରୀରେ ଶୀତ ହୁଏ ଏବଂ ଖୁବ୍ ଲମ୍ବା ସମୟ ଫେବ୍ରୁୟାରୀ ମଧ୍ୟଭାଗରୁ ଜୁଲାଇ ପର୍ଯ୍ୟନ୍ତ ଗରମ ଅନୁଭୂତ ହୁଏ। ସେ ସମୟରେ ଉଷ୍ଣତା Temperature ୨୮ରୁ ୩୦ ଭିତରେ ଥାଏ। ବେଶ୍ ଗରମ ଥାଏ। ବେଳେବେଳେ ମଧ୍ୟ ୩୫ ଡିଗ୍ରୀ ସେଣ୍ଟିଗ୍ରେଡ୍ ହୋଇଥାଏ। ବସ୍‌ର ଝରକାରୁ ସହରର ସବୁଜିମା, ଝରଣା ଓ ଫୁଲର ବଗିଚା ଭରା ଛକମାନ ଦେଖୁ ଦେଖୁ ଆମେ ଯାଇ ହୋଟେଲ୍‌ରେ ପହଞ୍ଚିଲୁ।

ହୋଟେଲ୍‌ରେ ନିଜ ନିଜର ରୁମ୍‌ରେ ରହିଗଲୁ। ମୋର ରୁମ୍‌ରେ ରହୁଥିଲେ ପାଟଣାର ସାଂସଦ ଶ୍ରୀଯୁକ୍ତ ଶାସ୍ତ୍ରୀ। ସୁନ୍ଦର ଓ ବିଳାସପୂର୍ଣ୍ଣ ହୋଟେଲ୍। ହୋଟେଲ୍‌ରେ ମଧ୍ୟ ଆମକୁ ଅଭ୍ୟର୍ଥନା କରାଗଲା। ଏତେ ଭାରତୀୟଙ୍କୁ ଦେଖି ସେମାନେ ଖୁସି ଥିଲେ। ଗୋଟିଏ ହୋଟେଲ୍‌ରେ ଜାଗା ନ ଥିବାରୁ ତା'ର ପାଖ ହୋଟେଲ୍‌ରେ କେତେଜଣ ପ୍ରତିନିଧି ମଧ୍ୟ ରହୁଥିଲେ। ସୁନ୍ଦର ପକ୍ଷୀ ପରର ନରମ ଗଦି। ସବୁଜିମା ଭରା ପରିବେଶ ଝରକାରୁ ଦେଖାଯାଉଥିଲା ସବୁଜ ପ୍ରାନ୍ତର। ସବୁଜ ଗଛର ତାସ୍‌କେଣ୍ଟ୍ ଏକ ସୁନ୍ଦର ସହର। ଏପର୍ଯ୍ୟନ୍ତ ଭୁଲିହୋଇନି। ରାତିରେ ଖାଇପିଇ ବିଶ୍ରାମ ନେଲୁ ସକାଳୁ ସକାଳୁ ଟ୍ରେନ୍ ଧରି ଯିବାକୁ ସମରକନ୍ଦ। ସକାଳ ଜଳଖିଆ ସାରି ବାହାରିଲୁ। ବଡ଼ ରାସ୍ତାଟି କେନାଲ୍ ଠାରୁ ପୋଲ ପର୍ଯ୍ୟନ୍ତ ଯାଇଛି ତାହା ସେଠାରେ ପ୍ରସିଦ୍ଧ ଦାର୍ଶନିକ ରଖାଯାଇଛି। ସ୍ଥାପତ୍ୟ କଳାରେ ନୂଆ ନୂଆ କୋଠାମାନ ଧାଡ଼ି ଧାଡ଼ି ହୋଇ ଗଢ଼ିଉଠୁଛି। ଏଠାରେ ମାଦ୍ରାସା ଓ ଏହାର ମସ୍‌ଜିଦ୍ ମଧ୍ୟ ଏସିଆର ମୁସଲମାନଙ୍କ ପ୍ରଧାନ ଧାର୍ମିକସ୍ଥଳୀ ଭାବେ ଶୋଭା ପାଉଛି।

ଏଠାର ଆଧୁନିକ ରାସ୍ତା ଓ ବିଭିନ୍ନ ଛକ ସ୍ଥାନରେ କିଛିବର୍ଷ ପୂର୍ବେ ପଡ଼ିଆ ଭୂଇଁ ପରି ପଡ଼ିଥିଲା, ସେଠାରେ ବର୍ତ୍ତମାନ ଆର୍ଦ୍ରତା ଏତେ ବଢ଼ିଯାଇଛି ଯେ କୃଷିରେ ଅମାପକ ପ୍ରଭୃତି ସେଇ ଜମିରୁ ଉତ୍ପାଦନ କରାଯାଉଛି। ଉପରଓଳି City Executive Comitteeର Chairmanଙ୍କ ସହିତ ଫଳ ବଗିଚା ଇତ୍ୟାଦି ଦେଖିବାର ସୁବିଧା କରାଯାଇଥିଲା।

5-7 pm ମଧ୍ୟରେ Burge Vexmic Pioneer Camp ଦେଖିବାକୁ ଯାଇଥିଲୁ। ସେଠାରେ Library, short, ground, glass home, orchard, laboratory ଓ

workshop ସେମାନେ ଦେଖାଇଥିଲେ । ସେଠାରେ ଶିଳ୍ପ ପ୍ରଦର୍ଶନୀ ମଧ୍ୟ ଦେଖିବାକୁ ପାଇଲୁ । ବୟସ୍କ ପିଲାମାନଙ୍କ ପାଇଁ ସିନେମା, ଥିଏଟର୍, ଯାଦୁଘର, ଡଙ୍ଗା ଚଳାଇବା, ଛତୁ ଓ ବେରୀ କୋଳି ତୋଳାଯାଇ ଆମକୁ Presentation ଦେଲେ ।

ତାସ୍‌କେଣ୍ଟରୁ ସମର୍କନ୍ଦ- "The Gem of the East":

ସକାଳଟା ତାସ୍‌କେଣ୍ଟରେ ବହୁତ ମନୋରମ ସବୁଜିମା ଭରା ପରିବେଶରେ ସୂର୍ଯ୍ୟ ଉଦୟ ଅପରୂପ ଆନନ୍ଦ ଭରି ଦେଉଥିଲା । ଝରକା ଦେଇ ସକାଳର କଫିରେ ଆମେ ଦୁଇ ବନ୍ଧୁ ବସି ସୂର୍ଯ୍ୟୋଦୟ ଉପଭୋଗ କରୁଥିଲୁ । ତରତର ହୋଇ ପ୍ରସ୍ତୁତ ହେଉଥିଲୁ ଯିବା ପାଇଁ । ମୋର ବନ୍ଧୁ ତଳକୁ ତାଙ୍କର ବ୍ୟାଗ୍‌ପତ୍ର ନେଇ ଚାଲିଗଲେ । ମୁଁ ଯାଉ ଯାଉ ଟିକେ ଡେରି ହୋଇଗଲା । ତଳକୁ ଯାଇ ଦେଖିଲି କେହି ଗୋଟିଏ ହେଲେ ବନ୍ଧୁ ନାହାନ୍ତି । ହୋଟେଲ ଲୋକମାନଙ୍କର ଭାଷା ବୁଝି ହେଉନଥାଏ । Interpreterମାନେ ମଧ୍ୟ ଚାଲିଯାଇଛନ୍ତି । ମୁଁ ଟିକେ ଘାବରେଇ ଗଲି, ଏମିତି କେମିତି ହେଲା । ହୋଟେଲ୍ ରିସେପ୍‌ସନ୍‌ରୁ ଯାହା ଜଣାପଡ଼ିଲା ସେମାନେ ବର୍ତ୍ତମାନ ବସ୍‌ରେ ବସି ଚାଲିଗଲେ ରେଲୱେ ଷ୍ଟେସନ୍ ଅଭିମୁଖେ । ରେଲଷ୍ଟେସନ୍ ହୋଟେଲ୍ ଠାରୁ ପ୍ରାୟ ୪୫ ମିନିଟ୍‌ର ବାଟ । ଟ୍ରେନ୍ ଛାଡ଼ିଦେଇପାରେ । ହଠାତ୍ ଜଣେ ମିଲିଟାରୀ ଲୋକ ମତେ ଇଙ୍ଗିତ ଦେଇ ତାଙ୍କ କାର୍‌ରେ ବସିବାକୁ କହିଲେ ଏବଂ ମୋ ଲଗେଜ୍ ନେଇ ଗାଡ଼ିରେ ରଖିଲେ । ମୁଁ ତାଙ୍କର ସାଙ୍କେତିକ ଭାଷାରୁ ଯାହା ବୁଝିଲି ସେ ନେଇ ମତେ ରେଲଷ୍ଟେସନ୍‌ରେ ଛାଡ଼ିଦେବେ । ମୁଁ ରେଡି ହୋଇ ବସିପଡ଼ିଲି ଆଗ ସିଟ୍‌ରେ । ଗାଡ଼ି ଚଲାଇଲା ଆଗରୁ ସୈନିକ ଜଣକ ତାଙ୍କର ଗୋଡ଼ରୁ ଟିକେ ପ୍ୟାଣ୍ଟ୍ ଉପରକୁ ଉଠାଇ ମତେ ଦେଖେଇଲେ ଯେ ତାଙ୍କର ଡାହାଣ ଗୋଡ଼ଟି କାଠର । କୃତ୍ରିମ ଡାହାଣ ଗୋଡ଼ରେ ସିଏ ଗାଡ଼ି ଚଳାଉଛି । ଏଣୁ ନ ଡରିବାକୁ ଇଙ୍ଗିତ ଦେଲେ । ମୁଁ ଚୁପ୍‌ଚାପ୍ ବସିଥାଏ, ସେ ଗାଡ଼ି ଚଲାଇଲେ ୧୨୦ରୁ ୧୫୦ କି.ମି. ଗତିରେ । ଟ୍ରାଫିକ୍ ଛକରେ ଯେପରି ବ୍ରେକ୍ ମାରୁଥାନ୍ତି ମୋତେ ଟିକେ ଡର ମାଡୁଥିଲା । ସେ କିନ୍ତୁ ହସି ହସି ମୋର ଟେନ୍‌ସନ୍ କମାଇ ଦେଉଥିଲା । କେହି କାହାର ଭାଷା ନବୁଝୁଥିଲେ ମଧ୍ୟ ଆମେ କିନ୍ତୁ ଇଙ୍ଗିତରେ ଓ କଥା ହେଉଥିଲୁ ଓ ହସୁଥିଲୁ । ଯାହାହେଉ ଆମର ଭାରତୀୟ ପ୍ରତିନିଧି ବସ୍ ପହଞ୍ଚିଲା ସଙ୍ଗେ ସଙ୍ଗେ ଆମ ଗାଡ଼ି ଯାଇ ପହଞ୍ଚିଲା । ମୋର ବ୍ୟାଗ୍‌ପତ୍ର କାଢ଼ି ଲମ୍ବା ହାତମିଳାଇ ଲୋକଟି ଖୁବ୍ ହସିଲା । ଆଉ ଆନନ୍ଦରେ ବିଦାୟ ନେଲା । ଏ ଶିହରିତ ସମୟ ଓ ଅନୁଭୂତିପୂର୍ଣ୍ଣ ମୁହୂର୍ତ୍ତଟି ମୁଁ ଆଜି ପର୍ଯ୍ୟନ୍ତ ଭୁଲି ପାରିନି ।

ଟ୍ରେନ୍‌ରେ ବସି ଆସେ ସମର୍କନ୍ଦ ଅଭିମୁଖେ ଚାଲିଲୁ । ଚାରିଆଡ଼େ ସବୁଜିମାଭରା ବିରାଟ ପ୍ରାନ୍ତର । ପ୍ରଚୁର ପରିମାଣରେ ଦୁଇପଟେ ତରଭୁଜ ଚାଷ । ସେ ସବୁଜିମା ଭରା

କ୍ଷେତ ସୁନ୍ଦର ବୃକ୍ଷରାଜି ଟ୍ରେନରୁ ଖୁବ୍ ସୁନ୍ଦର ଦିଶୁଥାଏ। ଗପସପରେ ଆମେମାନେ ମାତିଯାଇଥାଉ। ପ୍ରାକୃତିକ ସୌନ୍ଦର୍ଯ୍ୟ ଭରପୂର। ଟ୍ରେନ୍‌ଯାତ୍ରା ବଡ଼ ସୁଖମୟ ବୋଧ ହେଲା। ଆମେ ଯାଇ ପହଞ୍ଚିଲୁ ସମର୍କନ୍ଦ। **ସମର୍କନ୍ଦ୍ (Samarkand):**

ସମର୍କନ୍ଦ ଆଗରୁ ଗୋଟିଏ ମରୁଦ୍ୱୀପ ଥିଲା। ଏହି ସ୍ଥାନଟି ୬୦୦ ବର୍ଷ ପୂର୍ବେ ସ୍ଥାପିତ ହୋଇଥିଲା। ପୂର୍ବ ଭୂଖଣ୍ଡର ପ୍ରଧାନ ନଗରୀ ଆଖ୍ୟା ନେଇଥିଲା। ଏହିଠାରୁ Alexander, Timur lang, Babur ଇତ୍ୟାଦି ଦେଶ ବିଦେଶ ଅଭିଯାନ କରିଥିଲେ। ଏହାକୁ ସେମାନେ ରାଜଧାନୀ କରିଥିଲେ। ଏଠାରେ UZBEC, State University, Institute of soviet Trade, Pavlov medical Institute, Reserach Institute of Karakul shup brading ଏଠାରେ ସ୍ଥାପତ୍ୟ କଳାର ଓ ସୁନ୍ଦର କାର୍ଯ୍ୟର ପୀଠସ୍ଥଳୀ Medrum 1420 ADରେ ସ୍ଥାପନ ହୋଇଥିଲା। Timurଙ୍କ କବର ରହିଛି ଏଠାରେ ଅତି ସୁନ୍ଦର ଭାବରେ। ତାହା ଦେହରେ ଲେଖା ଅଛି "ମୋର କବର ଯଦି ଖୋଲାହୁଏ ତେବେ ପୃଥିବୀରେ ଥରହର୍ ଆଶଙ୍କା ଅନିବାର୍ଯ୍ୟ।" କୁହାଯାଏ ତୈମୁର୍‌ଙ୍କ କବର୍ ଖୋଲା ହୋଇ ଯେଉଁଦିନ ଲକ୍ଷ ବୈଜ୍ଞାନିକମାନେ Anthropologies ଖୋଲିଲେ ଠିକ୍ ସେହିଦିନ ଆରମ୍ଭ ହେଲା ଗୋଟିଏ coincident ଘଟଣା। ଅଦ୍ଭୁତ ଭାବରେ ସେଠାରେ ULURBEGS Observatory 1429 ADରେ ତିଆରି ହୋଇଥିଲା। ଦିଲ୍ଲୀର Jantar Mantar ସିମେଣ୍ଟ୍ ବାଲିରେ ଆଜି ଯାହା ହୋଇଛି, ଏହା ତା' ଅପେକ୍ଷା ଦଶ ଗୁଣ ବଡ଼। ସେତେବେଳେ ଏହି ଅଞ୍ଚଳ ପୃଥିବୀର ଗଣିତ ଓ ଜ୍ୟୋତିଶାସ୍ତ୍ରରେ ବିଖ୍ୟାତ ହୋଇଥିଲା। Gouri Park ଇତ୍ୟାଦି ବୁଲାବୁଲି କରି ଲଞ୍ଚ୍ ଖାଇବାକୁ ଗଲୁ। କେତେଜଣ ବିଅର ବଦଳରେ ବଗିଚାର ଫାଉଣ୍ଟେନ୍‌ରୁ ପାଣି ପିଇଲୁ ଛପି ଛପି। ତାସ୍‌କେଣ୍ଟ୍‌ରେ textile mill ଆମର ଚୌଦ୍ୱାରରେ Odisha Textile Mill ଠାରୁ 5/10 ଗୁଣ ବଡ଼ ହେବ। ଅଧିକାଂଶ ମହିଳା ଶ୍ରମିକ ଏଠାରେ କାର୍ଯ୍ୟ କରନ୍ତି। ମୁଁ ଏଠିକାର ଜଣେ ସ୍ତ୍ରୀଲୋକଙ୍କୁ ପଚାରିଲି ଯେ ଘରେ ଗୃହିଣୀର କାର୍ଯ୍ୟ ପାଇଁ କି ଉପାୟ ଅବଲମ୍ବନ କରାଯାଏ। ସେ କହିଲେ ଯେ Refrigerator, washing machine vaccum machine, gas electric store ଚଟାଣ ଚକ୍‌ଚକ୍ କରିବା ଯନ୍ତ୍ର, ରୁଟି ଓ କଫି ପଟ୍, ବୋତାମ ସିଲାଇ ପ୍ରଭୃତି କାର୍ଯ୍ୟ କରାଯାଏ। Academy of municipal Economy & research in ultroviohl plannings etc. ବର୍ତ୍ତମାନ ସେଠାରେ କରାଯାଉଛି। ପତନଶୋଧନ ଓ ନୀରବତା ଅବଲମ୍ବନ ପାଇଁ ତିଆରି କରାଯାଇଛି। ପରେ କୋଠଚାଷ ଖମାର (Kolkhoz) ଦେଖିବା ପାଇଁ - ଏହାର ବଗିଚା ମିଳିତ ସହଯୋଗରେ ସୁନ୍ଦର ଗଢ଼ାଯାଇଛି। ବଡ଼ ବଡ଼ ଗୋଶାଳାରେ ମଧ୍ୟ ସେମାନଙ୍କର ଅଫିସ୍ Cinema, club, library, Tele booth ମଧ୍ୟ ରହିଥାଏ । କୃଷକଙ୍କ ଘରେ Radio, T.V Telephone ମରାମତି କେନ୍ଦ୍ର, ପରିଷ୍କାର କରିବା ପାଇଁ Garageରେ ଦୁଧ ଦୁହାଁଳୀ ମେକାନିକ୍, Electric Turner ମଧ୍ୟ ସେଠାରେ ରହିଥାନ୍ତି ।

Family Budget 15 Ruble daily ପ୍ରତ୍ୟେକ ଶ୍ରମିକଙ୍କୁ ମିଳେ । ଫାର୍ମର ଫସଲ ଆମଦାନୀ ବଢ଼ିଲେ ଚାଷୀ ବେଶୀ ପାଏ ।

ସମର୍କନ୍ଦ ଉଜ୍‌ବେକିସ୍ତାନର ଦ୍ୱିତୀୟ ବୃହତ୍ତମ ସହର । ରୋମ୍ ଏବଂ ସମର୍କନ୍ଦ ସମସାମୟିକ ସହର ବୋଲି କହନ୍ତି । ଏକା ସମୟରେ ଏହା ଗଢ଼ି ଉଠିଥିଲା । ପୁରାତନ ଆରବ ଇତିହାସରେ ଏହାକୁ 'ଜେମ୍ ଅଫ୍ ଇଷ୍ଟ୍' ବା 'ପୂର୍ବର ହୀରା' ବୋଲି ବର୍ଣ୍ଣନା କରାଯାଇଛି । ଇଉରୋପୀୟମାନେ ଏହାକୁ 'ଦି ଲ୍ୟାଣ୍ଡ୍ ଅଫ ସାଇଣ୍ଟିଷ୍ଟ୍' ବା ବୈଜ୍ଞାନିକମାନଙ୍କ ଦେଶ ବୋଲି କହନ୍ତି । ଏପରି କହିବାର ଯଥାର୍ଥତା ଅଛି । ଏହା ଏକ ସୁନ୍ଦର ଏବଂ ମନୋଲୋଭା ସହର । ଆଲେକ୍‌ଜାଣ୍ଡର୍ ଦି ଗ୍ରେଟ ଯେତେବେଳେ ପ୍ରଥମେ ସମର୍କନ୍ଦକୁ ଦେଖିଲେ ସେ ଆଶ୍ଚର୍ଯ୍ୟ ହୋଇ କହିଥିଲେ ଓ୍ୱା, ସୁନ୍ଦର ଓ ଅନୁପମ ସହର । ଏହା ସୁନ୍ଦର ବୋଲି ମୁଁ ଜାଣିଥିଲି, ମାତ୍ର ଏତେ ସୁନ୍ଦର ହୋଇଥିବା ମୁଁ ଭାବି ପାରିନଥିଲି ।

ଏହି ସହରରେ ଆଶ୍ଚର୍ଯ୍ୟ ହୋଇଗଲା ଭଳିଆ ଐତିହ୍ୟ ସବୁ ସାଇତି ରଖାଯାଇଛି । 'ରେଜିଷ୍ଟାନ୍ ସ୍କୋୟାର' ପୁରାତନ ସମରକନ୍ଦ ସହରର ମୁଖ୍ୟ ସ୍ଥଳ । ଏଠାରେ ରହିଛି ସୁନ୍ଦର ଟର୍କସ ଟାଇଲର ସୁନ୍ଦର ଗମ୍ବୁଜ । ଉଲୁଗ୍‌ବେକ୍ ମଦ୍ରାସା, ସେର୍‌ଡର୍, ଟିଲାକୋରୀ ମଦ୍ରାସ୍ । ଏହି ସୁନ୍ଦର କାରୁକାର୍ଯ୍ୟ ଭରା ମଦ୍ରାସାରେ ମୋଜାଇକ୍ ଓ ମାର୍ବଲ୍ ଖୋଦିତ ହୋଇ ଖଞ୍ଜା ହୋଇଛି ଏବଂ ବିଭିନ୍ନ ପ୍ରକାର ରଙ୍ଗୀନ୍ ପଥର ଓ ପଥରଖଣ୍ଡ ଦିଆହୋଇ ଝଲ୍‌ମଲ୍ ଦିଶୁଛି । ସମର୍କନ୍ଦକୁ ଦେଖି ଜଣେ ପୁରାତନ କବି କହନ୍ତି- "You can listen to the soft singing of the wind at Adriatic Sea and Kneel down reverently at the ruins of the Acropolis, be dazzled by Rome with its Forum and Colsseum be charmed by Notredame in Paris or by old domes of Milan But if you have seen building of Samarkand you will be enchanted by Magic for ever."

ତୈମୁର୍‌ଲନ୍‌ଙ୍କ କବର ପାଖରେ ଆମେ ଯାଇ ଚାଲି ଚାଲି ପହଞ୍ଚିଲୁ । ଏହି ମହାନ୍, ଦିଗ୍‌ବିଜୟୀ, ପରାକ୍ରମଶାଳୀ, ସମ୍ରାଟ ୧୪ଶହ ଶତାବ୍ଦୀରେ ଏହି ସମର୍କନ୍ଦ ଠାରୁ ଅଳ୍ପ ଦୂରରେ ଜନ୍ମଗ୍ରହଣ କରିଥିଲେ । ସୁନ୍ଦର କାରୁକାର୍ଯ୍ୟଭରା ଅତି ଉନ୍ନତ ମନୋଲୋଭା ସମାଧିଟି ପୃଥିବୀ ପ୍ରସିଦ୍ଧ ମୋଗଲ୍ କଳାକୃତି । ଏହା ହୁମାୟୁନ୍‌ଙ୍କ କବରର ପୂର୍ବ କଳାକୃତିର ଏକ ପ୍ରତୀକ ପରି । ଏହି କବର ସ୍ଥାନର ନାମ ରଖାଯାଇଛି ଗୁର୍-ଇ-

ଅମୀର୍। ଏହି କବରର ଚୌହଦୀ ମଧ୍ୟରେ ମଧ୍ୟ ତୈମୁର୍‌ଲଙ୍ଗ୍‌ଙ୍କ ଦୁଇ ପୁତ୍ର ଓ ଦୁଇ ନାତିଙ୍କ ସମାଧି ଅଛି। ତୈମୁର୍‌ଲଙ୍ଗ୍ ତାଙ୍କ ନିଜ ସମାଧିର ପରିସର ନିଜେ ୧୪୦୩ ମସିହାରେ ଆରମ୍ଭ କରିଥିଲେ, ତାହା ମଧ୍ୟରେ ପ୍ରଥମେ ତାଙ୍କର ନାତିଙ୍କର କବର ତିଆରି କରାଗଲା। ତୈମୁରଲଙ୍ଗ, ଚାଇନା ଅଭିଯାନର ଦୁଇବର୍ଷ ପରେ ୧୪୦୫ ମସିହାରେ ମୃତ୍ୟୁବରଣ କଲେ। ତାଙ୍କର ମରଶରୀର ଅଣାଯାଇ ସେଇ ସ୍ଥାନରେ କବର ଦିଆଗଲା। ୧୫ ମିଟର ଉଚ୍ଚ ନୀଳ ରଙ୍ଗର ଗମ୍ବୁଜର ଅତି ସୁନ୍ଦର ସମାଧୀ ଦୁଇପାଖରେ ଦୁଇଟି ସ୍ତମ୍ଭ ଅତି ସୁନ୍ଦର ଭାବରେ ସଜ୍ଜିତ। ତାହା ଟେରାକୋଟାର ଇଟାରେ ତିଆରି ଏବଂ କବରର ମଝି ଅଂଶ ନୀଳ ରଙ୍ଗର ସୁନ୍ଦର କାରୁକାର୍ଯ୍ୟରେ ସଜ୍ଜିତା। ନଦେଖିଲେ ତାହା ବର୍ଣ୍ଣନା କରିହେବନି। ଦେଖିଲେ ତାହା ବିଶ୍ୱାସ କରିହୁଏନି। ଏହି କାରୁକାର୍ଯ୍ୟ ପୂର୍ଣ୍ଣ ପରିସର ମଧ୍ୟରେ ତୈମୁର୍‌ଙ୍କ ଦୁଇ ପୁତ୍ର ଶାହାରୁଖ ଓ ମିଲନ୍ ଶାହା, ନାତି Ulugh Beg ମହମ୍ମଦ୍ ସୁଲତାନ୍ ଏବଂ ଏହା ସହ ତୈମୁର୍‌ଙ୍କର ଶିକ୍ଷକ ସୟଦ୍ ବାରାକ୍‌ଙ୍କ କବର ଅବସ୍ଥିତ। ଇତିହାସ କହେ ୧୭୪୦ ମସିହାରେ ନାଦିର୍‌ଶାହା ତୈମୁର୍‌ଲଙ୍ଗ୍‌ଙ୍କର ପ୍ରସ୍ତର ନିର୍ମିତ ଶବାଧାରକୁ ବଳପୂର୍ବକ ଅନ୍ୟ ସ୍ଥାନକୁ ନେଇଯିବାକୁ ଚେଷ୍ଟା କରିଥିଲେ ଏବଂ ଏହି ସ୍ଥାନରେ ପ୍ରସ୍ତର ପ୍ରତିମୂର୍ତ୍ତି ଖୋଦିତ କରି ବସାଇବାକୁ ଚେଷ୍ଟା କରିଥିଲେ। ଏହାଦ୍ୱାରା ସମାଧିଟି ଦୁଇଫାଳ ହୋଇଗଲା ଏବଂ ଅଶୁଭ ଲକ୍ଷଣମାନ ସବୁ ଦେଖାଗଲା। ସେ ଏହି ଦୁଇଫାଳ ସମାଧିକୁ ଛାଡ଼ି ଚାଲିଯିବାକୁ ସମସ୍ତେ ତାଙ୍କୁ ଉପଦେଶ ଦେଲେ। ସେଇଆ ମଧ୍ୟ ହେଲା। କିନ୍ତୁ ନାଦିର୍ ଶାହାଙ୍କ ଜୀବନରେ ଅଧଃପତନ ଆରମ୍ଭ ହୋଇଗଲା ଏବଂ ସେ ବହୁତ ଅତ୍ୟାଚାରୀ ହୋଇ ମଲା ପୂର୍ବରୁ ଦୁର୍ନାମରେ ଘୃଣିତ ହୋଇଥିଲେ। ଆଉଥରେ ୧୯୪୧ ମସିହାରେ ପ୍ରତ୍ନତତ୍ତ୍ୱବିଦ୍‌ମାନେ ଏହି ସମାଧି ଫାଟକକୁ କାଢ଼ିଲେ। ମିଖାଇଲେଭି ଗ୍ରାସିମୋଭ ନାମକ ପ୍ରତ୍ନତତ୍ତ୍ୱବିଦ୍‌ଙ୍କ ନେତୃତ୍ୱରେ ଏହା ପୁନଃନିର୍ମାଣ କରାଗଲା। ସେତେବେଳେ ସେମାନେ ନିଶ୍ଚିତ ହେଲେ ଯେ ତୈମୁର୍‌ଙ୍କର ଉଚ୍ଚତା ଥିଲା ୧୭୨ ସେ.ମି. ଓ ବିରାଟକାୟ ଶରୀର। ସିଏ ଛୋଟେଇ ଛୋଟେଇ ଚାଲୁଥିଲେ। ବାହାରକୁ ଆଣି ତୈମୁର୍‌ଙ୍କ ମୃତ ଶରୀରକୁ ଭଲ ଭାବେ ଯାଞ୍ଚ କରାଯାଇଥିଲା। ତୈମୁର୍‌ଙ୍କ ଶରୀରକୁ ଲେଲିନ୍‌ଗ୍ରାଡ୍ ନିଆଯାଇ ଭାଙ୍ଗିଯାଇଥିବା ମୁଖମଣ୍ଡଳକୁ ପୁନଃନିର୍ମାଣ କରାଯାଇଥିଲା ଏବଂ ୧୯୪୨ ନଭେମ୍ବର ମାସରେ ଏହାକୁ ଇସ୍‌ଲାମ୍ ଧାର୍ମିକ ପଦ୍ଧତିରେ ପୁଣି ସମାଧି ମଧ୍ୟରେ ପୁନଃସ୍ଥାପନ କରାଗଲା। କିନ୍ତୁ ଏହି ସମାଧି ଖୋଲାଯାଇ ପୁନଃନିର୍ମାଣ କରିବାର ଅଳ୍ପଦିନ ମଧ୍ୟରେ ନାଜିମାନେ ଋଷ୍ ଆକ୍ରମଣ କରିଥିଲେ। ସେଇ ସମାଧିରେ ଲେଖା ହୋଇଥିବା ଲିପିରେ ଯାହା ବର୍ଣ୍ଣିତ ଅଛି ସେଥିରୁ ଜଣାଯାଏ କେହି ଯଦି ମୋର ସମାଧିର ଶାନ୍ତି ଓ ସ୍ଥିରତା ଭଙ୍ଗ କରେ ତାକୁ ଦଣ୍ଡ ମିଳିବ ଏବଂ ଜୀବନରେ ଦୁର୍ଦ୍ଦିନର ଛାୟା ଖେଳିଯିବ।

ସମର୍କନ୍ଦ କଳାକୃତି ଯେପରି ସୌନ୍ଦର୍ଯ୍ୟମୟ ତା'ର ଇତିହାସ ମଧ୍ୟ ସେତିକି ରହସ୍ୟମୟ ଓ ଐତିହ୍ୟପୂର୍ଣ୍ଣ।

ସମର୍କନ୍ଦ୍‌ରୁ-ବୋଖାରା:

ସମର୍କନ୍ଦ୍ ପରି କଳାକୃତିମୟ ଓ ରହସ୍ୟମୟ ସହର ଦେଖିବା ପରେ ଆମକୁ ଯିବାକୁ ହେବ ବୋଖାରା ଅଭିମୁଖେ ସମର୍କନ୍ଦ୍ ଠାରୁ ୨୭୦ କି.ମି. ଦୂର। ଟ୍ରେନ୍ ସମୟ ପାଖେଇ ଆସିଲାଣି। ସମସ୍ତେ ଚାଲିଲୁ ଷ୍ଟେସନ୍ ଅଭିମୁଖେ। ଟ୍ରେନ୍‌ଗୁଡ଼ିକ ବେଶ୍ ସଫାସୁତୁରା। ନିଜ ନିଜର ଜାଗାରେ ବସିଲା ପରେ ଆମେ ଚାଲିଲୁ ବୁଖାରା। ବୁଖାରାରେ ପହଞ୍ଚୁ ପହଞ୍ଚୁ ୪ଟା ବାଜିଗଲା। ଶୀଘ୍ର ଶୀଘ୍ର ବାହାରିଲୁ ସମସ୍ତେ ବୁଖାରାକୁ। ଏହା "City of Meuseum"। ଏଠାରେ ଅଛି ସମାନି ମ୍ୟୁଜିୟମ୍, ପୋଇ୍ କଲାନ୍ କମ୍ପ୍ଲେକ୍ସ, କଲାନ୍ ମସ୍‌ଜିଦ, ଚାର୍‌ମିନାର ଉଲୁଗବେଗ ମଦ୍ରାସା, ସୟଦ୍ଦିନ୍ ବୁଖାରୀଙ୍କ ସମାଧି। କୋଶ ମଦ୍ରାସା, ନମାଜ୍ ଗୋ ମସ୍‌ଜିଦ୍, ଭୋଲାହଜ୍ ମସ୍‌ଜିଦ। ଆମ ସାଙ୍ଗରେ ଗାଇଡ୍ ଜଣକ ଅତି ଚମତ୍କାର ଭାବରେ ବୁଝାଇ ଦେଉଥାନ୍ତି। ଏହାର ଐତିହାସିକ ଓ ଧାର୍ମିକ ପୃଷ୍ଠଭୂମି ସମ୍ପର୍କରେ ଐତିହାସିକ ସିଲ୍‌କରୋଡ୍ ଉପରେ ବିରାଜମାନ ଏହି ସହର ଏକ ପ୍ରସିଦ୍ଧ ବାଣିଜ୍ୟ କେନ୍ଦ୍ର ମଧ୍ୟ। ଏଠାରୁ ବିଶ୍ୱର ସବୁଆଡ଼କୁ ସୁନ୍ଦର ସୁନ୍ଦର ଗାଲିଚା ରପ୍ତାନୀ ହୋଇଥାଏ। ଏହା ବୁଖାରା ପ୍ରଦେଶର ରାଜଧାନୀ।

କୁହାଯାଏ ଏହି ପୌରାଣିକ ସହର ପର୍ସିଆ ରାଜକୁମାର ରାଜା ସିଆଭାସ୍‌ଙ୍କ ଦ୍ୱାରା ନିର୍ମିତ ହୋଇଥିଲା। ଏହା ଏକ ବହୁ ପୁରାତନ ସହର ଆରବ ଓ ମୋଗଲମାନେ ଏହାକୁ ବାରମ୍ବାର ଆକ୍ରମଣ କରିଥିଲେ। ବର୍ତ୍ତମାନ ଏହା ଏକ "ବିଶ୍ୱ ଦର୍ଶନୀୟ ସ୍ମୃତିପୀଠ"।

ଆମ ସାଙ୍ଗରେ ଥା'ନ୍ତି ଦିଲ୍ଲୀ ଜୁମ୍ମା ମସ୍‌ଜିଦ୍‌ର ବୁଖାରୀ ସାହି ଇମାମ ଅବଦୁଲ୍ଲା ବୁଖାରୀ। ସେ ସେଠାରେ ଏକ ମସ୍‌ଜିଦ୍ ପ୍ରାର୍ଥନା ସଭାରେ ଯୋଗ ଦେଲେ। ସେଠାରେ ମୌଲାନା ସୟଦ୍ ଅବଦୁଲ୍ଲା ବୁଖାରୀଙ୍କୁ ସମ୍ମାନିତ କରାଗଲା। କାରଣ ତାଙ୍କର ବଂଶଧରମାନେ ବୁଖାରା ସହ ଜଡ଼ିତ। ତାଙ୍କର ପୂର୍ବପୁରୁଷମାନେ ବୁଖାରାରୁ ଦିଲ୍ଲୀକୁ ଆସିଥିଲେ। ଏଣୁ ଦିଲ୍ଲୀର ଜୁମ୍ମା ମସଜିଦର ସହ ବୁଖାରାର ସଂପର୍କ ମଧ୍ୟ ବହୁତ ଘନିଷ୍ଠ। ଶାହାଜାହାନ ଜୁମ୍ମା ମସ୍‌ଜିଦ୍ ତିଆରି କଲା ପରେ ସେ ଚାହିଁଲେ ଜଣେ ବିଜ୍ଞ ମୁସ୍‌ଲିମ୍ ପଣ୍ଡିତଙ୍କୁ ସେଠାରେ ଇମାମ୍ ଭାବେ ଦାୟିତ୍ୱ ଦେବେ। ଏଣୁ ଶାହାଜାହାନ୍ ବୋଖାରାର ସେତେବେଳର ରାଜାଙ୍କୁ ଏକ ପତ୍ର ଲେଖିଲେ ଜଣେ ବିଜ୍ଞ, ଧର୍ମ ବିଷାରଦକୁ ଇମାମ୍ ପଠାଇବାକୁ। ସେ ଲେଖିଥିଲେ ଏମିତି ଏକ ବିଜ୍ଞ ଧର୍ମଯାଜକ ପଠାଇବେ ଯିଏ ଏକ ଧାର୍ମିକ ପରିବାରରେ ଜନ୍ମ ହୋଇଥିବେ। ମୁସଲିମ୍ ଧର୍ମରେ ପ୍ରଚଣ୍ଡ ଜ୍ଞାନୀ ହୋଇଥିବ,

ଜଣେ ମହତ୍ ଓ ବିଶିଷ୍ଟ ବ୍ୟକ୍ତିବିଶେଷ ହୋଇଥିବେ। ବୋଖାର୍‌ର ଶାହା ସେତେବେଳେ ସୟଦ୍ ଅବଦୁଲ୍ ଗଫର୍ ଶାହା ବୁଖାରୀଙ୍କୁ ପଠାଇଲେ। ବୁଖାରା ରାଜାଙ୍କ ଆର୍ଥିକ ସହାୟତାରେ ସମ୍ମାନ ସହ ପ୍ରଥମ ବୁଖାରୀଙ୍କ ପରିବାର ଆସି ଦିଲ୍ଲୀରେ ଜୁମ୍ମା ମସ୍‌ଜିଦ୍‌ର "ବୁଖାରୀ" ଆସନ ଅଳଙ୍କୃତ କଲେ। ୧୬୫୬ ମସିହା ଜୁଲାଇ ୨୪ ତାରିଖରେ ଶାହାଜାହାନ୍ ତାଙ୍କୁ "ଶାହି ଇମାମ୍" ଉପାଧିରେ ଅଳଙ୍କୃତ କଲେ। ସେଦିନଠାରୁ ଏହି ଧାରା ଚାଲିଆସିଛି। ସମୟକ୍ରମେ ସେହିଦିନଠାରୁ ତାଙ୍କରି ବଂଶଧରମାନେ ଜୁମ୍ମା ମସ୍‌ଜିଦ୍‌ର ଶାହି ଇମାମ୍ ଭାବେ ରହି ଆସିଛନ୍ତି। ଆମ ସାଙ୍ଗରେ ବିଶ୍ୱ ଶାନ୍ତି ସମ୍ମିଳନୀ ପାଇଁ ପ୍ରତିନିଧିତ୍ୱ କରୁଥିବା ଜୁମ୍ମା ମସ୍‌ଜିଦ୍‌ର ଇମାମ, ମୌଲାନା ସୟଦ୍ ଅବ୍‌ଦୁଲ୍ଲା ବୁଖାରୀ ୧୯୭୩ ମସିହା ଜୁଲାଇ ମାସ ୮ ତାରିଖରେ ତାଙ୍କ ବାପା ମୌଲାନ୍ ସୟଦ୍ ହମିଦ୍ ବୁଖାରୀଙ୍କ ଠାରୁ ଦାୟିତ୍ୱ ବହନ କରିଥିଲେ। ସେ ଥିଲେ ଦ୍ୱାଦଶ ଇମାମ୍।

ଆଉ କେତୋଟି ମସ୍‌ଜିଦ୍ ଓ ଉଲୁଗ୍ ବେଗ୍ ମଦ୍ରାସାର ସୁନ୍ଦର କାରୁକାର୍ଯ୍ୟ ଦେଖିଲା ପରେ ସମସ୍ତେ ଆମେ ଚାଲିଲୁ ହୋଟେଲ ଅଭିମୁଖେ ରାତ୍ରଭୋଜନ ସାରି ରାତିରେ ବିମାନଯାତ୍ରା କରିବୁ। ମସ୍କୋ ସହରକୁ ବସ୍‌ରେ ବସି ବୁଲିଲୁ। ହୋଟେଲ ବହୁତ ଦୂର। ନିଜ ନିଜ କକ୍ଷରେ ପହଞ୍ଚି ଦିନର କ୍ଳାନ୍ତି ମାରିବାକୁ ଗାଧୋଇ ପାଧୋଇ ନିଜକୁ ସତେଜ କରିନେଲୁ। ରାତିଭୋଜନ ପାଇଁ ଖୁବ୍ ସୁନ୍ଦର ପରିବେଶ ମଧ୍ୟରେ ରାଜକୀୟ, ମୋଗଲ କଳାକୃତି ଭଳି ସୁନ୍ଦର କାରୁକାର୍ଯ୍ୟ ଭରା ଏକ ବଡ଼ ହଲ୍ ମଧ୍ୟରେ ଏକାଠି ହେଲୁ। ରାଜକୀୟ ଆଦର ସଂଭାଷଣ ମଧ୍ୟରେ ସ୍ୱତନ୍ତ୍ର ଭାବେ ଆୟୋଜିତ ରାତି ଭୋଜନ ଥିଲା ବହୁତ ଉପଭୋଗ୍ୟ। ଆଉ ବିଶ୍ରାମ ନେବାକୁ ସମୟ ନଥିଲା। ଘଣ୍ଟାକ ମଧ୍ୟରେ ଆମେ ବାହାରିପଡ଼ିଲୁ ବୋଖାର୍ ବିମାନ ବନ୍ଦରକୁ।

ମସ୍କୋ (Moscow)ର ଅନୁଭୂତି:

ବୋଖାର ବିମାନ ବନ୍ଦରଟି ଖୁବ୍ ସୁନ୍ଦର। ବାହାରର ଦୃଶ୍ୟ ଇସ୍‌ଲାମିକ୍ କଳାକୃତିରେ ସଜ୍ଜିତ। ସୁନ୍ଦର ପ୍ରବେଶ ପଥ। ଭିତରେ ଦେଖିବାକୁ ବିରାଟକାୟ ଏଭଳି ଛୋଟ ସହରରେ ଏତେ ସୁନ୍ଦର ବିମାନବନ୍ଦର ଦେଖି ବହୁତ ଖୁସି ଲାଗିଲା। ଯାହା ହେଉ ବିମାନ ମଧ୍ୟରେ ଏକ ଝରକା ପାଖ ସିଟ୍ ମିଳିଗଲା। ରାତି ଆଲୁଅରେ ବିମାନ ବନ୍ଦରର ଦୃଶ୍ୟ ଉପଭୋଗ କରୁଥିଲି। ତା'ପରେ ବିମାନଟି ଉଡ଼ାଣ ଆରମ୍ଭ କଲା। ରାତ୍ରଭୋଜନ ସାରି ଟିକିଏ ବିଶ୍ରାମ ନେଲୁ। ସକାଳୁ ସକାଳୁ ବିମାନଟି ଅବତରଣ କଲା ମସ୍କୋ ଅନ୍ତର୍ଜାତୀୟ ବିମାନ ବନ୍ଦରରେ। ବିଶାଳକାୟ ବିମାନ ବନ୍ଦର। ଏମିଗ୍ରେସନ୍ ଚେକ୍ ପରେ ନିଜ ନିଜର ଲଗେଜ୍ ନେଇ ବାହାରିଲୁ। ଆମକୁ ଅଭ୍ୟର୍ଥନା ଜଣାଇବାକୁ ଫୁଲ ଧରି ପ୍ରସ୍ଥାନ ସମ୍ମୁଖରେ ଛିଡ଼ା ହୋଇଥିଲେ ତାଙ୍କ ଦେଶର ଲୋକମାନେ। ଅଭ୍ୟର୍ଥନା,

ଅଭିନନ୍ଦନ ପର୍ବ ସରିବା ପରେ ଅପେକ୍ଷାରତ ସୁନ୍ଦର ନୂଆ ବସ୍‌ରେ ବସି ବାହାରିଲୁ ହୋଟେଲ୍ ଅଭିମୁଖେ। ବସ୍‌ରେ ଗଲାବେଳେ ରାସ୍ତା ଦୁଇପଟେ ଋଷ ଓ ଭାରତର ପତାକା ଧରି ସକାଳୁ ସକାଳୁ ପିଲାମାନେ ରାସ୍ତାସାରା ଆମକୁ ଅଭିନନ୍ଦନ ଜଣାଉଥିଲେ। ଅନ୍ତରଙ୍ଗତାରେ ଭରିଯାଇଥିଲା ଆମ ହୃଦୟ। ଏଭଳି ସମ୍ମାନ ଜୀବନରେ ପ୍ରଥମ। ହୋଟେଲ୍‌ରେ ପହଞ୍ଚିଲାମାତ୍ରେ ଲବିରେ ଏକତ୍ରିତ ହେଲୁ। ପୁଣି ଫୁଲମାଳ ଓ ଥଣ୍ଡା ପାନୀୟ ଦେଇ ଆମଙ୍କୁ ନିଜ ନିଜର କକ୍ଷର ଚାବି ବାଛି ନେବାକୁ କହିଲେ। ହୋଟେଲ୍‌ର ପ୍ରତି କକ୍ଷରେ ଦୁଇ ଦୁଇଜଣ ରହିବାର ବ୍ୟବସ୍ଥା ହୋଇଥାଏ। ଆଗରୁ ଆମମାନଙ୍କର ନାମ ଲେଖାଯାଇ ରୁମ୍ ନମ୍ବର ଓ ଚାବି ରଖାଯାଇଥାଏ। ଆମର ଆସବାବପତ୍ର ତଳେ ରଖି କକ୍ଷ ଆଡ଼େ ଚାଲିଲୁ। ପରେ ଆମର ଜିନିଷପତ୍ର ପହଞ୍ଚିଲା। ସୁନ୍ଦର କକ୍ଷରେ ଆଗେ କିଛି ସମୟ ବିଶ୍ରାମ ନେବାପରେ ଗାଧୋଇ ପାଧୋଇ ପରବର୍ତ୍ତୀ କାର୍ଯ୍ୟକ୍ରମ ପାଇଁ ପ୍ରସ୍ତୁତ ହେଲୁ। ବେଶ୍ ଥଣ୍ଡା ଥିଲା। ତାସ୍‌କେଣ୍ଟ୍ ଓ ମସ୍କୋ ପାଣିପାଗ ମଧ୍ୟରେ ଆକାଶପାତାଳ ତଫାତ୍। ଆମକୁ ମସ୍କୋ ବହୁତ ଥଣ୍ଡା ଲାଗୁଥାଏ। ଭାବୁଥାଉ ଫିନ୍‌ଲ୍ୟାଣ୍ଡ୍‌ରେ ଥଣ୍ଡା କେମିତି ଥିବ ?

ଯାହା ହେଉ ଖବର ଆସିଲା ଆମକୁ ଘଣ୍ଟାକ ଭିତରେ ତଳକୁ ଆସିବାକୁ ହେବ ଏବଂ ପ୍ରାତଃଭୋଜନ ସାରି ବୁଲିଯିବାର ବନ୍ଦୋବସ୍ତ ହୋଇଥାଏ।

ରେଡ୍ ସ୍କୋୟାର୍ ଓ କ୍ରେମ୍‌ଲିନ୍ (Red Square & Kremlin):

ଆମର ପ୍ରତିନିଧିମାନଙ୍କ ପାଇଁ ସ୍ୱତନ୍ତ୍ର ଭାବେ ଏକ ସ୍ଥାନରେ ପ୍ରାତଃଭୋଜନର ବ୍ୟବସ୍ଥା ହୋଇଥିଲା। ଭାରତୀୟ ଖାଦ୍ୟର ମଧ୍ୟ ବନ୍ଦୋବସ୍ତ ଥିଲା। ଭଲରେ ପ୍ରାତଃଭୋଜନ ସାରି ବାହାରିପଡ଼ିଲୁ ସ୍ୱପ୍ନର ମସ୍କୋ ସହର ବୁଲି।

ରେଡ୍ ସ୍କୋୟାର୍ (Red Square):

ମସ୍କୋ ସହରର ବିରାଟକାୟ ଛକ, ସୁନ୍ଦର ଚକ୍‌ମକ୍ ରାସ୍ତା। ଏହା ରେଡ୍ ସ୍କୋୟାର, ମସ୍କୋ ସହରର ମୁଖ୍ୟ କେନ୍ଦ୍ରସ୍ଥଳୀ, ଏହା ସହରର ସୌନ୍ଦର୍ଯ୍ୟକୁ ବହୁ ଗୁଣିତ କରିଛି। ଏଠାରେ ବଡ଼ ବଡ଼ ଉତ୍ସବମାନ ଅନୁଷ୍ଠିତ ହୁଏ। ବଡ଼ ବଡ଼ ଘୋଷଣାପତ୍ର ଜାରି କରାଯାଏ। ରାଜାଭିଷେକ ଭଳି ମହୋତ୍ସବ ମଧ୍ୟ ଏହି ଲାଲ୍‌ଚୌକରେ ପାଳନ କରାଯାଏ। ରେଡ୍ ସ୍କୋୟାର୍‌କୁ ଏକ ପବିତ୍ର ସ୍ଥାନ ବୋଲି କୁହାଯାଏ। ଅନେକ ପର୍ବର ଓ ଆନନ୍ଦ ଉତ୍ସବର ଶୋଭାଯାତ୍ରା ଏଠାରେ ହୋଇଥାଏ। ଏହି ଲାଲ୍ ଛକ ବା Red Squareରେ ଚାରିପଟେ ଥିବା ଅଟ୍ଟାଳିକାମାନଙ୍କ ପାଇଁ ଏହାର ପ୍ରାଧାନ୍ୟ ବେଶୀ। ଏହାର ଚାରିପଟେ ଲେନିନ୍‌ଙ୍କର ସମାଧି, ସେଣ୍ଟ ବାସିଲଙ୍କର ଚର୍ଚ୍ଚ, କ୍ରେମଲିନ୍ ଚର୍ଚ୍ଚ, 'ଗମ' ଡିପାର୍ଟମେଣ୍ଟାଲ୍ ଷ୍ଟୋର୍, ଚର୍ଚ୍ଚ ଐତିହାସିକ ସଂଗ୍ରହାଳୟ, କ୍ରେମ୍‌ଲିନ୍ Tower, ଇବେରିଆନ୍ ଗେଟ୍

ରହିଛି । ଏହି ଲାଲ୍‌ଚୌକରେ ଦୁଇଟି ବ୍ରୋଞ୍ଜ ପ୍ରତିମୂର୍ତ୍ତି ରହିଛି । ୧୬୧୨ ମସିହାରେ ଏମାନେ ମସ୍କୋକୁ ପୋଲାଣ୍ଡ୍ ଆକ୍ରମଣରୁ ରକ୍ଷା କରିଥିଲେ । ଋଷର୍ ଉତ୍‌ଥାନ, ପତନ, ବାହ୍ୟ ଆକ୍ରମଣର ମୂକସାକ୍ଷୀ ହେଉଛି ରେଡ୍ ସ୍କୋୟାର । ମସ୍କୋ ସହରଟି ୧୧୪୭ ମସିହାରେ କିଭ୍‌ର ରାଜା ଇଭରି ଡୋଗୋରୁକିଙ୍କ ଦ୍ୱାରା ସ୍ଥାପିତ ହୋଇଥିଲା । ଏହି ସହରର ପ୍ରତିଷ୍ଠା ଦିବସ ପ୍ରତି ବର୍ଷ ସେପ୍ଟେମ୍ବର ୪ ତାରିଖରେ ପାଳିତ ହୁଏ ।

କ୍ରେମ୍‌ଲିନ୍:

ଏହାପରେ ଗାଇଡ୍ ଆମକୁ ନେଇଗଲା କ୍ରେମ୍‌ଲିନ୍ ଆଡ଼କୁ । ବହୁ ଅପେକ୍ଷିତ କ୍ରେମ୍‌ଲିନ୍ ଦେଖିବାକୁ ସୁଯୋଗ ମିଳିବ । ଏହା ଋଷର ହୃତ୍‌ପିଣ୍ଡ । ଏହାର ଇତିହାସ ବହୁତ ପୁରୁଣା, କହିଚାଲିଥାଏ ଆମର ଗାଇଡ୍ । ଅନର୍ଗଳ ଭାବରେ, ଭାବବିହ୍ୱଳ ହୋଇ କ୍ରେମ୍‌ଲିନ୍ ବିଷୟରେ ସେ ବର୍ଣ୍ଣନା କରୁଥିଲା । କ୍ରେମ୍‌ଲିନ୍‌ର ଅର୍ଥ ଯୁଗ । ୨ୟ ଶତାବ୍ଦୀର ପୁରାତନ ସ୍ଥାନ । ଏହାକୁ ପ୍ରଥମେ 'ଗ୍ରାଡ୍' କୁହାଯାଉଥିଲା । ଏହା ମସ୍କୋଭା ଓ ନେଗ୍ଲିନାୟା ନାମକ ଦୁଇଟି ନଦୀର ସଙ୍ଗମସ୍ଥଳରେ ଅବସ୍ଥିତ । ଚତୁର୍ଦ୍ଦଶ ଶତାବ୍ଦୀ ପର୍ଯ୍ୟନ୍ତ ଏହାକୁ 'ଗ୍ରାଡ୍ ଅଫ୍ ମସ୍କୋ' କୁହାଯାଉଥିଲା । ଏହା ୧୨୩୭ ମସିହାରେ ମୋଗୋଲ୍‌ମାନଙ୍କ ଦ୍ୱାରା ନଷ୍ଟ କରିଦିଆଯାଇଥିଲା । ୧୩୩୯ ମସିହାରେ ଆଉଥିରେ ପୁନଃନିର୍ମାଣ କରାଗଲା । ସେହିଦିନ ଠାରୁ ଏହାକୁ କ୍ରେମ୍‌ଲିନ୍ ନାମରେ ନାମିତ କରାଯାଇଛି ।

ବର୍ତ୍ତମାନ କ୍ରେମ୍‌ଲିନ୍ ଓ ତା'ର ଚାରିପଟର କାନ୍ଥ ୧୪୮୫ରୁ ୧୪୯୫ ମଧ୍ୟରେ ଇଟାଲୀୟାନ୍ ସ୍ଥପତିଙ୍କ ଦ୍ୱାରା ନିର୍ମାଣ ହୋଇଥିଲା । କ୍ରେମ୍‌ଲିନ୍ ୨୮ ଏକର ବିଶିଷ୍ଟ ବିରାଟ ଅଞ୍ଚଳରେ ଅବସ୍ଥିତ । ଏହାର ଚାରିପଟର କାନ୍ଥର ଲମ୍ବ ୨୨୩୫ ମିଟର ଏବଂ ଏହି କାନ୍ଥର ମୋଟା ୩.୫ରୁ ୬.୫ମିଟର । ଏହି କାନ୍ଥ ଉପରେ ଘୋଡ଼ାରେ ଚଢ଼ି ସୈନିକମାନେ ଏହାର ସୁରକ୍ଷା ସଙ୍ଗେ ସଙ୍ଗେ ବାହ୍ୟ ନଜର ରଖିଥାନ୍ତି । ପ୍ରଥମେ କ୍ରେମ୍‌ଲିନ୍ ୧୭ଟି ଉଚ୍ଚ ଅଟ୍ଟାଳିକା ଟାୱାର୍ ବିଶିଷ୍ଟ ଥିଲା । ଏବେ ଏହାର ଟାୱାର୍ ସଂଖ୍ୟା (ଉଚ୍ଚ ଦୁର୍ଗ) ୨୦ରେ ପହଞ୍ଚିଛି । ଆମେ ଯାଇ ପହଞ୍ଚିଲୁ କାଥେଡ୍ରାଲ୍ ସ୍କୋୟାର୍ ଗୀର୍ଜା ଛକରେ । ଏହି ଗୀର୍ଜା ଛକ ହେଉଛି କ୍ରେମ୍‌ଲିନ୍‌ର ହୃତ୍‌ପିଣ୍ଡ ପରି । ଏହି ଗୀର୍ଜା ଛକର ଚାରିପଟେ ଛ'ଟି ବଡ଼ ବଡ଼ ଅଟ୍ଟାଳିକା ଏବଂ ୩ଟି ଚର୍ଚ୍ଚ ଅଛି । ଏହି ଚର୍ଚ୍ଚମାନଙ୍କ ମଧ୍ୟରେ ମୁଖ୍ୟ ଚର୍ଚ୍ଚ ହେଉଛି 'ଡର୍ମିସନ୍ ଚର୍ଚ୍ଚ' । ଏହା ୧୪୭୯ ମସିହାରେ ତିଆରି ହୋଇଥିଲା ।

ଏଠାରେ 'ଜାର୍'ମାନଙ୍କର ସିଂହାସନ ଆରୋହଣ (Coronation) ଉତ୍ସବ ଅନୁଷ୍ଠିତ ହୁଏ । ରାଜମୁକୁଟ ପିନ୍ଧି ରାଜସମ୍ମାନରେ ସମ୍ମାନିତ ହୁଅନ୍ତି । ଏହି କାଥେଡ୍ରାଲ୍ ଛକରେ ଅନ୍ୟ ଏକ ପ୍ରସିଦ୍ଧ କଳାକୃତି ହେଉଛି ଇଭାନ୍ ଦି ଗ୍ରେଟ୍ ବେଲ୍ ଟାୱାର୍ । ଏହା ମସ୍କୋର ଠିକ୍ ମଧ୍ୟଭାଗରେ ଏବଂ ଏକ ଜ୍ୱଳନ୍ତ ମହମବତୀ ସଦୃଶ ଦୃଶ୍ୟମାନ । ଏହା

୧୬୦୦ ମସିହାରେ ନିର୍ମାଣ ହୋଇଥିଲା। ଏହାର ଉଚ୍ଚତା ୨୬୬ ଫୁଟ। ଏହା ମଧ୍ୟରେ ୨୧ଟି ଘଣ୍ଟା ଅଛି। କୌଣସି ଆକ୍ରମଣର ଆଶଙ୍କା ଦେଖାଦେଲେ ବା ସଂକେତ ମିଳିଲେ ଏହି ବେଲ୍‌ଗୁଡ଼ିକ ବଜାଯାଏ ଓ ସତର୍କତା ଜାରି ହୁଏ। ଏହାକୁ ଲାଗି ଅଛି 'ଟେରେମ୍ ପାଲେସ୍'। ଏହା ଅନେକ ପୁରୁଣା। ଏଠାରେ ଜାର୍ ରାଜାମାନେ ପ୍ରଥମେ ରହୁଥିଲେ। ଏହା ମଧ୍ୟଯୁଗୀୟ ଐତିହାସିକ ମୂକସାକ୍ଷୀର ନିଦର୍ଶନ। ଏହା ମଧ୍ୟରେ ଥିବା 'ସ୍ୱାସକାୟ' ଟାଓ୍ୱାର୍ ଅତ୍ୟନ୍ତ ସୁନ୍ଦର। ଏହା ୧୪୯୧ରେ ତିଆରି ହୋଇଥିଲା। ସ୍ୱାସକାୟା ଟାଓ୍ୱାର ଦେଇ କ୍ରେମ୍‌ଲିନ୍ ଭିତରକୁ ପ୍ରବେଶ କରାଯାଏ। ଏହି ପ୍ରବେଶ ପଥ ମଧ୍ୟରେ ପ୍ରବେଶ କରିବା ଖୁବ୍ ପବିତ୍ର ବୋଲି ସମସ୍ତେ କହନ୍ତି।

କ୍ରେମ୍‌ଲିନ୍‌ର ଇତିହାସ ବହୁତ ଲମ୍ବା। ବହୁ ଉତ୍‌ଥାନ ପତନ ଏବଂ ଆକ୍ରମଣର ସମ୍ମୁଖୀନ ହୋଇ, ଗ୍ରାଣ୍ଡ୍ ପ୍ରିନ୍‌ସ ଇଭାନ୍ ତୃତୀୟଙ୍କ ଦ୍ୱାରା ୧୫୦୬ ମସିହାରେ କ୍ରେମ୍‌ଲିନ୍‌ର କେତେକ ପୁନଃନିର୍ମାଣ କାର୍ଯ୍ୟ ଆରମ୍ଭ ହୋଇଥିଲା। ତାଙ୍କ ସମୟର ବେଲ୍‌ଟାଓ୍ୱାର୍ ତାଙ୍କ ନାମରେ ନାମିତ ହୋଇଛି 'ଇଭାନ୍ ଦି ଗ୍ରେଟ୍ ବେଲ୍ ଟାଓ୍ୱାର୍'। ଆଜିର ଯେଉଁ କ୍ରେମ୍‌ଲିନ୍ ଓ୍ୱାଲ୍ ଦେଖାଯାଉଛି ତାହା ୧୪୮୫-୧୪୯୫ ମଧ୍ୟରେ ତିଆରି ହୋଇଥିଲା। ୧୬୧୦ରୁ ୧୬୧୨ ପର୍ଯ୍ୟନ୍ତ କ୍ରେମ୍‌ଲିନ୍ ପୋଲାଣ୍ଡ ଅଧିନରେ ଥିଲା। ରାଜକୁମାର ଡିମିଟିଙ୍କ ଦ୍ୱାରା ଏହାର ସ୍ୱାଧୀନତା ଫେରିଥିଲା। ୧୭୭୩ ପର୍ଯ୍ୟନ୍ତ କ୍ରେମ୍‌ଲିନ୍ ପରିତ୍ୟକ୍ତ ଅବସ୍ଥାରେ ଥିଲା। ୧୮୧୨ ମସିହାରେ ଫରାସୀ ଆକ୍ରମଣରେ ନେପୋଲିୟନ୍ କ୍ରେମ୍‌ଲିନ୍‌କୁ ମାସେ ପର୍ଯ୍ୟନ୍ତ ଅଧିକାରରେ ରଖିଥିଲେ। ଯେତେବେଳେ ସେ ମସ୍କୋ ଛାଡ଼ି ଚାଲିଗଲେ କ୍ରେମ୍‌ଲିନ୍‌କୁ ଉଡ଼ାଇ ଦେବାକୁ ନିର୍ଦ୍ଦେଶ ଦେଲେ। କିନ୍ତୁ କ୍ରେମ୍‌ଲିନ୍‌ର ବିଶେଷ କିଛି କ୍ଷତି ହୋଇନଥିଲା। ୧୮୧୬ରେ ଏହାର ପୁନଃନିର୍ମାଣ କାର୍ଯ୍ୟ ଆରମ୍ଭ ହୋଇଥିଲା। ତା'ପରେ 'ଗ୍ରାଣ୍ଡ୍ କ୍ରେମ୍‌ଲିନ୍ ପାଲେସ୍' ୧୮୫୧ରେ ତିଆରି ହୋଇଥିଲା। ୧୮୫୧ରୁ ୧୯୧୮ ପର୍ଯ୍ୟନ୍ତ କ୍ରେମ୍‌ଲିନ୍‌ର ବିଶେଷ କିଛି ପରିବର୍ତ୍ତନ ହୋଇନଥିଲା।

ସୋଭିଏତ୍ ସମୟ:

ସୋଭିଏତ୍ ସରକାର ୧୯୧୮ ମସିହା ମାର୍ଚ୍ଚ ୧୨ ତାରିଖରେ ପ୍ରେଟୋଗାର୍ଡ଼ରୁ ମସ୍କୋକୁ ସ୍ଥାନାନ୍ତରିତ ହେଲେ। ଲେନିନ୍ କ୍ରେମ୍‌ଲିନ୍‌କୁ ନିଜର ବାସସ୍ଥାନ ଉପଯୋଗୀ ବୋଲି ବାଛି ନେଲେ। ତା'ପରେ କ୍ରେମ୍‌ଲିନ୍ ହେଲା ରାଷ୍ଟ୍ରପତି ଭବନ। ରାଜନୈତିକ କାର୍ଯ୍ୟକଳାପର ମୁଖ୍ୟକେନ୍ଦ୍ର।

କ୍ରେମ୍‌ଲିନ୍ ମ୍ୟୁଜିୟମ୍:

କ୍ରେମ୍‌ଲିନ୍ ମ୍ୟୁଜିୟମ୍ ୧୯୬୧ରେ ପ୍ରତିଷ୍ଠା କରାଯାଇଥିଲା। ଅତି ସୁନ୍ଦର ବିରାଟକାୟ ମ୍ୟୁଜିୟମ୍। ଏହା ଦର୍ଶକଙ୍କ ପାଇଁ ସକାଳ ୯ଟାରୁ ସନ୍ଧ୍ୟା ୫ଟା ପର୍ଯ୍ୟନ୍ତ

ଉନ୍ମୁକ୍ତ ଥାଏ । ସନ୍ଧ୍ୟା ହୋଇ ଆସୁଥାଏ । ମ୍ୟୁଜିୟମ୍ ମଧ୍ୟରେ ବୁଲୁବୁଲୁ କ୍ଳାନ୍ତ ଲାଗୁଥାଏ । ଭାରତର ଶାନ୍ତି ସମ୍ମିଳନୀ ପ୍ରତିନିଧି ବୋଲି ଆମମାନଙ୍କ ପାଇଁ ବୋଧେ ସ୍ଵତନ୍ତ୍ର ଭାବେ ବ୍ୟବସ୍ଥା କରାଯାଇଥାଏ । କେଉଁଠାରେ ଆମେ ଅଟକି ନାହୁଁ । ସବୁ ସ୍ଥାନରେ ପ୍ରବେଶ ବେଳେ ସ୍ଵାଗତ ସମ୍ବର୍ଦ୍ଧନା । ଭାରତ ଓ ସୋଭିଏତ୍ ପତାକା ଦେଖାଇ ସଂଭାଷଣ ।

ଆମର ସେକ୍ରେଟେରୀ ରମେଶ ଚନ୍ଦ୍ର ଆମକୁ କିଛି ସମୟ ଅଟକାଇ କହିଲେ ଆଜି ରାତିରେ ହୋଟେଲରେ ରହିବାକୁ ହେବ । ରାତ୍ରଭୋଜନ ପାଇଁ ସୋଭିଏତ୍ ସରକାରଙ୍କ ତରଫରୁ ଏକ ସ୍ଵତନ୍ତ୍ର ସ୍ଥାନରେ ଥିଲା ନୈଶ ଭୋଜି । ପୁଣି କାଲି ଦେଖିବୁ ବାକି ଥିବା କେତେକ ଦର୍ଶନୀୟ ସ୍ଥାନ । ସୁନ୍ଦର ତୃପ୍ତିର ଅବସାଦ ନାହିଁ, ଯେତେ ଦେଖୁଥିଲେ ନୂଆ ଦିଶୁଥାଇ । ଆଉରି ଦେଖିବାକୁ ଇଚ୍ଛା ହେଉଥାଏ । ତା'ପରେ ବସ୍‌ରେ ବସିଆମେ ଚାଲିଲୁ ହୋଟେଲ୍ ଅଭିମୁଖେ ।

ରାତ୍ରଭୋଜନ ବନ୍ଦୋବସ୍ତ ହୋଇଥିଲା ଅନ୍ୟ ଏକ ହୋଟେଲ୍‌ରେ । ସୁନ୍ଦର ଋଷିଆନ୍ ନୃତ୍ୟ ଓ ଫୁଲମାଳ ଦେଇ ଆମକୁ ସ୍ଵାଗତ କରାଗଲା । ରାତ୍ରଭୋଜନ ଓ ସୁନ୍ଦର ନର୍ତ୍ତକୀମାନଙ୍କର ବାଲେ ନୃତ୍ୟ ସେଦିନର ରାତ୍ରିକୁ ଚମତ୍କୃତ କରିଦେଇଥିଲା । ସମସ୍ତେ ଉପଭୋଗ କଲେ ବିଦେଶୀ ବାଲେ ଓ ଅନ୍ୟାନ୍ୟ ନୃତ୍ୟ । ସେ ଅଭ୍ୟର୍ଥନା ଓ ନୈଶ ଭୋଜି ଥିଲା ଏକ ବିରଳ ଅନୁଭୂତି ।

ମସ୍କୋରେ ରାତି ସମୟରେ ବହୁତ ଶୀତ । ରାତି ଭୋଜନ ସାରି ବସ୍‌ରେ ବସି ହୋଟେଲ ଯିବା ମଧ୍ୟରେ ଆମେ ଶୀତରେ ଥରିଯାଇଥିଲୁ । ସକାଳୁ ସକାଳୁ ନିଦ ଭାଙ୍ଗିଲା ଓ ଝରକା ଦେଇ ଦେଖିଲୁ ସୂର୍ଯ୍ୟୋଦୟ ହେବାକୁ ବାକିଥାଏ । ରାସ୍ତାରେ ଓ ବଗିଚାରେ ବରଫର ପ୍ରଲେପ । ରାତିସାରା ବରଫ ପଡ଼ିଛି । ସକାଳୁ ସକାଳୁ ବଡ଼ ବଡ଼ ଟ୍ରକ୍ ଭଳି ଗାଡ଼ିଗୁଡ଼ିକ ବରଫ ସଫାରେ ଲାଗିପଡ଼ିଛି । ବରଫ ଗୁଡ଼ିକୁ କାଢ଼ିନେଇ ମସ୍କୋଭା ନଦୀରେ ପକାଉଥାନ୍ତି । ବରଫପାତ ଦେଖିବା ଏ ମୋ ଜୀବନରେ ପ୍ରଥମ । କି ସୁନ୍ଦର ସେ ଦୃଶ୍ୟ ! ଗଛପତ୍ର ସବୁ ଧଳା ହୋଇଯାଇଥାଏ ବରଫରେ !

ସକାଳୁ ନିତ୍ୟକର୍ମ ସାରି ଚାଲିଲୁ ପ୍ରାତଃଭୋଜନ ଉଦ୍ଦେଶ୍ୟରେ । ସମସ୍ତଙ୍କ ମୁହଁରେ ବରଫର ଚର୍ଚ୍ଚା । ମୁଁ ଯାଇ ମର୍ଣ୍ଣିଂଓ୍ଵାକ୍ ନାଁରେ ବାହାରେ ବୁଲି ଆସିଲିଣି । ଥଣ୍ଡାରେ ଦେହ ଥରିଯାଉଥାଏ, ସୂର୍ଯ୍ୟକିରଣ ବରଫ ଉପରେ ପଡ଼ି ଚକ୍‌ଚକ୍ କରୁଥାଏ । ଚମତ୍କାର ପରିବେଶ । ସେଦିନ ସକାଳ ଥିଲା ଅତ୍ୟନ୍ତ ଉପଭୋଗ୍ୟ । ପ୍ରାତଃଭୋଜନ ପରେ ଆମେ ବାହାରିଲୁ ବୁଲିବାକୁ । ଆଉ ଯିବାକୁ ହେବ ଗୁମ୍, ଏକ ପ୍ରସିଦ୍ଧ ବାଣିଜ୍ୟ କେନ୍ଦ୍ର । ନାମ ଚର୍ଚ୍ଚ, ଏହା ବିଖ୍ୟାତ ଓ ଅତି ଆକୃଷ୍ଟମୟ ଚର୍ଚ୍ଚ । ଲେନିନ୍‌ଙ୍କ କବରସ୍ଥଳୀ ମସ୍କୋ, ଆସି ଏସବୁ ସ୍ଥାନ ନ ଦେଖିଲେ ମସ୍କୋର କିଛି ଦେଖି ନାହଁ କହିଲେ ଚଳେ । ବରଫପାତ

ପାଇଁ ଟିକେ ଡେରି ହେଲା। ବସ୍‌ରେ ବସି ବାହାରି ପଡ଼ିଲୁ ଲେନିନ୍‌ଙ୍କ କବର ସ୍ଥଳକୁ।

ବସ୍‌ରୁ ଓହ୍ଲାଇଲା ବେଳକୁ ବିରାଟ ଲାଇନ୍ ଲାଗିଛି। ହଜାର ହଜାର ଦର୍ଶକ, ଲେନିନ୍‌ଙ୍କ କବର ସ୍ଥଳୀ ଦେଖିବାକୁ ସକାଳୁ ସକାଳୁ ଭିଡ଼ ଜମାଇଛନ୍ତି। ଗାଇଡ୍‌ମାନେ ପତାକା ଧରି ଆଗେ ଆଗେ ଚାଲିଛନ୍ତି। ଆମର ଦୁଇଜଣ ଗାଇଡ୍ ଆମକୁ ତାଙ୍କ ପଛେ ପଛେ ଯିବାକୁ କହିଲେ। କିଛି ବାଟ ଗଲାପରେ ଜଣେ ଗାଇଡ୍ ଆସି କହିଲା ଆମ ପାଇଁ ସ୍ୱତନ୍ତ୍ର ଭାବେ ବ୍ୟବସ୍ଥା ହୋଇଛି। ଭାରତୀୟ ଶାନ୍ତି ପ୍ରତିନିଧି ସିଧା ଗେଟ୍‌ରେ ପ୍ରବେଶ କରିବେ। ବହୁତ ଖୁସି ଲାଗିଲା। ପିଲାଙ୍କ ଭଳିଆ କେତେଜଣ ଧାଇଁଲେ ଗାଇଡ୍ ପଛରେ। ଲେନିନ୍‌ଙ୍କ ଶବାଧାର ପାଖରେ ପହଞ୍ଚିଲୁ। ଦେଖିଲେ ଲାଗୁଛି ସତେ ଯେପରି ଏକ ଜୀବନ୍ତ ମଣିଷ ବିଶ୍ରାମ ନେଉଛି। ମୃତ ଶରୀର ବୋଲି ସନ୍ଦେହ କରିବାର ତିଳେମାତ୍ର ଲକ୍ଷଣ ଦେଖାଯାଉନି। ସୁନ୍ଦର ଭାବେ ବୈଜ୍ଞାନିକ ପଦ୍ଧତିରେ ସଂରକ୍ଷଣ କରାଯାଇଛି ତାଙ୍କ ମୃତ ଶରୀର। ନଖ ଓ ଦାଢ଼ି ସବୁ ସତେଜ ଅଛି।

ଆମର ଗାଇଡ୍ ଆମକୁ ଛୋଟ ଛୋଟ ଭାଗ କରି କହି ଚାଲିଲେ ଲେନିନ୍‌ଙ୍କ ମୃତ ଶରୀର ଉପରେ ଚମତ୍କାର ଘଟଣା ସବୁ।

ଲେନିନ୍ ୧୯୨୪ ମସିହା ଜାନୁୟାରୀ ମାସ ୨୧ ତାରିଖରେ ମୃତ୍ୟୁବରଣ କରିଥିଲେ। ତାଙ୍କର ମୃତ ଶରୀରକୁ ସାଧାରଣ ଦର୍ଶନ ପାଇଁ ବ୍ୟବସ୍ଥା କରିବାକୁ ସରକାର ସ୍ଥପତି ଆଲେକ୍ସି ସୁଚୁସେଭ୍‌ଙ୍କୁ ଦାୟିତ୍ୱ ଦେଲେ। ଆଲେକ୍ସି ଗୋଟିଏ କାଠଘର ମଧ୍ୟରେ କାଠର କବର କରି ରେଡ୍ ସ୍କୋୟାର କାନ୍ଥ ପାଖରେ ୨୭ ତାରିଖ ସୁଦ୍ଧା ରଖିଦେଲେ ଏବଂ ଶୋକାକୁଳ ଲୋକମାନେ ସେହିଦିନ ଠାରୁ ତାଙ୍କ ପ୍ରିୟ ନେତା ଓ କମ୍ୟୁନିଷ୍ଟ ପାର୍ଟି ସୁପ୍ରିମୋଙ୍କର ମରଶରୀର ଦର୍ଶନ କରିପାରିଲେ। ସେହି ଦିନଟିରେ ଏକଲକ୍ଷ ଲୋକ ତାଙ୍କୁ ଦର୍ଶନ କରି ପାରିଥିଲେ। ପାଥୋଲୋଜିଷ୍ଟ୍ ଆଲେକ୍ସି ଭିଚ ଆବ୍ରିକୋଶୋଭ୍ ସଂରକ୍ଷଣ ଦାୟିତ୍ୱରେ ଥିଲେ। ୧୯୨୪ ମସିହା ଜାନୁୟାରୀ ୨୬ ତାରିଖରୁ କେଇଜଣ ଗାର୍ଡ ହଲ୍‌ଚଲ୍ ନହୋଇ ଆଖିପତା ନ ପକାଇ ଷ୍ଟାଚ୍ୟୁ ଭଳି ୨୪ ଘଣ୍ଟା ତାଙ୍କ ସାମ୍‌ନାରେ ଦଣ୍ଡାୟମାନ ଥାନ୍ତି। ସେଠାରେ 'ନମ୍ବର୍ ୱାନ୍ ସେଣ୍ଟ୍ରି' ବା ଗାର୍ଡ ଅଫ୍ ଅନର୍ ରଖାଗଲା।

ଦ୍ୱିତୀୟ ବିଶ୍ୱଯୁଦ୍ଧ ସମୟ:

୧୯୪୧ ମସିହାରେ ନାଜିମାନଙ୍କ ଆକ୍ରମଣ ଆଶଙ୍କା କରି ଲେନିନ୍‌ଙ୍କର ଶବାଧାରକୁ ସାଇବେରିଆର ଟ୍ୟୁମେନ୍‌କୁ ନିଆଯାଇ ସୁରକ୍ଷିତ ରଖାଯାଇଥିଲା। ପୁଣି ଦ୍ୱିତୀୟ ବିଶ୍ୱଯୁଦ୍ଧ ପରେ ତାଙ୍କର ଶବାଧାରକୁ ଲେନିନ୍‌ଙ୍କ କବରରେ ପୁନର୍ବାର ସ୍ଥାପିତ କରାଗଲା।

କୌତୂହଳବଶତଃ ଆମେ ଗାଇଡ୍‌ଙ୍କୁ ପ୍ରଶ୍ନ କଲୁ କ'ଣ କରାଯାଉଛି ଯେ ମରଶରୀର ଏମିତି ତାଜା ଦେଖାଯାଉଛି। ଗାଇଡ୍ ଭଲଭାବେ ତାହା ବୁଝାଇ ଦେଇଥିଲେ। ଦେହରେ

କଳା ଦାଗ ସାଧାରଣତଃ ମୁହଁରେ ଓ ହାତରେ ବେଳେ ବେଳେ ଦେଖା ଦିଏ। ଏହାକୁ ସତର୍କତାର ସହ ହାଇଡ୍ରୋଜେନ୍ ପେରୋକ୍ସାଇଡ୍ ଦ୍ୱାରା ସଫା କରାଯାଇଥାଏ। ଚର୍ମ ମଳିନ ବା ମୋଡ଼ି ହୋଇଗଲେ ତାକୁ Acetic acid ଓ ପାଣି ମିଶାଇ ସତେଜ ରଖାଯାଏ। ଲେନିନ୍ଙ୍କ କବର ପ୍ରତିଦିନ ୧୦ଟାରୁ ୫ଟା ଖୋଲା ରହେ। କେବଳ ଛୁଟିଦିନମାନଙ୍କରେ ବନ୍ଦ ରହେ। ସବୁଦିନମାନଙ୍କରେ ଲମ୍ବା ଧାଡ଼ି ଲଗାଇ ଲୋକମାନେ ଦର୍ଶନ କରିଥାନ୍ତି। ଫଟୋ ଉଠାଇବା, ଭିଡିଓ ଉତ୍ତୋଳନ କରିବା ଏଠାରେ ମନା, ପ୍ରବେଶ ମାଗଣା, ସିଗାରେଟ୍ ପିଇବା ମନା, କଥାବାର୍ତ୍ତା କରିବା ଓ ପକେଟ୍‌ରେ ହାତ ପୂରାଇ ବୁଲିବା ମଧ୍ୟ ମନା। ଏମିତିକି ମଧ୍ୟ ଟୋପି ପିନ୍ଧିବା ମନା। ମହାନ୍ ମଣିଷଙ୍କ ଶବାଧାର ଦେଖି ଆଖିରୁ ଲୁହ ଗଡ଼ି ଆସିଲା। କେତେ ସ୍ନେହ ତାଙ୍କ ପ୍ରତି ଲୋକଙ୍କର, କି ତ୍ୟାଗ ତାଙ୍କର ଦେଶ ପାଇଁ! ଧନ୍ୟ ସେ ଦେଶ ଯିଏ ତାଙ୍କୁ ପୂଜା କରୁଛି ଏବଂ ଧନ୍ୟ ସେ ନେତା ଯିଏ ଦେଶ ପାଇଁ ଅମର ହୋଇଯାଇଛନ୍ତି।

ତା'ପରେ ଆମେ ଚାଲିଲୁ ପ୍ରସିଦ୍ଧ ଚର୍ଚ୍ଚ ସେଣ୍ଟ୍ ବାସିଲ୍‌ସ୍ ଆଡ଼େ। ରେଡ୍ ସ୍କୋୟାର୍‌ରୁ ଚର୍ଚ୍ଚର ଦୃଶ୍ୟ ଅତ୍ୟନ୍ତ ଚିତ୍ତାକର୍ଷକ। ଏହା ବହୁତ ପୁରାତନ ଚର୍ଚ୍ଚ। ଏହା ଭିତରେ ଥିବା ଚିତ୍ରକଳାରେ ଦିଆଯାଇଥିବା ରଙ୍ଗ ମଧ୍ୟଯୁଗୀୟ କଳାକୃତିର ନମୁନା। ଏହି ଚର୍ଚ୍ଚ ପରେ ଚାଲି ଚାଲି ରେଡ୍ ସ୍କୋୟାର୍‌ରେ ଆମେ ଯାଇ ପହଞ୍ଚିଲୁ ବାଣିଜ୍ୟସ୍ଥଳୀ ଗୁମରେ। ଗୁମ ସେ ସମୟରେ ଥିଲା ଏକ ବିଶାଳ ଡିପାର୍ଟମେଣ୍ଟାଲ୍ ଷ୍ଟୋର୍। ଲେନିନ୍ଙ୍କ ସମୟରେ ଏହା ଜାତୀୟକରଣ କରାଯାଇଥିଲା। ଏହା ବହୁତ ଲମ୍ବା। ସବୁ ପ୍ରକାର ଦୈନନ୍ଦିନ ସାମଗ୍ରୀ ଏଠାରେ ମିଳିଯାଏ। ରେଡ୍ ସ୍କୋୟାର୍ ଉପରେ ହୋଇଥିବାରୁ ଦିନସାରା ଲୋକଙ୍କର ଭିଡ଼ ଜମିଥାଏ। ଆମ୍ଭେମାନେ କିଛି ସମୟ ଏହା ମଧ୍ୟରେ ସମୟ କଟାଇଲୁ। କିଛି କିଣିବାର ନଥିଲା। ଏହା ମଧ୍ୟରେ ସନ୍ଧ୍ୟା ନଇଁ ଆସୁଥିଲା। କିଛି ସମୟ ମସ୍କୋଭା ନଦୀକୂଳରେ ଚାଲି ଚାଲି କ୍ରେମ୍‌ଲିନ୍, ରେଡ୍ ସ୍କୋୟାର୍ ଓ ଚର୍ଚ୍ଚର ଦୃଶ୍ୟ ଉପଭୋଗ କଲୁ। ତା'ପରେ ଆମେ ବସ୍ ଧରି ଫେରି ଆସିଲୁ ହୋଟେଲ୍ ଅଭିମୁଖେ।

ହୋଟେଲ୍‌ରେ ରାତ୍ରଭୋଜନ ସାରିଲା ପରେ ଆମ ଭାରତୀୟ ପ୍ରତିନିଧି ଦଳର ସେକ୍ରେଟାରୀ ଜେନେରାଲ୍ ରମେଶ ଚନ୍ଦ୍ର ଘୋଷଣା କଲେ କାଲି ସକାଳୁ ସକାଳୁ ପ୍ରାତଃଭୋଜନ ସାରି ଯିବାକୁ ହେବ ମସ୍କୋ ରେଳଷ୍ଟେସନ୍। ସେଇଠୁଁ ଲେନିନ୍‌ଗ୍ରାଡ୍ ବା ଆଜିର ସେଣ୍ଟ୍ ପିଟରସ୍ ବର୍ଗ, ୬ଟା ବେଳକୁ ଉଠିବାକୁ ହେବ।

ଲେନିନ୍‌ଗ୍ରାଡ୍:

ସକାଳୁ ସକାଳୁ ଉଠି ପଡ଼ିଲୁ। ବରଫପାତ ଦେଖିବାକୁ ଭାରି ଇଚ୍ଛା। ପ୍ରାତଃଭ୍ରମଣ ନାମରେ ମୋର ରୁମ୍‌ମେଟ୍‌ଙ୍କ ସହ ଯାଇ ଅଳ୍ପ ଟିକେ ବୁଲି ଆସିଲୁ। ଭାରି ଶୀତ ଲାଗୁଥିଲା।

ବାହାରେ ବରଫ ସଫା ସରିଯାଇଛି । ଝରକାରୁ ବରଫପାତର ଦୃଶ୍ୟ ସୁନ୍ଦର ଦିଶୁଥାଏ । ପ୍ରାତଃଭୋଜନ ସାରି ସକାଳୁ ୮ଟାରେ ହୋଟେଲ୍‌ରୁ ଚେକ୍‌ଆଉଟ୍ ହୋଇଗଲୁ । ବାହାରେ ବସ୍ ଥିଲା । ନିଜ ନିଜ ଲଗେଜ୍ ରଖି ବସିପଡ଼ିଲୁ ରେଳଷ୍ଟେସନ୍ ଅଭିମୁଖେ । ମସ୍କୋରୁ ଲେନିନ୍‌ଗ୍ରାଡ୍ (ସେଣ୍ଟପିଟର୍ସବର୍ଗ) ୭-୮ ଘଣ୍ଟାର ବାଟ । ଏହା ଥିଲା ଏକ ସ୍ୱତନ୍ତ୍ର ଟ୍ରେନ୍ । ଏହି ଟ୍ରେନ୍‌ରେ ରୁଷର ଶାନ୍ତି ସମ୍ମିଳନୀର କେତେକ ପ୍ରତିନିଧି ମଧ୍ୟ ଯାଉଥିଲେ । ନିଜ ନିଜର ଜାଗାରେ ବସିପଡ଼ିଲୁ ଓ ନିଜର ବ୍ୟାଗ୍‌ପତ୍ର ଦେଖିଦେଲୁ । ଲମ୍ବା ବାଟ । ଟ୍ରେନ୍‌ରେ ଦିଆଯିବ ପ୍ୟାକେଟ୍ ଖାଦ୍ୟ । ଖରାବେଳ ପାଇଁ କିଛି ରୁଷର ପ୍ରତିନିଧି ଆମର ରେଳ କକ୍ଷ ମଧ୍ୟକୁ ଆସି ଆମ ପାଖରେ ବସିଲେ । ସେମାନେ ଇଂରାଜୀ ବୁଝୁଥିଲେ ଓ କହିପାରୁଥିଲେ ମଧ୍ୟ । ଏଥି ମଧ୍ୟରେ ଥିଲେ ମହାନ୍ ଭଦ୍ର ମହିଳା ଭାଲେଣ୍ଟିନା ତେରେସ୍କୋଭା । ୧୯୬୩ ମସିହା ଜୁନ୍ ୧୬ ତାରିଖରେ ପ୍ରଥମ ମହିଳା ମହାକାଶଚାରିଣୀ ଭାବେ ତାଙ୍କର ଯାତ୍ରା ଆରମ୍ଭ ହୋଇଥିଲା । ୫ ଫୁଟ ୮ ଇଞ୍ଚ ଲମ୍ବା ବଳିଷ୍ଠ ଚେହେରା । ହସ ହସ ମୁଖରେ ଯେତେବେଳେ ସେ ତାଙ୍କର ପରିଚୟ ଦେଲେ ଆମେ ଆନନ୍ଦରେ ତାଙ୍କୁ ଘେରିଯାଇଥିଲୁ । ଶୁଣିବାକୁ ତାଙ୍କର ପ୍ରଥମ ମହାକାଶ ଯାତ୍ରା । ଇଉରି ଗାଗାରୀନ୍‌ଙ୍କ ପ୍ରଥମ ମହାକାଶ ଯାତ୍ରା ପରେ ସେ ଭାବିଲେ ଜଣେ ମହିଳା ଏଥର ଯିବେ ମହାକାଶକୁ ଏବଂ ସେ ଭାଲେଣ୍ଟିନାଙ୍କୁ ବାଛିଥିଲେ । ହସ ହସ ମୁହଁରେ କହି ଚାଲିଥିଲେ ତାଙ୍କ ଟ୍ରେନିଂ ସମୟର କାହାଣୀ । କେମିତି ଦିନକୁ ସେ ୧୦ ଘଣ୍ଟା ଅଭ୍ୟାସ କରୁଥିଲେ ଏବଂ ଜୁନ୍ ୧୪ ତାରିଖ ଦିନ ସକାଳୁ ତାଙ୍କୁ ଏବଂ ତାଙ୍କର ସହଯାତ୍ରୀ ସୋଲୋଭୋଭାଙ୍କୁ ବସ୍‌ରେ ଭଷ୍ଟକ-୬ ଲଞ୍ଚପ୍ୟାଡ୍‌କୁ ନିଆଗଲା ଏଇ ଆକାଶ ଯାନରେ ତାଙ୍କର ପ୍ରତୀକ ନାମ ଥିଲା ଚଲକା (Chalka) । ଏହା ଥିଲା ଏକ Asteroidର ନାମ । ବହୁତ ଖୁସିରେ ବର୍ଣ୍ଣନା କରୁଥିଲେ ସେ । ସେ କହିଲେ ୪୮ ଥର ସେ ତାଙ୍କ ଯାନରେ ପୃଥିବୀ ପରିକ୍ରମା କରିଛନ୍ତି ଏବଂ ତିନିଦିନ ପୃଥିବୀ କକ୍ଷରେ କଟାଇଛନ୍ତି ଏବଂ ଏହି ଯାତ୍ରାରେ ସବୁବେଳେ ସେ ବାନ୍ତି ବାନ୍ତି ଭାବ ଅନୁଭବ କରୁଥିଲେ । ସେ କୁମ୍ଭଙ୍କ ସହ ରେଡ଼ିଓରେ କଥା ହେଉଥିଲେ । ଏହି ମହାନ୍ ଭଦ୍ରମହିଳା ଏବଂ ପ୍ରଥମ ମହାକାଶଚାରୀଙ୍କ ସହ ଯେ ଦେଖାହେଲା ଏହା ଆମର ବହୁତ ସୌଭାଗ୍ୟ ଥିଲା । ସେ ଆମ ଗହଣରେ ହିନ୍ଦୀ ଗୀତ ଶୁଣିଲେ, ବହୁତ ମଜା କଲେ ।

ସେଣ୍ଟ୍ ପିଟର୍ସବର୍ଗ ରେଳ ଷ୍ଟେସନ୍ ଆମର ସମ୍ବର୍ଦ୍ଧନା ପାଇଁ ପ୍ରସ୍ତୁତ ଥିଲା । ରାସ୍ତାର ଦୁଇପଟ ଫୁଲକୁଣ୍ଡରେ ଭରପୂର ଥିଲା । ଭାରତ ଓ ସୋଭିଏତ୍ ପତାକା ହଲାଇ ଆମକୁ ଅଭିନନ୍ଦନ ଜଣାଉଥିଲେ । ଏହି ଆନନ୍ଦ ଓ ଅଭିନନ୍ଦନ ମଧ୍ୟରେ ବସ୍‌ରେ ବସି ପହଞ୍ଚିଗଲୁ ହୋଟେଲ୍‌ରେ ।

ଲେନିନ୍‌ଗ୍ରାଡ୍ ବା ବର୍ତ୍ତମାନର ସେଣ୍ଟ୍ ପିଟର୍ସବର୍ଗ ୧୭୧୩ ମସିହାରେ ପିଟର୍

ଦି ଗ୍ରେଟ୍‌ଙ୍କ ଦ୍ୱାରା ସ୍ଥାପିତ ହୋଇଥିଲା। ପିଟର୍ ଦି ଗ୍ରେଟ୍ ଥିଲେ ଋଷର ତତ୍କାଳିକ ଜାର୍ ବା ରାଜା। ପିଟର୍ସବର୍ଗକୁ ସାଂସ୍କୃତିକ ରାଜଧାନୀ ବୋଲି କୁହାଯାଏ। ପିଟର୍‌ଙ୍କ ନାମ ଅନୁସାରେ ଏହାର ନାମ ଥିଲା ସେଣ୍ଟ୍ ପିଟର୍ସବର୍ଗ। ଏହି ସହର ନେଭା ନଦୀକୂଳରେ ଅବସ୍ଥିତ। ଗଲ୍‌ଫ ଅଫ୍ ଦି ଲ୍ୟାଣ୍ଡ୍‌ର ଶୀର୍ଷରେ ସୁନ୍ଦର ସହରଟିଏ। ବାଲଟିକ ସାଗରର ପାଦଦେଶରେ ସବୁଜିମାଭରା ସୁନ୍ଦର ରାସ୍ତାଘାଟ ଅତ୍ୟନ୍ତ ମନୋରମ। ୧୯୧୪ ମସିହାରେ ଏହାର ନାମ ପରିବର୍ତ୍ତନ କରି ରଖାଯାଇଥିଲା ପେଟ୍ରୋଗାର୍ଡ୍। ୧୯୨୪ରେ ଏହାର ନାମ ରଖାଗଲା Leningrad। ପୁଣି ୧୯୯୧ରେ ଏହାର ପୁରାତନ ନାମ ସେଣ୍ଟ ପିଟର୍ସବର୍ଗ ରଖାଗଲା।

ପିଟରହଫ୍ ରାଜା ପିଟର୍ ଦି ଗ୍ରେଟ୍‌ଙ୍କର ରାଜପ୍ରାସାଦ। ଏହା ମଧ୍ୟରେ ଅଛି ସୁନ୍ଦର ବଗିଚା, ଝରଣା, ସୁନାର ମୂର୍ତ୍ତି। ଏହାକୁ "ଗ୍ରେଟ୍ ଟାୱାର୍ ଅଫ୍ ପିଟର୍ ଦି ଗ୍ରେଟ୍" ମଧ୍ୟ କୁହାଯାଏ। ସୁନାର ମୂର୍ତ୍ତି ସବୁ କୃତ୍ରିମ ଝରଣା ଦ୍ୱାରା ପ୍ରତିଫଳିତ ହୋଇ ସୁନ୍ଦର ଦେଖାଯାଉଥାଏ। ପିଟର୍ ଦି ଗ୍ରେଟ୍‌ଙ୍କ ସ୍ମୃତିରେ ଗଢ଼ି ଉଠିଛି ଏହି ସ୍ମାରକୀ। ଏହା ମଧ୍ୟରେ ଅଛି ପିଟର ଦି ଗ୍ରେଟଙ୍କ ଗ୍ରାଣ୍ଡ୍-ପାଲେସ୍, ଝରଣା ପାର୍କ, ସୁନାର ପ୍ରତିମୂର୍ତ୍ତି, ଜଳପ୍ରପାତର ଦୃଶ୍ୟ। ଦ୍ୱିତୀୟ ବିଶ୍ୱଯୁଦ୍ଧ ସମୟରେ ନାଜିମାନଙ୍କ ଦ୍ୱାରା କିଛି ସୁନାର ପ୍ରତିମୂର୍ତ୍ତିଗୁଡ଼ିକ ନଷ୍ଟ କରାଯାଇଥିଲା। ବର୍ତ୍ତମାନ ମଧ୍ୟ ବହୁତ ଗୁଡ଼ିଏ ସୁନାର ମୂର୍ତ୍ତି ସେହି ପାଲେସ୍ ମଧ୍ୟରେ ରହିଛି। ତାକୁ ଲାଗି ନଦୀକୂଳରେ ରହିଛି ଗ୍ରୀଷ୍ମକାଳୀନ ପାଲେସ୍ ବା ଗ୍ରୀଷ୍ମକାଳୀନ ରାଜପ୍ରାସାଦ। ସେଠାରେ ଅଛି (ଗ୍ରାଣ୍ଡ୍ ଥ୍ରୋନ୍ ରୁମ୍) 'ମୁକୁଟ ପିନ୍ଧା ହଲ୍'। ତାକୁ ଲାଗି ଅଛି ଶୀତକାଳୀନ ପ୍ରାସାଦ। ଏହି ପ୍ରାସାଦ ଗୁଡ଼ିକୁ ଲାଗି ରହିଛି ବିରାଟ ବିରାଟ ବଗିଚା। ଏ ସୌନ୍ଦର୍ଯ୍ୟମୟ ରାଜପ୍ରାସାଦ ଦେଖିଲେ ମନ ଭରିଯାଏ ତା'ର କଳାକୃତି ଓ ପରିବେଶରେ। ଏହି ପାଲେସ୍ ବାହାର ଛକକୁ କୁହାଯାଏ 'ପାଲେସ୍ ସ୍କୋୟାର୍'। ବିରାଟ ଚଉଡ଼ା ରାସ୍ତା, ସମସ୍ତ ପ୍ରକାର ଉତ୍ସବ ଓ ଘୋଷଣାର କେନ୍ଦ୍ରବିନ୍ଦୁ ଥିଲା ଏଇ ଛକ। ଏହି ଛକରେ ଅଛି ଲେନିନ୍‌ଙ୍କର ପ୍ରତିମୂର୍ତ୍ତି। ଲେନିନ୍‌ଗ୍ରାଡ୍ ଦିନେ ନାଜିମାନଙ୍କ ଅଧିକାରରେ ଥିଲା। ୯୦୦ ଦିନ ଥିଲା ଏହି ସହରର ଦୁର୍ଭାଗ୍ୟର ଦିନ। ଦ୍ୱିତୀୟ ବିଶ୍ୱଯୁଦ୍ଧରେ ଏହି ସହରରୁ ଏକ ଲକ୍ଷ ୪୦ ହଜାର ଲୋକଙ୍କର ମୃତ୍ୟୁ ହୋଇଥିଲା। ଖାଦ୍ୟ ଓ ପାନୀୟ ବିନା ଏଠାରେ ବହୁତ ଲୋକ ମରିଥିଲେ। ଲେନିନ୍‌ଗ୍ରାଡ୍ ରୁଷର ସବୁଠାରୁ ସୁନ୍ଦର ସହର। ଏହା ପ୍ରାକୃତିକ ସୌନ୍ଦର୍ଯ୍ୟରେ ଯେତିକି ପରିପୂର୍ଣ୍ଣ ଏହାର କଳାକୃତି ତା'ଠାରୁ ଅଧିକ ଚମତ୍କାର। ସବୁ ଛକମାନଙ୍କରେ ସୁନ୍ଦର ସୁନ୍ଦର ପ୍ରତିମୂର୍ତ୍ତି। ଦ୍ୱିତୀୟ ବିଶ୍ୱଯୁଦ୍ଧର କରୁଣ ଦୃଶ୍ୟ ଅଙ୍ଗେ ନିଭାଇଥିଲେ ମଧ୍ୟ ଆମ୍ଭମାନଙ୍କର ଗଲାବେଳକୁ

୧୯୬୫ରେ ଏହା ପୁନର୍ଗଠିତ ହୋଇ ପୁଣି ପୂର୍ବର ସୌନ୍ଦର୍ଯ୍ୟ ଫେରି ପାଇଥିଲା। କାରୁକାର୍ଯ୍ୟ ଓ କଳାକୃତି ପାଇଁ ଏହାକୁ ରୁଷର ସାଂସ୍କୃତିକ ପ୍ରାଣକେନ୍ଦ୍ର ବା ସାଂସ୍କୃତିକ ରାଜଧାନୀ କୁହନ୍ତି।

ପ୍ରତିନିଧି ଦଳର ରାତିରେ ବାହାରିବାକୁ ହେବ ହେଲସିଙ୍କି ଅଭିମୁଖେ। ଆମର ଲକ୍ଷ୍ୟସ୍ଥଳ। ଲେନିନ୍‌ଗ୍ରାଡ୍ ବା ସେଣ୍ଟପିଟର୍ସବର୍ଗକୁ ଛାଡ଼ିଯିବାକୁ ଇଚ୍ଛା ହେଉନଥାଏ। ଚାଲିଲୁ ବସ୍‌ରେ ବସି ହୋଟେଲ। ସେଠାରୁ ରାତ୍ରଭୋଜନ ସାରି ଟ୍ରେନ୍ ଧରିବୁ ହେଲସିଙ୍କି ଯିବା ପାଇଁ।

ଶାନ୍ତି ସମ୍ମିଳନୀ ଓ ହେଲସିଙ୍କି:

ଜୁଲାଇ ମାସ ୯ ତାରିଖ ୧୯୬୫ ମସିହା, ଆମକୁ ବହୁତ ଶୀତ ଲାଗୁଥାଏ। ହୋଟେଲ ଛାଡ଼ିବାକୁ ଇଚ୍ଛା ନଥାଏ। ସେଣ୍ଟ ପିଟର୍ସବର୍ଗ ରେଳଷ୍ଟେସନ୍‌ରୁ ରେଳ ଯୋଗେ ହେଲସିଙ୍କି ଯିବାକୁ ପଡ଼ିବ। ସେଣ୍ଟପିଟର୍ସବର୍ଗ ହୋଟେଲର ସମ୍ମିଳନୀ କକ୍ଷରେ ଯିବା ପୂର୍ବରୁ ସମସ୍ତେ ଏକତ୍ର ହେଲୁ। ସେକ୍ରେଟାରୀ ଜେନେରାଲ୍ ରମେଶ ଚନ୍ଦ୍ର ଓ ଆମ ଦଳର ସେକ୍ରେଟାରୀ ଚିତ୍ତ ବିଶ୍ୱାସ ଆମକୁ ହେଲସିଙ୍କିର କାର୍ଯ୍ୟକ୍ରମ ବିଷୟରେ ସବିଶେଷ ବୁଝାଇଲେ। ଅନେକ ଦେଶର ପ୍ରତିନିଧି ଆସିଥିବେ। ଭାରତୀୟ ପ୍ରତିନିଧି ହିସାବରେ ଆମର କର୍ତ୍ତବ୍ୟ ସମ୍ମିଳନୀରେ ବହୁ ସଂଖ୍ୟାରେ ଉପସ୍ଥିତ ରହିବା। ତା'ପରେ ରୁଷ ପ୍ରତିନିଧିମାନଙ୍କ ଦ୍ୱାରା ଭାରତ ରୁଷର ସଂପର୍କ ବିଷୟରେ ଚମତ୍କାର ଭାଷଣ ଦେଇଥିଲେ। ଭାଷଣ ପରେ ଲାଗିଲା ସତେ ଯେମିତି ଏଇ ସମ୍ମିଳନୀ ପରେ ପୃଥିବୀରେ ଶାନ୍ତି ଫେରି ଆସିବ। ମୋ ପାଖରେ ବସିଥାନ୍ତି ଅରୁଣା ଆସଫ ଅଲ୍ଲି। ମଝିରେ ମଝିରେ 'ଭାରତ ମହାନ' ବୋଲି ପାଟି କରୁଥାନ୍ତି। ଆମ ସଙ୍ଗରେ ଥିବା ସିନେମା ନିର୍ଦ୍ଦେଶକ 'ମୃଣାଳ ସେନ' ଖାଲି ଫଟୋ ଉଠାଇବାରେ ବ୍ୟସ୍ତ ଥା'ନ୍ତି। ହେଲସିଙ୍କି ଶାନ୍ତି ସମ୍ମିଳନୀ ବିଷୟରେ ସମ୍ୟକ୍ ଧାରଣା ପରେ ବହୁତ ତାଜା ଲାଗିଲା। ଆମେ ଯେ ଭାରତବାସୀ ଓ ଭାରତରୁ ପ୍ରତିନିଧିତ୍ୱ କରୁଛୁ, ସେଥିପାଇଁ ହୋଇଗଲା ମନ ଖୁସ୍। ଦେଶ ପାଇଁ ଯେ ଆମେ କିଛି କରୁଛୁ, ଏଥିପାଇଁ ଉଦ୍‌ବୋଧ ଦେଶପ୍ରେମରେ ନିଜକୁ ଗୌରବାନ୍ୱିତ ଲାଗିଲା।

ନିଜର ବ୍ୟାଗପତ୍ର ନିଜେ ଚିହ୍ନଟ କରି ଲବିରୁ ନେଲୁ ଏବଂ ବସ୍ ମଧ୍ୟରେ ରଖି ସେଣ୍ଟପିଟର୍ସବର୍ଗ ଷ୍ଟେସନ୍ ଅଭିମୁଖେ ଚାଲିଲୁ। ସମସ୍ତଙ୍କ ପାଇଁ ସ୍ଥାନ ସଂରକ୍ଷିତ ଥାଏ। ନିଜ ନିଜର ଜିନିଷପତ୍ର ନେଇ ଟ୍ରେନ୍‌ରେ ରଖି ନିଜ ନିଜ ସଂରକ୍ଷିତ ସ୍ଥାନରେ ବସିଲୁ। କେହି କାହାର ସିଟ୍ ବଦଳାଇବା ମନା ଥିଲା। କାରଣ ହେଲ୍‌ସିଙ୍କି ପହଞ୍ଚିଲା ପୂର୍ବରୁ ଇମିଗ୍ରେସନ୍ ଚେକ୍ ହୋଇପାରେ। ଟ୍ରେନ୍‌ରେ ସେମାନେ କରିପାରନ୍ତି। ଟ୍ରେନ୍ ଚାଲିଲା। ଚାରିଆଡ଼େ ଅନ୍ଧାର। ସ୍ଥାନେ ସ୍ଥାନେ ଆଲୋକ ଆସିଲେ ଛୋଟ ସୁନ୍ଦର ସହରଟିଏ ଚକଚକ

ଦିଶୁଥାଏ। ରାତିରେ ଆମର ମୁହଁରୁ ଚାଦର ଖୋଲି କିଏ ଜଣେ ତାଙ୍କ ହାତରେ ଥିବା ଫଟୋ ସହ ଆମ ମୁହଁ ମିଳାଉଥିବାର ଦେଖିଲୁ। ସେମାନେ ବୋଧେ ଚେକ୍ କରୁଥିଲେ। ସକାଳୁ ସକାଳୁ ପହଞ୍ଚିଲୁ ହେଲସିଙ୍କି ରେଳ ଷ୍ଟେସନ୍‌ରେ। ହେଲସିଙ୍କିର ଇତିହାସ ବହୁତ ପୁରୁଣା। ସ୍ୱିଡେନ୍‌ର ରାଜା ଗୁସ୍ତାଭସ୍ ଭାସାଙ୍କ ଦ୍ୱାରା ୧୫୫୦ ମସିହାରେ ଏହା ପ୍ରତିଷ୍ଠା ହୋଇଥିଲା। ଦକ୍ଷିଣ ଫିନ୍‌ଲ୍ୟାଣ୍ଡର ଏହା ଏକ ବାଣିଜ୍ୟ କେନ୍ଦ୍ର ଥିଲା। ପରେ ହେଲସିଙ୍କିର ଏତେ କିଛି ଉନ୍ନତି ହୋଇନଥିଲା। ୧୮୦୦ ଶତାବ୍ଦୀ ହେଲସିଙ୍କି ପାଇଁ ଥିଲା ବହୁ କଷ୍ଟକର ସମୟ। ଋଷିଆର ରାଜଧାନୀ ସେଣ୍ଟପିଟର୍ସବର୍ଗକୁ ଉଠି ଆସିଲା ସେତେବେଳେ ହେଲ୍‌ସିଙ୍କି ପ୍ରତି ଋଷିଆର ଦୃଷ୍ଟି ପଡ଼ିଲା। ୧୭୧୩ ମସିହାରେ ଋଷ୍ ହେଲସିଙ୍କି ଅଧିକାର କଲା। ସ୍ୱିଡେନ୍ 'ଗ୍ରେଟ୍ ହେଟ୍' ଯୁଦ୍ଧରେ ହାରି 'ସୁପର ପାୱାର'ର ଖ୍ୟାତି ହରାଇଲା। ୧୮୦୮ ମସିହାରେ ସ୍ୱିଡେନ୍ ଋଷ ଉପରେ ଆକ୍ରମଣ କଲା। ସ୍ୱିଡେନ୍ ଯୁଦ୍ଧରେ ହାରିଲା। ଏହାଦ୍ୱାରା ହେଲସିଙ୍କି ଉପରେ ରୁଷ୍‌ର ଅଧିକାର ଆସିଗଲା। ଫିନ୍‌ଲ୍ୟାଣ୍ଡ୍ ରୁଷିଆ ସହ ମିଶିଗଲା। ହେଲସିଙ୍କି ଫିନଲ୍ୟାଣ୍ଡ୍‌ର ରାଜଧାନୀ ରୂପେ ମାନ୍ୟତା ପାଇଲା। ଫିନ୍‌ଲ୍ୟାଣ୍ଡ୍ ୧୯୧୭ ମସିହାରେ ସ୍ୱାଧୀନ ହେଲା। ୧୯୩୯ ମସିହାରେ ଋଷ ଫିନ୍‌ଲ୍ୟାଣ୍ଡ୍ ଉପରେ ଆକ୍ରମଣ କଲା। ଏହି ଯୁଦ୍ଧ ୨ୟ ବିଶ୍ୱଯୁଦ୍ଧ ଶେଷ ପର୍ଯ୍ୟନ୍ତ ଚାଲିଥିଲା। ଦ୍ୱିତୀୟ ବିଶ୍ୱଯୁଦ୍ଧରେ ଫିନ୍‌ଲ୍ୟାଣ୍ଡ୍ ଯୋଗଦେଇ ନଥିଲା। ୧୯୩୮ରେ ହେଲସିଙ୍କିରେ 'ଗ୍ରୀଷ୍ମକାଳୀନ ଅଲିମ୍ପିକ୍ ହେବାକୁ ଥିଲା। ମାତ୍ର ଦ୍ୱିତୀୟ ବିଶ୍ୱଯୁଦ୍ଧ ପାଇଁ ହୋଇ ପାରିନଥିଲା। ମାତ୍ର ଷ୍ଟାଡିୟମ୍ ତିଆରି ସରିଥିଲା। ୧୯୫୨ ମସିହାରେ ୧୫ତମ ଅଲିମ୍ପିକ୍ସ ହେଲସିଙ୍କିରେ ହୋଇଥିଲା। କ୍ରମେ ହେଲସିଙ୍କିର ଉନ୍ନତିକରଣ ହୋଇଥିଲା। ହେଲସିଙ୍କିର 'ହେଲସିଙ୍କି ମାଲି' ଅନ୍ତର୍ଜାତୀୟ ବିମାନ ବନ୍ଦର ଏକ ସୁନ୍ଦର ଅତ୍ୟାଧୁନିକ ବିମାନ ବନ୍ଦର ରୂପେ ପରିଗଣିତ।

ହେଲସିଙ୍କି ରେଳ ଷ୍ଟେସନ୍‌ରେ ଓହ୍ଲାଇ ଶୀତରେ ଥରିଗଲୁ। ସେଦିନ ଥିଲା ଭୀଷଣ ଶୀତ। ନିଜ ନିଜର ଜିନିଷପତ୍ର ଧରି ବସ୍‌ରେ ବସିବାକୁ ଆସିଲୁ। ସମଗ୍ର ରେଳ ଷ୍ଟେସନ୍ ଭାରତ ଓ ଫିନ୍‌ଲ୍ୟାଣ୍ଡ୍ ଅନ୍ୟାନ୍ୟ କେତେକ ଦେଶର ପତାକାରେ ଭରିଯାଇଥିଲା। ଆମକୁ ପୋଷ୍ଟର ଦେଖାଇ ସ୍ୱାଗତ କଲେ! 'ସ୍ୱାଗତମ୍ ଭାରତୀୟ ପ୍ରତିନିଧି'। ଫୁଲରେ ଭରିଯାଇଥାଏ ରେଳ ଷ୍ଟେସନ୍, ବଡ଼ ମନୋଲୋଭା ପରିବେଶ। ଶୀତରେ ଥରି ଥରି ବ୍ୟାଗ୍‌ଗୁଡ଼ିକ ବୋହି ବସିପଡ଼ିଲୁ ବସ୍‌ରେ। ହୋଟେଲ୍ ଅଭିମୁଖେ ବସ୍ ଯାଇ ପହଞ୍ଚିଲା ସହରର ଏକ ସୁନ୍ଦର ମନୋଲୋଭା ହୋଟେଲ୍ ସାମ୍‌ନାରେ। ହୋଟେଲ୍ ନାମ ଥିଲା 'ସତକୁନ୍ତଟାଲୋ' ହୋଟେଲ।

ହୋଟେଲ ସତକୁନ୍ତଟାଲୋ (Hotel Satakuntalo):

ସୁନ୍ଦର ହୋଟେଲ ଜିନିଷପତ୍ର ନେଇ ଲବିରେ ପହଞ୍ଚିଲୁ। ଫୁଲ ଓ ପାନୀୟ

ଦେଇ ଆମକୁ ସ୍ୱାଗତ କରାଗଲା। ଚାରିଆଡ଼େ ବୋର୍ଡ ମରାଯାଇଥିଲା। ସ୍ୱାଗତମ୍ ପ୍ରତିନିଧିମାନେ, ହେଲସିଙ୍କି ଶାନ୍ତି ସମ୍ମିଳନୀକୁ ସ୍ୱାଗତମ୍, ନିଜ ନିଜର କକ୍ଷର ଚାବି ନେଇ ରୁମ୍‌ରେ ପହଞ୍ଚିଗଲୁ। ସୁନ୍ଦର କକ୍ଷ, ସବୁ ପ୍ରକାର ସୁବିଧା ଥିଲା। ଦୁଇଟି ଖଟିଆ। ସୁନ୍ଦର ଗାଲିଚାରେ ନରମ ଲାଗୁଥାଏ କକ୍ଷ। ଗରମ ରହିବାର ହିଟିଂ ସୁବିଧା ଥାଏ। ଆମକୁ ରହିବାକୁ ଥିଲା ୭ ଦିନ ଯାଏ ଏହି ସୁରମ୍ୟ ହୋଟେଲରେ। ୭ ତାଲାରେ ମିଳିଥାଏ କକ୍ଷଟିଏ। ଏହି ତାରକା ହୋଟେଲରେ ଆମ ଭାରତର ସମସ୍ତ ପ୍ରତିନିଧି ରହିଥାଉ। ଅନ୍ୟ ଦେଶର ପ୍ରତିନିଧିମାନେ ମଧ୍ୟ ଥା'ନ୍ତି। ହୋଟେଲ ଆଗରେ ସୁନ୍ଦର ତୋରଣ "ଶାନ୍ତି ପ୍ରତିନିଧି ସ୍ୱାଗତମ୍"।

୧୦ ତାରିଖ ଜୁଲାଇ ୧୯୬୫ ମସିହା ଆଜି ଠାରୁ ସକାଳ ୯ଟାରୁ ଆରମ୍ଭ ହେବ ଶାନ୍ତି ସମ୍ମିଳନୀ। ସକାଳୁ ସକାଳୁ ଗାଧୋଇ ପାଧୋଇ ପ୍ରାତଃଭୋଜନ ପାଇଁ ବାହାରି ପଡ଼ିଲୁ ତଳକୁ। ପ୍ରତିନିଧି ଭରା ଡାଇନିଂ ହଲ୍, ଭାରତୀୟ, ଇଉରୋପୀୟ, ଚାଇନିଜ୍, ଆମିଷ ଓ ନିରାମିଷ ସମସ୍ତ ପ୍ରକାର ଭୋଜନର ବନ୍ଦୋବସ୍ତ ଥିଲା। ସମସ୍ତଙ୍କୁ ହାଲୋ କହି ସକାଳ ଖୁବ୍ ଆନନ୍ଦରେ ଆରମ୍ଭ ହେଲା। କେହି କାହାରିକୁ ଚିହ୍ନି ନଥିଲେ ମଧ୍ୟ ସମସ୍ତେ ଗୋଟିଏ କାରଣ ପାଇଁ ଏଠାରେ ମିଳିତ ଶାନ୍ତି ପାଇଁ ସତେ ଯେପରି ଆମେ ଭାଇ ଭାଇ, ଅତି ଆପଣାର, ହାଲୋ କହି ନିଜେ ନିଜକୁ ଆତ୍ମ ପରିଚୟ ଦେଉଥିଲୁ। ସେମାନେ ମଧ୍ୟ ନିଜ ନିଜର ଦେଶ ନାଁ କହି ପରିଚୟ ଦେଉଥିଲେ। ଆଉ ସମୟ ଡେରି ନକରି ପ୍ରାତଃଭୋଜନ ସାରି ବାହାରି ପଡ଼ିଲୁ ବସ୍ ପାଖକୁ। ନୂଆ ନୂଆ ବସ୍‌ର ଲମ୍ବା ଲାଇନ। ସବୁ ଯିବ ଗୋଟିଏ ଜାଗାକୁ। ହାଉସ୍ ଅଫ୍ କଲ୍‌ଚର୍। ଆମର ସେକ୍ରେଟାରୀ ଜେନରୋଲ୍ ରମେଶ ଚନ୍ଦ୍ର ସକାଳୁ ସକାଳୁ ହାତ ମିଳାଇ କହିଦେଲେ ଯେ କୌଣସି ବସ୍‌ରେ ବସିପଡ଼ନ୍ତୁ। ହାଉସ୍ ଅଫ୍ କଲ୍‌ଚର୍‌ରେ ସମ୍ମିଳନୀ କକ୍ଷରେ ଦେଖାହେବ।

ଆମ ସାଥିରେ ଥିଲେ:

1. Syed Abdullah Bukhari-Imam, Jama Masjid, Delhi
2. Dr. Mir Akbar Ali Khan, Former Governor, Odisha
3. Mrs. Arun Asaf Ali, wife of Governor of Orissa Mr.A. Ali
4. Dr. Nirupma Rath, W/o. Sri Gangadhar Rath, A.g., Odissa
5. Dr. R.N. Rath, Prof. of Psychology, Utkal University
6. Dr. Mulak Raj Anand, Renowned writer

7. Keshav Dev Malaviya- Central Oil Minister
8. Arjun Arora, M.P & Leader of Congress
9. Satyajit Roy &Mrunal Sen & Director of CI no
10. Dr. Anup Singh, Leader of Congress, M.P.
11. Ramesh Chandra, President world Peace Congress, Viena
12. Diwan Chamanlal
13. Jean Paul Sartre - (Great Philosopher, France)
14. Pablo Neroda - Nobel Lauret, Chili
15. Prof. J.N. Barnal, U.K.
16. Gur Mukh Singh Musafir - Former C.M. Punjab
17. Renu Chakravarty, Niece of Dr. B.C. Roy
18. ମୁକ୍ତାବାଇ ପାର୍ବତୀ କ୍ରିଷ୍ଣନ୍ - ମାଡ୍ରାସ ପ୍ରଦେଶର ମୁଖ୍ୟମନ୍ତ୍ରୀ ହେବା ସହ ପଣ୍ଡିତ ଜବାହାରଲାଲ୍ ନେହେରୁଙ୍କ ମନ୍ତ୍ରୀ ମଣ୍ଡଳରେ କ୍ୟାବିନେଟ ମନ୍ତ୍ରୀ ଥିଲେ।
19. କେଶବ ଦେବ ମାଲବୀୟଙ୍କର ନାତି ଓ ନେହେରୁଙ୍କର କ୍ୟାବିନେଟ୍‌ର ତୈଳମନ୍ତ୍ରୀ ଥିଲେ।
20. ବିବେକାନନ୍ଦ ମୁଖାର୍ଜୀ - କଲିକତାର ବିଶିଷ୍ଟ ଖବରକାଗଜ 'ବସୁମତୀ'ର ସଂପାଦକ
21. ଅମୃତ ନାହାଟା - 'ଭାରତ ସେବକ ସମାଜ'ର ସଭାପତି
22. ଡଃ ନିରୂପମା ରଥ - ଓଡ଼ିଶାର ମେଡ଼ିକାଲ ଆସୋସିଏସନ୍‌ର ସଭାପତି
23. ସରଦାର କେ.ଏମ୍. ପାନିକର - ଚୀନ୍ ଦେଶରେ ଭାରତର ରାଷ୍ଟ୍ରଦୂତ
24. ଶ୍ରୀ ପ୍ୟାରେଲାଲ - ମହାତ୍ମାଗାନ୍ଧୀଙ୍କ ସେକ୍ରେଟାରୀ
25. ଡଃ. ରାଧାନାଥ ରଥ - ପ୍ରଫେସର ଉତ୍କଳ ବିଶ୍ୱବିଦ୍ୟାଳୟ, ଭାରତୀୟ ମୁଦ୍ରା ଓ କଂଗ୍ରେସର ପ୍ରେସିଡେଣ୍ଟ୍
26. ମୃଣାଳ ସେନ - ଭାରତର ମୁଖ୍ୟ ଡାଇରେକ୍ଟର ଓ ଫିଲ୍ମ ପ୍ରଡ୍ୟୁସର୍
27. ରାଣା ଜଙ୍ଗ୍ ବାହାଦୁର ସିଂହ - ଦିଲ୍ଲୀର ବିଶିଷ୍ଟ ସମ୍ବାଦପତ୍ରର ସଂପାଦକ
28. ସୟଦ୍ ଅବ୍‌ଦୁଲ୍ଲା ବୁଖାରୀ - ଇମାମ୍, ଜୁମା ମସ୍‌ଜିଦ୍ ଦିଲ୍ଲୀ

ହାଉସ୍ ଅଫ୍ କଲଚର୍:

ଫିନ୍‌ଲ୍ୟାଣ୍ଡ ଭାଷାରେ ଏହା ନାଁ 'କଲ୍‌ଟି ଟୁରିଟାଲୋ' ବା ହାଉସ୍ ଅଫ୍ କଲଚର୍। ଏହା ୧୯୫୫ ମସିହାରେ ତିଆରି ଆରମ୍ଭ ହୋଇ ୧୯୫୮ ମସିହାରେ ସରିଥିଲା। ଏହାର ଡିଭାଇନ୍ "ଅଲଭାର୍ ଆଲ୍‌ଟୋ" ନାମକ ଜଣେ ସ୍ଥପତି ଦେଇଥିଲେ। ଏହା

ଏକ ବିରାଟ ଅଟ୍ଟାଳିକା ଏବଂ ହେଲସିଙ୍କିର ମୁଖ୍ୟ ସାଂସ୍କୃତିକ କେନ୍ଦ୍ର। ଏହା ପାଞ୍ଚ ତଳ ପ୍ରାସାଦ "ୟୁ" ଭଳି ଦେଖାଯାଏ। ଏଠାରେ ୧୧୦ଟି ଅଫିସ୍ ଓ ୟୁ ଭଳି ଦିଶୁଥିବା ଏହି କେନ୍ଦ୍ରର ମଧ୍ୟସ୍ଥଳରେ ରହିଛି ସମ୍ମିଳନୀ କକ୍ଷ। ଏହି ସମ୍ମିଳନୀ କକ୍ଷରେ ୧୫୦୦ ଜଣ ବସିଲା ଭଳି ସୁବିଧା ରହିଛି। ଏହାର ସାମ୍ନାରେ ୬୦ ମିଟର ଚଉଡ଼ା ରାସ୍ତା। ଏହି ସୌଧଟି ନାଲି ଇଟାରେ ତିଆରି। ମୁଖ୍ୟ ସମ୍ମିଳନୀ କକ୍ଷକୁ ଲାଗି ଆହୁରି ଅନେକ ସମ୍ମିଳନୀ କକ୍ଷ ମଧ୍ୟ ଥିଲା। ଏହା ହେଲସିଙ୍କିର ମୁଖ୍ୟ ସାଂସ୍କୃତିକ କେନ୍ଦ୍ର ଓ କମ୍ୟୁନିଷ୍ଟ୍ ପାର୍ଟିର ରାଜନୈତିକ ପ୍ରାଣକେନ୍ଦ୍ର। ଏହା "ସୁନ୍ଦର କାରୁକାର୍ଯ୍ୟ"ରେ ଭରପୂର। ସବୁ ଦେଶର "ଜାତୀୟ ପତାକା" ଫରଫର ହୋଇ ଉଡୁଥାଏ। ୨୦୦ ଫୁଟ ଚଉଡ଼ା ରାସ୍ତା ଉପରୁ "ହାଉସ୍ ଅଫ୍ କଲଚର୍" ଆମକୁ ହସିହସି ସ୍ୱାଗତ କରୁଥାଏ। ଗେଟ୍ ମଧ୍ୟରେ ପ୍ରବେଶ କଲାବେଳେ "ଫିନିସ୍" ଲୋକମାନେ ଆମକୁ "ସ୍ୱାଗତମ୍" ଜଣାଉଥିଲେ। ଫିନିସ୍ ଝିଅ ସୁନ୍ଦର ରଙ୍ଗୀନ ପୋଷାକ ପିନ୍ଧି ନାଚି ନାଚି ଆମକୁ ହଲ୍‌ରେ ସ୍ୱାଗତ କଲେ। ହଲ୍ ଭିତରର ସାଜସଜ୍ଜା ଥିଲା ଚମତ୍କାର, ଅନ୍ତର୍ଜାତୀୟ ସମ୍ମିଳନୀ କକ୍ଷରେ ବସି ତା'ର ଗାମ୍ଭୀର୍ଯ୍ୟ ଓ ଅନୁପମ ସାଜସଜ୍ଜାକୁ ଉପଭୋଗ କରୁଥିଲୁ। ସାମ୍ନାରେ ବସିଥିଲେ କେ.ଡି. ମାଲବ୍ୟ, ସେତେବେଳର ଭାରତର ପେଟ୍ରୋଲିୟମ୍ ମନ୍ତ୍ରୀ। ସେ ଜଣେ ଅତି ସାଦାସିଧା ଲୋକ। ତାଙ୍କ ସମୟର ଭାରତର ପେଟ୍ରୋଲିୟମ୍ ମନ୍ତ୍ରୀ ଭାବରେ ତାଙ୍କୁ ଆଜି ମଧ୍ୟ ସମସ୍ତେ ପ୍ରଶଂସା କରନ୍ତି। ରମେଶ ଚନ୍ଦ୍ର ଭାରତୀୟ ପ୍ରତିନିଧିମାନଙ୍କୁ ଜଣ ଜଣ କରି ପରିଚୟ କରାଇଦେଲେ। ଏହାପରେ ଚାଲିଲା ସମ୍ମିଳନୀର ଉଦ୍‌ଘାଟନ ଓ ବକ୍ତବ୍ୟ। କିଛି ସମୟ ପରେ ମଧ୍ୟାହ୍ନ ଭୋଜନ ସମୟ ହୋଇଗଲା।

୧୦ ତାରିଖ ଦିନ ଉଦ୍‌ଘାଟନ ପରେ ଦିନ ୩ଟାରେ ଆରମ୍ଭ ହେଲା ବିଭିନ୍ନ ଦେଶର ପ୍ରତିନିଧିମାନଙ୍କର ବକ୍ତବ୍ୟ। ୩ଟା ବେଳକୁ ଭିଏତ୍‌ନାମ୍ ଡେଲିଗେଟ୍‌ମାନଙ୍କର ବକ୍ତବ୍ୟ ଆରମ୍ଭ ହେଲା। ସେତେବେଳେ ଭିଏତ୍‌ନାମ୍‌ରେ ଯୁଦ୍ଧ ଚାଲିଥାଏ। ଏଣୁ ଭିଏତ୍‌ନାମ୍ ପ୍ରତିନିଧିଙ୍କ ବକ୍ତବ୍ୟ ଶୁଣିବାକୁ ଆମେ ଟିକେ ଇଚ୍ଛୁକ ଥାଉ। ବକ୍ତବ୍ୟସବୁ ବହୁତ ଉଚ୍ଚ ଧରଣର ଥିଲା। ପୃଥିବୀର ଶାନ୍ତି ପାଇଁ କାହାର କ'ଣ ଅବଦାନ ଓ କେଉଁ କେଉଁ କାରଣରୁ ଶାନ୍ତି ଭଙ୍ଗ ହେଉଛି। ଦେଶ ଦେଶର ସ୍ୱାର୍ଥ ଓ ଆତ୍ମବଡ଼ିମା ଯୋଗୁଁ ଯେ ଯୁଦ୍ଧ ହେଉଛି ତାହା ଥିଲା ଭିଏତ୍‌ନାମ୍ ବକ୍ତାମାନଙ୍କର ସାରାଂଶ। ଦ୍ୱିତୀୟ ବିଶ୍ୱଯୁଦ୍ଧ ପରେ ସମସ୍ତେ ପ୍ରାୟ ଯୁଦ୍ଧକୁ ଡରିଯାଇଛନ୍ତି। ପୃଥିବୀର ଶାନ୍ତି ବଜାୟ ରହୁ ଏବଂ ଆଉ ଏକ ବିଶ୍ୱଯୁଦ୍ଧ ଯେମିତି ନହେଉ ଏହା ଥିବା ବକ୍ତବ୍ୟର କାହାଣୀ। ଗୋଟିଏ ଦିନର ସମ୍ମିଳନୀ ଶେଷ ବେଳକୁ ମନର ଧାରଣା ସବୁ ବଦଳିଯାଉଥାଏ। ଶାନ୍ତି ପାଇଁ ଏମାନେ ଯେ କେତେ ସମର୍ପିତ ଓ ଉତ୍ସର୍ଗୀକୃତ ବକ୍ତବ୍ୟରୁ ଜଣାଯାଉଥାଏ।

ତା'ପରେ ଚାଲିଲୁ ରାତ୍ରଭୋଜନ ଓ ସାଂସ୍କୃତିକ କାର୍ଯ୍ୟକ୍ରମ। ବ୍ୟସ୍ତବହୁଳ ଦିନଟି ଶେଷ ହେବାପରେ ପଞ୍ଚତାରକା ହୋଟେଲର ଏକ ବିରାଟ ହଲ୍‌ରେ ଆୟୋଜିତ ହୋଇଥିଲା ରାତ୍ରଭୋଜନ ଓ ନାଚଗୀତର ସମାରୋହ। ବହୁତ ସୁନ୍ଦର ଥିଲା ସେ ମନୋରମ ସନ୍ଧ୍ୟା। ସମସ୍ତେ ମନଭରି ଉପଭୋଗ କଲୁ ନାଚଗୀତ ଓ ରାତ୍ରି ଭୋଜନ। ନିଜ ନିଜର ହୋଟେଲ ଫେରି ଆସିଲୁ ବସ୍ ଧରି। ଚମତ୍କାର ଥିଲା ଆୟୋଜନ ସବୁ। ହୋଟେଲର ନାଁ ଲେଖି ବସ୍ ରହିଥିଲା ଧାଡ଼ି ଧାଡ଼ି। ହୋଟେଲରେ ପହଞ୍ଚୁ ପହଞ୍ଚୁ ରାତି ୧୧ଟା ହୋଇଯାଇଥିଲା।

୧୧ ତାରିଖ ଦିନ ୧୦ଟାରେ ଆମ ଭାରତୀୟ ପ୍ରତିନିଧିଙ୍କ ବକ୍ତବ୍ୟ ଥାଏ। କେ.ଡି. ମାଲବ୍ୟ ଓ ଅନ୍ୟସବୁ କିଏ କହିବେ, ବିଶ୍ୱଶାନ୍ତି ଓ ଭାରତର ଭୂମିକା ବସ୍‌ରେ ଘୋଷଣା କରାଗଲା। ତାକୁ କାଲି ୭.୩୦ ମିନିଟ୍‌ରେ ପ୍ରାତଃଭୋଜନ, ୯ଟାରେ ବସ୍ ଧରି "ହାଉସ୍ ଅଫ୍ କଲ୍‌ଚର୍" ଆସିବାକୁ ହେବ। ଆସନ୍ତାକାଲି ଭାରତର ପ୍ରତିନିଧିଙ୍କ ବକ୍ତବ୍ୟ ଅଛି ଶୁଣି ତାଳି ମାରିଲୁ। ରାତିରେ ଭଲ ଭାବେ ବିଶ୍ରାମ ନେଇ ସକାଳୁ ଉଠିବା ପାଇଁ ବିଛଣା ଧରିଲୁ। ୧୧ ତାରିଖ ଦିନ ସକାଳୁ ସବୁ ଭାରତୀୟ ପ୍ରତିନିଧି ୮ଟା ସୁଧା ପ୍ରାୟ ପ୍ରାତଃଭୋଜନ ପାଇଁ ହଲ୍‌ରେ ଭିଡ଼ ଜମାଇଥାନ୍ତି। ମାଲବ୍ୟ ସାହେବ କିନ୍ତୁ ରହୁଥାନ୍ତି ଅନ୍ୟ ହୋଟେଲ୍‌ରେ। ଆମ ସାଙ୍ଗରେ ଆସିନଥିଲେ ପରେ ସିଧା ଆସି ହେଲସିଙ୍କିରେ ପହଞ୍ଚିଥିଲେ। ପ୍ରାତଃଭୋଜନ ସମୟରେ ବହୁତ ଚିହ୍ନାପରିଚୟ ହୁଏ। ଗପସପ ଯୋଡ଼େ। ମୋର ଟିକେ ଇଚ୍ଛା ଥାଏ ଅରୁଣା ମ୍ୟାଡାମ୍‌ଙ୍କ ସହ ଟିକେ ପରିଚୟ ହୁଅନ୍ତି କି। ସେକ୍ରେଟାରୀ ଜେନେରାଲଙ୍କୁ କହିବାରୁ ସେ ମତେ ଚିହ୍ନେଇଦେଲେ "ଓଡ଼ିଶା ପ୍ରତିନିଧି ଚୌଧୁରୀ ବୋଲି"। ମୁଁ ମ୍ୟାଡାମ୍‌ଙ୍କ ସହ ଓଡ଼ିଶା ଓ କଟକ ବିଷୟ ବହୁ ସମୟ କଥା ହେଲି। ଅରୁଣା ଆସଫ୍ ଅଲ୍ଲୀ ଆମର ଗଭର୍ଣ୍ଣର୍ ଆସଫ୍ ଅଲ୍ଲୀଙ୍କ ସ୍ତ୍ରୀ। ଦିନେ ସେ ଓଡ଼ିଶା ପ୍ରଥମ ମହିଳା ଥିଲେ। ସେତେବେଳେ କଟକର ବର୍ତ୍ତମାନ ଶିଶୁଭବନ ଥିଲା ତାଙ୍କର ବାସସ୍ଥାନ ବା ଓଡ଼ିଶାର ରାଜଭବନ ବା "ଲାଲବାଗ୍ ପାଲେସ୍"। ଆସଫ୍ ଅଲ୍ଲୀଙ୍କୁ ଓଡ଼ିଶା ବହୁତ ମନେ ପକାଏ ଶୁଣି ବହୁତ ଖୁସି ହେଲେ। ସେ ଆସି ବହୁତ ଦିନ କଟକର ଲାଲବାଗ୍ ପାଲେସ୍‌ରେ ରହିଛନ୍ତି। ସୁନ୍ଦର ଜାଗା। ମୁଁ ଯେ ସେହି ସହର ଓ ପାଲେସ୍ ପାଖରେ ଆମର ଘର ଜାଣି ସେ ଖୁସି ହେଲେ। ସେ ମହାନ ମହିଳାଙ୍କ ସହ ବାର୍ତ୍ତାଳାପ ହେବାର ସୁଯୋଗ ପାଇ ମୁଁ ବହୁତ ଖୁସି ହେଲି। ତା'ପରେ ଚାଲିଲୁ ବସ୍‌ରେ ବସି ହାଉସ୍ ଅଫ୍ କଲ୍‌ଚର୍। ପୁଣି ସେଇ ଫିନିସ୍ ଝିଅଙ୍କ ନାଚ ଓ ସ୍ୱାଗତ ସମ୍ବର୍ଦ୍ଧନା। ରାସ୍ତା ଦୁଇକଡ଼ ଫୁଲରେ ଭର୍ତ୍ତି। ହଲ୍ ମଧ୍ୟରେ ନିଜ ନିଜର ଜାଗା ବାଛି ନେଲୁ। ଶୁଣିବାକୁ ମିଳିବ ଭାରତର ପ୍ରତିନିଧି କେ.ଡି. ମାଲବ୍ୟଙ୍କ ବକ୍ତବ୍ୟ- "ବିଶ୍ୱଶାନ୍ତି ଓ ଭାରତର ଭୂମିକା"।

କେଶବ ଦେବ ମାଲବ୍ୟ ସାହେବଙ୍କୁ ଡକାଗଲା ମଞ୍ଚ ଉପରକୁ। ଭାରତୀୟ

ପ୍ରତିନିଧିମାନଙ୍କ ତାଳିରେ ହଲଟି ପ୍ରକମ୍ପିତ ହେଲା। ଆମ ପାଖରେ ବସିଥିବା ଚାଇନିଜ୍ ପ୍ରତିନିଧିମାନେ ଚୁପ୍‌ଚାପ୍ ବସିଥାନ୍ତି। ସଦ୍ୟକରି ଭାରତ ଓ ଚାଇନା ଯୁଦ୍ଧ ସରିଥାଏ। ଭାରତ-ଚୀନର ସମ୍ପର୍କ ତିକ୍ତ ହୋଇଥାଏ। ସେଇଥିପାଇଁ ବୋଧେ ସେମାନେ ଗମ୍ଭୀର ଥା'ନ୍ତି। ବିଶ୍ୱଶାନ୍ତି ପାଇଁ ଭାରତର ଯୋଗଦାନ ବିଷୟରେ ଚମତ୍କାର ବକ୍ତବ୍ୟ ରଖିଲେ ମାଲବ୍ୟ ସାହେବ। ବିଶ୍ୱଯୁଦ୍ଧ ପରର ଭାରତ, ଚୀନ ଯୁଦ୍ଧ ପରର ଅଶାନ୍ତ। ଶାନ୍ତି ପାଇଁ ଭାରତ ନେଇଥିବା ପଦକ୍ଷେପ ଓ ଭାରତର ବୈଦେଶିକ ନୀତିରେ ଶାନ୍ତି ଏକ ପ୍ରମୁଖ ସ୍ଥାନ ଗ୍ରହଣ କରିଛି ଓ କରୁଥିବ ନେହେରୁ ଠାରୁ ଶାସ୍ତ୍ରୀ ପର୍ଯ୍ୟନ୍ତ ସମସ୍ତେ କିପରି ବିଶ୍ୱଶାନ୍ତିର ଅଗ୍ରଦୂତ ତାହା ବର୍ଣ୍ଣନା କରିଥିଲେ। ବକ୍ତବ୍ୟଟି ଖୁବ୍ ଚିତ୍ତାକର୍ଷକ ହୋଇଥିଲା ଏବଂ ସମୟୋପଯୋଗୀ ଯୋଗୁଁ ସମସ୍ତେ ପ୍ରଶଂସା କରିଥିଲେ। ସବୁଦିନ ୨ଟି ଅଧିବେଶନ ହେଉଥାଏ, ମଧ୍ୟାହ୍ନ ଭୋଜନ ପୂର୍ବରୁ ଗୋଟିଏ ଓ ମଧ୍ୟାହ୍ନ ଭୋଜନ ପରବର୍ତ୍ତୀ ଅଧିବେଶନ। ମଧ୍ୟାହ୍ନ ଭୋଜନ ସେଇ "ହାଉସ୍ ଅଫ୍ କଲ୍‌ଚର୍" ଉପର ମହଲାର ତଳ ହଲ୍ ଉପର ଓ ବାରଣ୍ଡାରେ ବିରାଟ ଜାଗାରେ ବ୍ୟବସ୍ଥା ହୋଇଥାଏ। ସବୁ ପ୍ରତିନିଧି ପାଇଁ ପର୍ଯ୍ୟାପ୍ତ ଖାଦ୍ୟ ପାନୀୟ ଓ ସ୍ଥାନର ମଧ୍ୟ ଅଭାବ ନଥାଏ। ସୁନ୍ଦର ଆୟୋଜନ।

ମଧ୍ୟାହ୍ନ ଭୋଜନ ପର ଅଧିବେଶନରେ ଋଷ ପ୍ରତିନିଧି କହିବାର ଥିଲା। ସେମାନେ ବିଶ୍ୱଶାନ୍ତି ପାଇଁ ଦ୍ୱିତୀୟ ବିଶ୍ୱଯୁଦ୍ଧ ପରର ଘଟଣାବଳୀ, ବିଶ୍ୱଶାନ୍ତି ସମ୍ମିଳନୀ ପ୍ରତିଷ୍ଠାରେ ଋଷର ଭୂମିକା ଓ କମ୍ୟୁନିଷ୍ଟ୍ ପାର୍ଟି ଓ ବିଶ୍ୱଶାନ୍ତି ସମ୍ମିଳନୀର ଗଠନ ଓ ଭବିଷ୍ୟତରେ ବିଷୟରେ ବକ୍ତବ୍ୟ ଥିଲା। ଋଷ ପ୍ରତିନିଧିମାନେ ଋଷ ଭାଷାରେ ଭାଷଣ ଦେଲେ। ଆମକୁ ଦିଆଯାଇଥିବା ଇନ୍‌ଫ୍ରାରେଡ୍ ସାଇମଲବାନିୟମ୍ ଇଣ୍ଟର ପ୍ରିଟର୍ ସିଷ୍ଟମ୍ ହେଡ୍‌ଫୋନ୍‌ରେ ଆମେ ଇଂରାଜୀରେ ଶୁଣିପାରୁଥିଲୁ। (IR Head Phone) ଚମତ୍କାର ବନ୍ଦୋବସ୍ତ। ବୈଜ୍ଞାନିକ ଦୃଷ୍ଟିକୋଣରୁ ସେମାନେ ବହୁତ ଆଗରେ ଥିଲେ। ଉପରବେଳା ଅଧିବେଶନରେ ସମୁଦ୍ର କୂଳରେ ବୁଲିବାର ସୁବିଧା ଥିଲା। ହେଲସିଙ୍କିକୁ ଘେରି ସମୁଦ୍ର ବିରାଟ ବିରାଟ ଜାହାଜ ସବୁ ସମୁଦ୍ର ମଧ୍ୟରେ ଲଙ୍ଗର ପକାଇଥାଏ। ସମୁଦ୍ର କୂଳର ଦୃଶ୍ୟ ଅତ୍ୟନ୍ତ ମନୋରମ। ଆମେ ହୋଟେଲକୁ ଆସି ରାତ୍ରି ଭୋଜନ ଓ ନାଚଗୀତର ଆସର ଉପଭୋଗ କଲୁ। କେତେଜଣ ବନ୍ଧୁ କହିଲେ ପୁଣି ବୁଲିଯିବାକୁ। ରାତ୍ର ୧୧ଟା ଦିନ ଭଳି ଦିଶୁଥାଏ। ସୂର୍ଯ୍ୟାସ୍ତ ହୋଇନଥାଏ। ୨୪ ଘଣ୍ଟା ଏଠାରେ ଦିନ ଭଳି ଲାଗୁଥାଏ। ଆମେ ଗଲୁ ବୁଲିବାକୁ। ସମୁଦ୍ର କୂଳରେ ବୁଲିବୁଲି ମଧ୍ୟ ରାତ୍ରି ପରେ ଫେରିଲୁ। କିନ୍ତୁ ସୂର୍ଯ୍ୟାସ୍ତ ହୋଇନଥାଏ।

ଆର୍ଟିକ୍ ସର୍କଲର ଉତ୍ତରରେ ଥିବା ଦେଶଗୁଡ଼ିକ ମଧ୍ୟ ରାତିରେ ସୂର୍ଯ୍ୟଙ୍କୁ ଦେଖିପାରନ୍ତି। ପାଗ ଯଦି ଭଲ ଥାଏ ୨୪ ଘଣ୍ଟା ସୂର୍ଯ୍ୟଙ୍କୁ ଦେଖିହୁଏ, ସୂର୍ଯ୍ୟାସ୍ତ ଗ୍ରୀଷ୍ମ

ରତୁରେ ନଥାଏ। ଫିନ୍‌ଲ୍ୟାଣ୍ଡ୍ ଅନେକ ଅଞ୍ଚଳ ଆର୍ଟିକ ସର୍କଲର ଉତ୍ତରରେ ଅବସ୍ଥିତ। ଏହି ଦେଶର ଉତ୍ତର ଭାଗରେ ଗ୍ରୀଷ୍ମ ସମୟରେ ୬୦ ଦିନ ପର୍ଯ୍ୟନ୍ତ ସୂର୍ଯ୍ୟ ଅସ୍ତ ହୁଏନା। ଯେଉଁମାନେ ନୂଆକରି ଆସିଥାନ୍ତି ଦେଖନ୍ତି ସୂର୍ଯ୍ୟାସ୍ତ ନାହିଁ। ଚବିଶ ଘଣ୍ଟା ଦିନ ରାତିରେ ଦିନ ପରି ଲାଗେ। ସୂର୍ଯ୍ୟାଲୋକ କମ୍ ହେଲେ ମଧ୍ୟ ଫର୍ଚା ଦେଖାଯାଏ "ମଧ୍ୟରାତ୍ରର ସୂର୍ଯ୍ୟ" ଦେଖିବାକୁ ସବୁଠାରୁ ସୁନ୍ଦର ସ୍ଥାନ ହେଲା ନରୱେ। ଏଠାରେ ମେ ମାସ ୧୫ରୁ ଜୁଲାଇ ୩୦ ପର୍ଯ୍ୟନ୍ତ ମଧ୍ୟ ରାତ୍ରିରେ ସୂର୍ଯ୍ୟ ଦେଖାଯାଏ ଏବଂ ସୂର୍ଯ୍ୟାସ୍ତ ହୁଏ ନାହିଁ। ଏହାକୁ ଆର୍କଟିକ୍ ଫେନୋମେନନ କୁହାଯାଏ, ଏହାର ବିପରୀତ ହେଲା "ପୋଲାର୍ ନାଇଟ୍" ବା ଶୀତଦିନେ ସୂର୍ଯ୍ୟ ମୋଟେ ଉଦୟ ହୁଅନ୍ତି ନାହିଁ। ଜୁନ୍ ମାସ ୨୧ ତାରିଖ ଆର୍କଟିକ୍ ସର୍କଲ ଉପର ଭାଗର ଦେଶ ଯଥା ନରୱେ, ଫିନ୍‌ଲ୍ୟାଣ୍ଡ ଓ ସ୍ୱିଡେନ୍‌ରେ ଏହା ଭଲ ଭାବେ ପରିଲକ୍ଷିତ ହୁଏ। ଆମେ ଜୁଲାଇ ମାସ ୧୦ ତାରିଖରେ ପହଞ୍ଚିଥିବାରୁ ସେଠାରେ ସୂର୍ଯ୍ୟାସ୍ତ ନଥିଲା। ଏହା ଥିଲା ଜୀବନର ବଡ଼ ଅନୁଭୂତି। ଡେରିରେ ଫେରି ହୋଟେଲରେ ବିଶ୍ରାମ ନେଲୁ, ସକାଳୁ ସକାଳୁ ନିତ୍ୟକର୍ମ ସାରି ପୁଣି ବାହାରି ପଡ଼ିଲୁ। ହୋଟେଲରେ ପ୍ରାତଃଭୋଜନ ଓ ତା'ପରେ ବସ୍‌ରେ ବସି ଚାଲିଲୁ "ହାଉସ୍ ଅଫ୍ କଲ୍‌ଚର୍"। ଏହା ମଧ୍ୟରେ ପ୍ରାତଃଭୋଜନ ସମୟରେ ଘୋଷଣା କରାଗଲା ମଧ୍ୟାହ୍ନ ଭୋଜନ ପୂର୍ବରୁ କନ୍‌ଫେରେନସ୍‌ରେ ଉପସ୍ଥିତି ଏବଂ ମଧ୍ୟାହ୍ନ ଭୋଜନ ସାରି ବୁଲିବାକୁ ଯିବା ପାଇଁ ସ୍ଥିର ହୋଇଛି। ବହୁତ ଗୁଡ଼ିଏ ସ୍ଥାନର ନାଁ ଥିଲା। ଯାହାହେଉ ପ୍ରସିଦ୍ଧ ବକ୍ତାମାନଙ୍କର ବକ୍ତବ୍ୟ ଶୁଣିବା ସଙ୍ଗେ ସଙ୍ଗେ ବିଭିନ୍ନ ଦର୍ଶନୀୟ ସ୍ଥାନ ଦେଖିବାର ସୁଯୋଗ ମିଳିବ। ସାଙ୍ଗରେ କାମେରା ଧରି ଆମେ ସବୁ ବାହାରି ପଡ଼ିଲୁ "ହାଉସ୍ ଅଫ କଲ୍‌ଚର୍" ଅଭିମୁଖେ। ବହୁତ ଚିହ୍ନା ପରିଚିତ ଏହା ମଧ୍ୟରେ ହୋଇଗଲେଣି। ଅନ୍ୟ ଦେଶର ପ୍ରତିନିଧିଙ୍କ ଭିତରୁ କେତେକ ବିଶିଷ୍ଟ ବ୍ୟକ୍ତିଙ୍କ ସହ ଦେଖା ହେବାର ସୁଯୋଗ ମିଳିଲା। ଆଜି ସେ ସ୍ମୃତି ହୋଇ ରହିଯାଇଛି।

ଜାଁ ପଲ୍ ସାର୍ତ୍ରେ

ଆଜିର ଅଧିବେଶନରେ ପ୍ରଥମେ ବକ୍ତବ୍ୟ ରଖିବେ ଜନ୍ ପଲ୍ ସାର୍ତ୍ରେ ଯେତେବେଳେ ଡିସ୍‌ପ୍ଲେ ହୋଇଥିବା କାନ୍ଥରେ ଦେଖିଲୁ ପ୍ରଥମରେ ସାର୍ତ୍ରେ କହିବେ ମନ ବହୁତ ଖୁସି ହୋଇଗଲା। ୧୯୬୪ ମସିହାରେ ସେ ସାହିତ୍ୟର ନୋବେଲ ପ୍ରାଇଜ ପାଇବାକୁ ଯୋଗ୍ୟ ବିବେଚିତ ହୋଇଥିଲେ। ତାଙ୍କ ବିଷୟରେ ବହୁତ ଚର୍ଚ୍ଚା ହେଉଥିଲା, କିନ୍ତୁ ପ୍ରାଇଜ୍ ନେବାକୁ ମନା କରିଦେଲେ। ସେ ଥିଲେ ପ୍ରଥମ ଲୋକ ଯିଏ କି ନୋବେଲ୍ ପ୍ରାଇଜ୍‌କୁ ମନାକରି ଦେଇଥିଲେ। ସେ ଫ୍ରାନ୍‌ସର ଲୋକ। ଏକାଧାରାରେ ସେ ଥିଲେ ଲେଖକ ଓ ଦାର୍ଶନିକ। ତାଙ୍କର ଦାର୍ଶନିକ ତଥ୍ୟ "The psychology of imagination (2) The theory of emotion" ଇତ୍ୟାଦି ଉଲ୍ଲେଖଯୋଗ୍ୟ। ତାଙ୍କର ପ୍ରଥମ କଥାବସ୍ତୁ (Novel) ନସିଆ (Nausea), The world and other stories, ତାଙ୍କୁ ବହୁତ ଜନପ୍ରିୟ କରିଥିଲା। "Existentialism Theory" ତାଙ୍କର ଲୋକପ୍ରିୟ ଲେଖା। Existentialism is humanism, ଯିଏ ପଢ଼ିଛି ସେ ସାର୍ତ୍ରେଙ୍କୁ ଭୁଲିପାରିବ ନାହିଁ। Being and nothingness ତାଙ୍କର ଦାର୍ଶନିକ ତଥ୍ୟ "Existentialism"ର ମୂଳତତ୍ତ୍ୱ। ତାଙ୍କର ଅନ୍ୟ ଲେଖା 'Road to freedom' ଏକ ଅସାଧାରଣ ସୃଷ୍ଟି। ଏହି ମହାନ ଦାର୍ଶନିକ, ଲେଖକ ଓ ନୋବେଲ ପ୍ରାଇଜ ବିଜେତା ସାର୍ତ୍ତେଙ୍କ ଭାଷଣ ଥିଲା ଅନ୍ୟ ପ୍ରକାର। ତାଙ୍କର ବକ୍ତବ୍ୟ ଶାନ୍ତିରୁ ଆରମ୍ଭକରି ଅସ୍ତିତ୍ୱ, ସ୍ଥିତି ଓ ନାସ୍ତିତ୍ୱ ମଧ୍ୟରେ କ'ଣ ସଂପର୍କ ଓ ଏହା ବିଶ୍ୱଶାନ୍ତି ଉପରେ ପ୍ରଭାବ, ଅନେକ କିଛି କହିଥିଲେ। ଏହା ଥିଲା ବହୁତ ଉଚ୍ଚମାନର ବକ୍ତବ୍ୟ। ସାର୍ତ୍ତେଙ୍କୁ ଦେଖିବାର ଓ ଶୁଣିବାର ସୁଯୋଗ ମିଳିଲା, ଯାହା ତାଙ୍କ ବିଷୟରେ ଶୁଣିଥିଲୁ ଓ ପଢ଼ିଥିଲୁ ସାର୍ତ୍ତେଙ୍କ ଭାଷଣରୁ ଜାଣିଲୁ ତାହାଠାରୁ ଅଧିକ ସିଏ ଥିଲେ। ସାର୍ତ୍ତେଙ୍କ ଭାଷଣ ଶୁଣିବାକୁ ସମସ୍ତ ହଲ୍ ପୂର୍ଣ୍ଣ ହୋଇଯାଇଥିଲା। ପଛରେ ବହୁତ ଜଣ ଠିଆ ହୋଇ ଘଣ୍ଟାଏ କାଳ ଶୁଣିଥିଲେ। ସାର୍ତ୍ତେ ଏହି ଶାନ୍ତି ସମ୍ମିଳନୀ ସହ ଏକାନ୍ତ ଭାବେ ଜଡ଼ିତ। ୧୯୫୨ ମସିହାରେ ସାର୍ତ୍ତେଙ୍କୁ ଭିଏନା ଶାନ୍ତି ସମ୍ମିଳନୀକୁ ଆମନ୍ତ୍ରିତ କରାଯାଇଥିଲା। ଭିଏନା ଶାନ୍ତି ସମ୍ମିଳନୀକୁ ସେ ସଂବୋଧିତ କରିଥିଲେ। ତାଙ୍କ ସହ ଥିଲେ ପାବ୍ଲୋ ନେରୋଦା ଓ 'ମଦର୍ ଅଫ୍ ଚାଇନା' ମ୍ୟାଡାମ୍ ସନ୍‌ୟାଟ୍ ସେନ୍। ସନ୍‌ୟାଟ୍ ସେନ୍‌ଙ୍କୁ 'ଫାଦର୍ ଅଫ୍ ଚାଇନା' କୁହାଯାଏ। ଏଣୁ ସାର୍ତ୍ତେ ସାହେବ ବିଶ୍ୱଶାନ୍ତି ସମ୍ମିଳନୀ ସହ ବହୁତ ଦିନ ଧରି ଜଡ଼ିତ ଏବଂ କମ୍ୟୁନିଷ୍ଟ ପାର୍ଟିର ଜଣେ ପୃଷ୍ଠପୋଷକ ମଧ୍ୟ ଥିଲେ। କନ୍‌ଫେରେନ୍ସ ପରେ ମଧ୍ୟାହ୍ନ ଭୋଜନ ତା'ପରେ ବାହାରିବୁ ବୁଲିବାକୁ।

ହେଲସିଙ୍କି ଅଲିମ୍ପିକ୍ ଷ୍ଟାଡିୟମ୍:

ବସ୍ ଆମକୁ ଓହ୍ଲାଇ ଦେଲା ଅଲମ୍ପିକ୍ ଷ୍ଟାଡିୟମ୍ ସାମ୍‌ନାରେ। ସୁନ୍ଦର ଦୃଶ୍ୟ, ବିରାଟ ଟାୱାର। ଏହି ଷ୍ଟାଡିୟମ୍ ୧୯୩୮ ମସିହାରେ ତିଆରି ହୋଇଥିଲା। ଏଠାରେ ୧୯୪୨ ମସିହାରେ ଅଲିମ୍ପିକ୍ ଖେଳ ଉଦ୍ଦେଶ୍ୟରେ ଏହି ଷ୍ଟାଡିୟମ୍ ନିର୍ମିତ ହେଲା। ମାତ୍ର ଦ୍ୱିତୀୟ ବିଶ୍ୱଯୁଦ୍ଧ ଆରମ୍ଭ ହୋଇଯିବାରୁ ଅଲିମ୍ପିକ୍ ଖେଳ ଏଠାରେ ୧୯୪୦ରେ ହୋଇପାରିନଥିଲା। ଏହା ମଧ୍ୟରେ ପ୍ରବେଶ କଲୁ। ଏହା ସକାଳ ୮ଟାରୁ ରାତ୍ର ୯ଟା ପର୍ଯ୍ୟନ୍ତ ୧୨ ଘଣ୍ଟା ପ୍ରତିଦିନ ଖୋଲା ରହେ। ପ୍ରବେଶ ପଥରେ ଏହି ଷ୍ଟାଡିୟମ୍‌ର ମ୍ୟାପ୍ ରହିଛି। ଏହି ମାନଚିତ୍ର କପି ଖଣ୍ଡେ ନେଇ ବୁଲିବାକୁ ଗଲୁ। ତା' ମଧ୍ୟରେ ସୁନ୍ଦର "ସନ୍ତରଣଗାର"। ତା'ର ଚାରିପଟରେ ଚୌକି ପଡ଼ି ସନ୍ତରଣ ପ୍ରତିଯୋଗିତା ଦେଖିବା ପାଇଁ ସୁନ୍ଦର ବ୍ୟବସ୍ଥା କରାଯାଇଛି। ସବୁଠୁଁ ଆକର୍ଷଣୀୟ ତା' ମଧ୍ୟରେ ଅଲିମ୍ପିକ୍ ଟାୱାର।

At - Helsinki (Finlad) with Dr. Nirupama Rath, Ramachandra Ram and self on 13th April 1965

ଏହାର ଉଚ୍ଚତା ୨୩୮ ଫୁଟ ଉଚ୍ଚ। ଏହା ୧୯୩୮ ମସିହାରେ ଷ୍ଟାଡିୟମ୍ ସମୟରେ ତିଆରି ହୋଇଥିଲା। ଏହା ହେଲସିଙ୍କିର କେନ୍ଦ୍ରସ୍ଥଳୀରେ ଅବସ୍ଥିତ। ଏହି ଟାୱାର୍ ଉପରୁ ସମଗ୍ର ହେଲସିଙ୍କି ସହର ଦେଖାଯାଏ। ଏହି ଅଲିମ୍ପିକ୍ ଷ୍ଟାଡିୟମ୍ ପୃଥିବୀର ସବୁଠାରୁ ସୁନ୍ଦର ଷ୍ଟାଡିୟମ୍ ବୋଲି ଗଣାଯାଏ। ଷ୍ଟାଡିୟମ୍‌କୁ ଲାଗି ବିରାଟ ହୋଟେଲ୍‌ଟିଏ ଅଛି। ଏହି ଅଲିମ୍ପିକ୍ ଷ୍ଟାଡିୟମ୍‌ରେ ଗୋଟିଏ ଖେଳ ମ୍ୟୁଜିୟମ୍ ରହିଛି। ଫିନଲ୍ୟାଣ୍ଡ୍‌ର ଖେଳ ଇତିହାସ ବିଷୟରେ ଏହି ସଂଗ୍ରହାଳୟରୁ ଭଲ ଭାବେ ଜାଣିହେବ। ବିରାଟକାୟ ସୌଧର ଗଠନ ପ୍ରଣାଳୀ ଅତ୍ୟନ୍ତ ମନୋମୁଗ୍ଧକର। ସବୁ ସ୍ଥାନଗୁଡ଼ିକ ସୁନ୍ଦର ସାଜସଜ୍ଜା ହୋଇଛି। ରକ୍ଷଣାବେକ୍ଷଣ ଅତ୍ୟନ୍ତ ଚମତ୍କାର। ସବୁଆଡ଼େ ବୁଲି ବୁଲି ଟାୱାର୍ ଉପରୁ ହେଲିସିଙ୍କିର ମନୋରମ ଦୃଶ୍ୟ ଉପଭୋଗ କଲୁ। ସମୁଦ୍ର ମଧ୍ୟରେ ବଡ଼ ବଡ଼ ଜାହାଜ। ସହରର ରାସ୍ତାଘାଟ, ଟାୱାର ଉପରୁ ସୁନ୍ଦର ଦେଖାଯାଉଥାଏ। ଫୁଟ୍‌ବଲ୍ ଖେଳ ପାଇଁ ସୁନ୍ଦର ଖେଳପଡ଼ିଆ, ଟେନିସ୍ କୋର୍ଟ, ଇନ୍‌ଡୋର୍ ବ୍ୟାଡ୍‌ମିଣ୍ଟନ୍ କୋର୍ଟ ସହ ବସିବା ପାଇଁ ଗ୍ୟାଲେରୀଗୁଡ଼ିକ ବହୁତ ଚିତ୍ତାକର୍ଷକ ଥିଲା ଓ ସୁନ୍ଦର ଭାବେ ସାଜସଜ୍ଜା ହୋଇ ରକ୍ଷଣାବେକ୍ଷଣ ହୋଇଥିଲା।

ଲୁଥେରାନ୍ ଚର୍ଚ୍ଚ:

ଏହି ହେଲସିଙ୍କି ସହର ଏକ ପ୍ରତୀକ ଭଳି ବ୍ୟବହୃତ ହୁଏ। ଏହା ସହରର କେନ୍ଦ୍ରସ୍ଥଳ ସିନେଟ୍ ସ୍କୋୟାର୍‌ରେ ଅବସ୍ଥିତ। ଏହା ୧୮୫୨ ମସିହାରେ କାର୍ଲ ଲୁଡ୍‌ଭିଗ ନାମକ ସ୍ଥପତିଙ୍କଓତତ୍ତ୍ୱାବଧାନରେ ନିର୍ମିତ ହୋଇଥିଲା। ବହୁତ ଦୂରରୁ ଏହି ଧଳାରଙ୍ଗ, ବିରାଟ କାଥେଡ୍ରାଲ୍ ହେଲସିଙ୍କି ସହରକୁ ଚିହ୍ନେଇ ଦେଉଛି। ଭିତରକୁ ଗଲୁ। ବହୁତ ସୁନ୍ଦର। ଦୁଇ ମିନିଟ୍ ବସି ପଡ଼ିଲୁ କାଠର ସୁନ୍ଦର ବେଞ୍ଚ ଉପରେ। ଶାନ୍ତ ବାତାବରଣ ମନ ମଧ୍ୟରେ ଶାନ୍ତି ଆଣିଦିଏ କିଛି ସମୟ ଏଠି ବସିପଡ଼ିଲେ। ସିନେଟ ସ୍କୋୟାର୍‌ଟି ହେଲସିଙ୍କିର ସବୁଠାରୁ ଦର୍ଶାନୀୟ ସ୍ଥାନ। ଏଠାରେ ମ୍ୟୁଜିୟମ୍ କାଥେଡ୍ରାଲ୍ ସପିଂ ମଲ୍ ଇତ୍ୟାଦି ରହିଛି। ମସ୍କୋର ରେଡ୍ ସ୍କୋୟାର୍ ଭଳି ସିନେଟ୍ ସ୍କୋୟାର୍ ଖୁବ୍ ଚଉଡ଼ା। ଏହାର ଚାରିପଟେ ଘେରି ରହିଥିବା ଅଟ୍ଟାଳିକା ମଧ୍ୟରେ ହେଲସିଙ୍କି କାଥେଡ୍ରାଲ୍, ହେଲସିଙ୍କି ବିଶ୍ୱବିଦ୍ୟାଳୟ ଇତ୍ୟାଦି ଅନ୍ୟତମ। "ସିନେଟ୍ ସ୍କୋୟାର୍"ରେ ଆଲେକଜାଣ୍ଡର-୨ଙ୍କର ଏକ ପ୍ରତିମୂର୍ତ୍ତି ରହିଛି । ଏହି ବିରାଟକାୟ ଛକରେ ଠିଆହୋଇ ତା'ର ଚାରିପଟର ସୌନ୍ଦର୍ଯ୍ୟ ଉପଭୋଗ କଲୁ। ଗାଇଡ୍ ଆମକୁ ଏହି ସନେଟ୍ ସ୍କୋୟାର୍ ଇତିହାସ ବିଷୟରେ ବୁଝାଉଥିଲେ। ବର୍ତ୍ତମାନ ଏହା ଦର୍ଶକମାନଙ୍କର ଏକ ମୁଖ୍ୟ ଆକର୍ଷଣର ସ୍ଥାନ। ବହୁତ କିଛି ଜନସଭା, ସାଧାରଣ ଲୋକଙ୍କର ଗୀତନାଚର କେନ୍ଦ୍ରସ୍ଥଳୀ ଭାବେ ଖ୍ୟାତି ଅର୍ଜନ କରିଛି। ଶୀତଦିନେ ବରଫପାତ ସମୟରେ ଏହାର ସୌନ୍ଦର୍ଯ୍ୟ ବହୁତ ଉପଭୋଗ୍ୟ।

ଆର୍କଟେକ୍ ହେଲସିଙ୍କି ଜାହାଜ ବନ୍ଦର 'Arctek Shipyard':

ବସ୍‌ରେ ବସି ଚାଲିଲୁ ସମୁଦ୍ର କୂଳକୁ। ସମୁଦ୍ର ଏଠି ବହୁତ ସୁନ୍ଦର। ସ୍ଥିର ଲହରି। ଆମ ସମୁଦ୍ର ଭଳି ଏତେ ବଡ଼ ଢେଉ ଆସେନା। ଚାଲି ଚାଲି ସମୁଦ୍ର କୂଳରେ ପହଞ୍ଚିଲୁ "ଆର୍କଟେକ୍ ଜାହାଜ ବନ୍ଦର" ଭିତରକୁ। ଏହା ୧୮୬୫ ମସିହାରେ ବନ୍ଦର। ଏହି ବନ୍ଦରର ନୂଆ ନାଁ "ହେଲସିଙ୍କି ଜାହାଜ ବନ୍ଦର" ରଖାଯାଇଛି। ବିରାଟ ବିରାଟ ଜାହାଜ ସବୁ ଲଙ୍ଗର ପକାଇଥାନ୍ତି। ସମୁଦ୍ର ଭିତର ଜାହାଜରେ ଭର୍ତ୍ତି। ରାତି ୯ଟା ସମୟରେ ଯାଇଥିଲୁ। ଦିନ ତ ଦିନ, ଏଠି ସବୁବେଳେ ଦିନରାତି ହିଁ ଦିନ। ନାହିଁ ସୂର୍ଯ୍ୟାସ୍ତ। ସୁନ୍ଦର ଦିଶୁଥିଲା। ଏ ଜାଗାର ଦୃଶ୍ୟ ପାଣି ଉପରେ ନରମ ସୂର୍ଯ୍ୟକିରଣ, ଜାହାଜ ସବୁ ପ୍ରତିଫଳିତ ହୋଇ ଚମତ୍କାର ଦେଖାଯାଉଥାଏ। ଏହା ସହ ଏଠି ଜାହାଜ ନିର୍ମାଣ ଓ ମରାମତି କାରଖାନା ମଧ୍ୟ ଅଛି। ଅଳ୍ପ ସମୟ ପାଇଁ ଦେଖି ହୋଟେଲକୁ ଫେରି ଆସିଲୁ। ଦିନସାରା ଚାଲି ଚାଲି କ୍ଳାନ୍ତି ଅନୁଭବ କରୁଥିଲୁ, କେବଳ ଥଣ୍ଡା ପାଗ ଯୋଗୁ ରକ୍ଷା ମିଳିଥିଲା। ରାତ୍ରଭୋଜନ ଓ ନାଚଗୀତ ଆରମ୍ଭ ହୋଇଯାଇଥାଏ। ବାହାରେ ଭୀଷଣ ଥଣ୍ଡା ଥିବାରୁ ଥରିଯାଉଥାଉ। ରାତ୍ରଭୋଜନ ହଲ୍‌ରେ ପହଞ୍ଚି ଗରମ ଗରମ ସୁପ୍‌ରେ ନାଚଗୀତ ଉପଭୋଗ କଲୁ।

ସୁନ୍ଦର ନାଚର ଶୈଳୀ ରଙ୍ଗବେରଙ୍ଗ ତା'ର ଡ୍ରେସ୍ ପିନ୍ଧି ଫିନିସ୍ ନର୍ତ୍ତକୀମାନଙ୍କ ନାଚ ଉପଭୋଗ୍ୟ ଥିଲା। ଆଉ ମୋଟେ ଦୁଇଦିନ ବାକି ରହିଲା। ଆସନ୍ତାକାଲି ପ୍ରାୟ ସବୁ ସ୍ଥାନ ବୁଲିବାକୁ ହେବ। ତା' ପରଦିନ ମଧ୍ୟାହ୍ନ ଭୋଜନ ପରେ ସେଣ୍ଟପିଟର୍ସବର୍ଗ ଫେରିଯିବାକୁ ହେବ। ଯାଇ ହୋଟେଲରେ ବିଶ୍ରାମ ନେଲୁ। ସକାଳ ଚାରିଟାରେ ନିଦ ଭାଙ୍ଗିଲା। ଓ୍ୱେଟର ଠକ୍‌ଠକ୍ କରିବାରୁ ଜାଣିଲୁ ଚା' ପିଇବାର ସମୟ। ସକାଳର ଚା' ସେମାନେ "ରୁମ୍ ସର୍ଭିସ୍" କରୁଥିଲେ। ଚା' ପିଉ ପିଉ ଘରକଥା ମନେ ପଡୁଥାଏ। କେତେ ଗରମ ଓଡ଼ିଶାରେ ଆଉ ଏଠି ଆମେ ଥରିଯାଉଛୁ ଶୀତରେ। ପ୍ରକୃତିର ନିୟମ ସତେ। ସବୁଯାକ ସୌନ୍ଦର୍ଯ୍ୟ କ'ଣ ଏଇଠି ଭରିଦେଇଛି। ଏମିତି କେତେ କ'ଣ ଭାବୁ ଭାବୁ ଫୋନ୍ ଆସିଲା ଶୀଘ୍ର ବାହାରିବାକୁ।

ପାବ୍ଲୋ ନେରୁଦାଙ୍କ ବକ୍ତବ୍ୟ, ଖାଁୟବ୍‌ଙ୍କ ବକ୍ତବ୍ୟ ଓ ଶାନ୍ତି ସମ୍ମିଳନୀ:

ପ୍ରାତଃଭୋଜନ ପାଇଁ ଯାଇ ଡାଇନିଂ ହଲ୍‌ରେ ପହଞ୍ଚିଲା ବେଳକୁ ବହୁତ ଭିଡ଼। ସମ୍ମିଳନୀ ସରି ଆସୁଛି, ବୁଲିବାକୁ ଯିବାକୁ ହେବ। କେତେଜଣ ସକାଳର Conferenceକୁ ନ ଯାଇ ଦର୍ଶନୀୟ ସ୍ଥାନ ବୁଲିବାକୁ ଚାଲିଯାଉଥାନ୍ତି। ରମେଶ ଚନ୍ଦ୍ର ମହାଶୟଙ୍କ ସଙ୍ଗେ ଦେଖାହେଲା, ବହୁତ ଖୁସ୍ ମିଜାସ ଲୋକ, ସବୁ ପ୍ରଶ୍ନର ଉତ୍ତର ତାଙ୍କ ପାଖରେ, ମୁହଁରେ ତାଙ୍କର ସବୁ ପ୍ଲାନ୍ ଓ ପ୍ରୋଗ୍ରାମ୍, କିଏ କେତେବେଳେ କହିବେ ସବୁ ଖବର ତାଙ୍କ ଠାରୁ ମିଳେ। ସମସ୍ତଙ୍କର ପ୍ରିୟ ଅଧିକାଂଶ ବିଦେଶୀ ପ୍ରତିନିଧି ତାଙ୍କୁ ଜାଣନ୍ତି। ସେ ଅନ୍ତର୍ଜାତୀୟ ସମ୍ମିଳନୀର ସେକ୍ରେଟାରୀ ଜେନେରାଲ୍। କହିଲେ ଆଜି ସକାଳେ ବୁଲିବାକୁ ନ ଯାଇ Conferenceରେ ବସନ୍ତୁ। ଆଜି ଜଣେ ସୁବକ୍ତାଙ୍କୁ ଶୁଣନ୍ତୁ। ସେ ହେଉଛନ୍ତି ପାବ୍ଲୋ ନେରୁଦା, ଚିଲ୍ଲୀର ପ୍ରତିନିଧି। ତୁମେ ତାଙ୍କୁ ଶୁଣିବାକୁ ବହୁତ ଭଲପାଇବ, ଚମତ୍କାର ତାଙ୍କ ବକ୍ତବ୍ୟ। ଲଞ୍ଚ କରି ବୁଲିବାକୁ ଯା'ନ୍ତୁ। "ହାଉସ୍ ଅଫ୍ କଲ୍‌ଚର୍" ଚକାଚକ୍ ଭରିଯାଇଥାଏ। ପଛ ଆଡ଼କୁ ବସିଗଲୁ। ସବୁ ଭାରତୀୟ ପ୍ରତିନିଧି ପାଖାପାଖି ବସି ପାରିଲେ ନେରୁଦାଙ୍କ ବିଷୟରେ ଯିଏ ଯାହା ଜାଣେ କହୁଥିଲେ। ଆରମ୍ଭ ହେଲା ସମ୍ମିଳନୀ କାର୍ଯ୍ୟକ୍ରମ। ପରିଚୟ ପ୍ରଦାନ ପରେ ମଞ୍ଚାସୀନ ନେରୁଦା କହିବାକୁ ଠିଆହେଲେ। ତାଳିରେ ସ୍ୱାଗତ କରାଗଲା, କମ୍ପିଯାଉଥିଲା ହଲ୍‌ଟି। ଏତେ ଜନପ୍ରିୟ ସେ, ପାବ୍ଲୋ ନେରୁଦାଙ୍କ ଜନ୍ମ ଚିଲ୍ଲୀର ଏକ ସହରରେ ୧୯୦୪ ମସିହାରେ। ସାଣ୍ଟିଆଗୋଠୁଁ ୩୫୦ କି.ମି ଦୂରରେ ହୋଇଥିଲା। ତାଙ୍କର ବାପା ଜଣେ ସ୍କୁଲ ଶିକ୍ଷକ ଥିଲେ। ସ୍କୁଲ ପଢ଼ା ସମୟରେ ହିଁ ସେ କବିତା ଲେଖା ଆରମ୍ଭ କରି ଦେଇଥିଲେ। ତାଙ୍କ ବାପା କିନ୍ତୁ ଏସବୁ ଚାହୁଁ ନଥିଲେ, ନୋବେଲ୍ ପ୍ରାଇଜ୍ ବିଜେତା ଗାବ୍ରିଏଲ୍ ମିଷ୍ଟ୍ରାଲ୍ ଥିଲେ ତାଙ୍କର ଆଦର୍ଶ। ତାଙ୍କ ଦ୍ୱାରା ସେ ଅନୁପ୍ରାଣିତ ହୋଇ କବିତା ଲେଖିଲେ। ୧୬ ବର୍ଷ ବୟସରେ ସେ ସାଣ୍ଟିଆଗୋ ଯାଇ

ସେଠାରେ ଫରାସୀ ଭାଷା ଶିଖିଲେ। ଚିଲ୍ଲୀ ବିଶ୍ୱବିଦ୍ୟାଳୟରେ ସେ ଫରାସୀ ଭାଷାରେ ଉତ୍ତୀର୍ଣ୍ଣ ହୋଇ ଜଣେ ଶିକ୍ଷକ ହେବାକୁ ଭାବିଥିଲେ। ତାଙ୍କ କବିତା ପ୍ରତି ନିଶା ତାଙ୍କୁ କବି ଓ ଡିପ୍ଲୋମାଟ୍ କରିଦେଲା, ସେ ପ୍ରଥମେ ଚିଲ୍ଲୀ, ବାର୍ସିଲୋନା ଓ ମାଡ୍ରିଡ଼ାର କନ୍‌ସେଲ୍ ହୋଇ ଯୋଗଦେଲେ। ୧୯୩୬ ମସିହାରେ ମାଡ୍ରିଡରେ ଥିଲାବେଳେ ତାଙ୍କର ଛାଡ଼ପତ୍ର ହୋଇଯାଇଥିଲା। ପ୍ରଥମ ସ୍ତ୍ରୀ ଓ ତାଙ୍କର ଶିଶୁପୁତ୍ରଙ୍କ ଠାରୁ ସେ ବିଚ୍ଛେଦ ହୋଇଯାଇଥିଲେ। ତା'ପରେ ସେ ମେକ୍ସିକୋରେ ଡିପ୍ଲୋମାଟିକ୍ ନିଯୁକ୍ତି ପାଇଲେ। ସେଇଠାରେ ସେ ତାଙ୍କର ଦ୍ୱିତୀୟ ପତ୍ନୀ "ଡେଲ୍ କାରିଲ୍"ଙ୍କୁ ବିବାହ କରିଥିଲେ। ଶେଷ ଜୀବନ ପର୍ଯ୍ୟନ୍ତ କାରିଲ୍ ତାଙ୍କ ପାଖରେ ଥିଲେ। ସେ କମ୍ୟୁନିଷ୍ଟ ପାର୍ଟିର ଜଣେ ବଡ଼ ପ୍ରବକ୍ତା ଓ ପ୍ରଶଂସକ ଥିଲେ। ଲେନିନ୍‌ଙ୍କୁ ସିଏ "Great genious of 20th century", ବିଂଶ ଶତାବ୍ଦୀର ମହାନ୍ ଜନନାୟକ ଓ ମହାଜ୍ଞାନୀ ଲୋକ ବୋଲି କହିଥିଲେ। ୧୯୪୬ରେ ମଧ୍ୟ ସେ ମିଖାଇଲ୍ କାଲିନିନ୍‌ଙ୍କୁ ଏ ଶତାବ୍ଦୀର ମହାନ ପୁରୁଷ ବୋଲି ବକ୍ତବ୍ୟ ରଖିଥିଲେ। ତାଙ୍କର ଭାଷଣ ବହୁତ ଶକ୍ତିଶାଳୀ ଥିଲା। ତା'ପରେ ସେ ନିକିତା କୁଶ୍ଚେଭଙ୍କ ସମର୍ଥନ କରିଥିଲେ। ଷ୍ଟାଲିନ୍‌ଙ୍କ ବିଷୟରେ ସେ ଲେଖିଥିଲେ ଆମକୁ ଷ୍ଟାଲିନ୍ ଜଣେ ଆକ୍ରମଣକାରୀ ବୋଲି ଲାଗନ୍ତି। ଏପରିକି ହିଟ୍‌ଲରଙ୍କୁ ମଧ୍ୟ ଏଥିରେ ଟପିଗଲା ପରି ଲାଗେ। ଷ୍ଟାଲିନ୍‌ଙ୍କୁ ଏତେ ସମାଲୋଚନା କଲେ ମଧ୍ୟ ସେ କମ୍ୟୁନିଜମ୍‌କୁ ଭଲପାଉଥିଲେ। ତା'ପରେ ସେ ଚିଲ୍ଲୀର କମ୍ୟୁନିଷ୍ଟ ପାର୍ଟିରେ ଯୋଗ ଦେଲେ। ଏହା ମଧ୍ୟରେ ନେରୁଦା କବି ଭାବରେ ବିଶେଷ ଭାବେ ପରିଚିତ ହୋଇଗଲେ। ସେ କମ୍ୟୁନିଷ୍ଟ ହୋଇଥିବାରୁ ତାଙ୍କୁ ଆମେରିକାରେ ପ୍ରବେଶ କରିବାରେ କେତେକ କଟକଣା ଥିଲା। CIAର ତାଙ୍କ ଉପରେ ମଧ୍ୟ ନଜର ଥିଲା। ୧୯୭୦ ମସିହାରେ ସେ ଫ୍ରାନ୍‌ସରେ ଚିଲ୍ଲୀର ଆମ୍ବାସାଡର ହୋଇଥିଲେ। ୧୯୭୧ ମସିହାରେ ସେ ସାହିତ୍ୟରେ ନୋବେଲ ପ୍ରାଇଜ ପାଇଥିଲେ। ୧୯୭୩ ମସିହା ସେପ୍ଟେମ୍ବର ୨୩ ତାରିଖରେ ତାଙ୍କ ମୃତ୍ୟୁ ହୋଇଥିଲା ସାଣ୍ଟିଆଗୋରେ। ତାଙ୍କର ମୃତ୍ୟୁ କାରଣ ଏକ ରହସ୍ୟ ହୋଇ ରହିଗଲା। ଏହି ମହାନ କବି ଓ କମ୍ୟୁନିଷ୍ଟ ପାର୍ଟିର ନାୟକଙ୍କ ଭାଷଣରେ ଥିଲା ଅନୁଭୂତିର ସ୍ୱର, ବିଶ୍ୱଶାନ୍ତି ପାଇଁ କାନ୍ଦର ଲହର। ହସି ହସି କହୁଥିଲେ ଶାନ୍ତି ପାଇଁ କ'ଣ କରାଯାଇ ପାରିବ। ସମସ୍ତଙ୍କ ଉତ୍ସାହ ଓ ଉଦ୍ଦୀପନାରେ ଭରି ଦେଉଥିଲେ। ତାଙ୍କର ଭାଷଣ ଥିଲା ବହୁତ ଶକ୍ତିଶାଳୀ, ଏକ ସଂଗ୍ରାମୀର ସ୍ୱର, ଏକ ଶାନ୍ତିପ୍ରିୟ କବିର ମନ ଏବଂ ସବୁ କିଛି ଅଙ୍ଗେ ନିଭାଇଥିବା ଏକ ସ୍ପଷ୍ଟବାଦୀର ଆଭିମୁଖ୍ୟ, ଅତି ସୁନ୍ଦର ଭାଷଣ, ଏଭଳି ବକ୍ତବ୍ୟ ଯେ ଜୀବନରେ ଶୁଣିବାକୁ ମିଳିଲା। ବହୁତ ଉତ୍‌ଫୁଲ୍ଲିତ ଲାଗିଲା। ଲମ୍ବା କରତାଳିରେ ଶେଷ ହେଲା ନେରୁଦାଙ୍କ ଭାଷଣ। ଏ ଭାଷଣ ପରେ ମଧ୍ୟାହ୍ନ ଭୋଜନ ତା'ପରେ ଦର୍ଶନୀୟ ସ୍ଥାନ ଦେଖିବାକୁ ଯିବାକୁ ହେବ। ପ୍ରଥମେ ପହଞ୍ଚିଲୁ ଫିନିସ୍ ମ୍ୟୁଜିୟମ୍

ଅଫ ନାଚୁରାଲ୍ ହିଷ୍ଟୋରୀ। ଏଠାରେ ସବୁ ପ୍ରକାର ପଶୁ, ପକ୍ଷୀଙ୍କର କଙ୍କାଳ, କେଉଁ ଯୁଗର ହାଡ଼, କଙ୍କାଳ, ପଥର ପାଲଟି ଯାଇଥିବା ଗଛ, ନିଶ୍ଚିହ୍ନ ହୋଇଯାଇଥିବା ପ୍ରାଣୀଙ୍କ କଙ୍କାଳ, ବହୁତ ବଡ଼ ମ୍ୟୁଜିୟମ୍ ଏକ ଘଣ୍ଟାରେ ଶେଷ କରି ଚାଲିଲୁ।

ଫିନ୍‌ଲ୍ୟାଣ୍ଡ୍ ନାସ୍‌ନାଲ୍ ମ୍ୟୁଜିୟମ୍:

ଏହି ସଂଗ୍ରହାଳୟଟି ହେଲସିଙ୍କି ମଧ୍ୟଭାଗରେ ଅବସ୍ଥିତ। ପ୍ରାଚୀନ ପ୍ରସ୍ତର ଯୁଗରୁ ଆରମ୍ଭ କରି ଆଜି ପର୍ଯ୍ୟନ୍ତ ସମସ୍ତ ଇତିହାସ ଏଠାରେ ଅଛି। ଏହା ଛ ମହଲା ବିଶିଷ୍ଟ ଏକ ଆକର୍ଷଣୀୟ ଅଟ୍ଟାଳିକା। ଏଇ ସଂଗ୍ରହାଳୟରେ ୬ଟି ଭାଗ ଅଛି। ପ୍ରତି ମହଲାରେ ପ୍ରାୟ ଏକ ଏକ ପ୍ରକାର ପ୍ରଦର୍ଶିତ ହୋଇଛି। (୧) ମୁଦ୍ରା ଓ ମେଡାଲ୍ (୨) ଯୁଦ୍ଧ ଯନ୍ତ୍ରପାତି, ଅସ୍ତ୍ରଶସ୍ତ୍ର ଓ ଯୁଦ୍ଧରେ ବ୍ୟବହାର ସମସ୍ତ, (୩) Archeological Exhibition (୪) ମଧ୍ୟଯୁଗର ଜିନିଷପତ୍ରର ପ୍ରଦର୍ଶନ (୫) Folk Cotton (୬) ଲୋକସଂସ୍କୃତି ପ୍ରଦର୍ଶନ (୮) ଗ୍ରାମ୍ୟଜୀବନ (୬) କ୍ରମାଗତ Industrialisationର ଇତିହାସ।

ଏସବୁ ଜିନିଷ ଦେଖିବାକୁ ବହୁତ ସମୟ ଲାଗିଥାନ୍ତା। ପ୍ରାୟ ୧୦-୧୨ ଘଣ୍ଟାର କାମ, ଆମେ ନିଜ ନିଜକୁ ଭଲ ଲାଗୁଥିବା ଜାଗାକୁ ଯାଇ ଯିଏ ମନକୁ ପାଇଲା ତାକୁ ଦେଖି ତା' ପାଖରେ ଲେଖା ଥିବା ଇତିହାସ ବିଷୟରେ ପଢ଼ିନେଲୁ। ଯୁଦ୍ଧ ଯନ୍ତ୍ରପାତି, ଅସ୍ତ୍ରଶସ୍ତ୍ର ଖ୍ରୀଷ୍ଟଜନ୍ମ ପୂର୍ବରୁ ଏ ପର୍ଯ୍ୟନ୍ତର ଇତିହାସ ବହୁତ ଲମ୍ବା। ବିଭିନ୍ନ ପ୍ରକାର ମୁଦ୍ରା ଦେଖିଲୁ, ମୁଦ୍ରାର ଉତ୍ପତିର ଇତିହାସ ଏପର୍ଯ୍ୟନ୍ତ ତା'ର ଇତିହାସ ଲେଖାଅଛି। ମଧ୍ୟଯୁଗୀୟ ରାଜାଙ୍କର ଡ୍ରେସ୍, ତାଙ୍କର ଆସବାବପତ୍ରର ପ୍ରଦର୍ଶନୀ ବହୁତ ସୁନ୍ଦର ଥିଲା। ଲୋକସଂସ୍କୃତି ଓ ତାଙ୍କର ଗ୍ରାମ୍ୟଚରିତ୍ର, ଜୀବନଶୈଳୀ ମଧ୍ୟ ଦେଖିବାକୁ ପାଇଲୁ। ଶୀତ ଦେଶ ହୋଇଥିବାରୁ ଆମ ଜୀବନଶୈଳୀ ସାଙ୍ଗରେ କିଛି ସଂପର୍କ ନଥିଲା। ଜାହାଜ ଯାତ୍ରା ଓ ଯୁଗେ ଯୁଗେ ଫିନିସ୍ ଫିନ୍‌ଲ୍ୟାଣ୍ଡ୍ ଅଧିବାସୀଙ୍କ ବାଣିଜ୍ୟ ବ୍ୟବସାୟ ସମୁଦ୍ର ପାଇଁ ହିଁ ସମ୍ଭବ ହୋଇଛି। ବହୁତ ସମୃଦ୍ଧ ଏମାନଙ୍କର ଇତିହାସ, ଉନ୍ନତ ଏମାନଙ୍କ ଜୀବନଶୈଳୀ, ଭିନ୍ନ ଏମାନଙ୍କ ବଞ୍ଚିବାର ଠାଣି। ଅନ୍ୟ ଏକ ସଂସ୍କୃତି ସହ ଭଲ ଭାବରେ ପରିଚିତ ହେବାକୁ ହେଲେ ଏଭଳି ସଂଗ୍ରହାଳୟ ରହିବା ନିହାତି ଦରକାର। ଏହା ଦେଶର ସଂସ୍କୃତିର ପ୍ରଚାର କେନ୍ଦ୍ର। ଯାହାହେଉ ସଂଗ୍ରହାଳୟ ପରେ କ୍ଲାନ୍ତ ଲାଗୁଥାଏ। ଆସନ୍ତାକାଲି ଶେଷ ସମ୍ମିଳନୀ। ସମ୍ମିଳନୀର "ଅନ୍ତିମ ପର୍ବ" ବା Valediction ଫଙ୍କସନ୍ କେମିତି ହେବ ଦେଖିବାକୁ ଭୀଷଣ ଇଚ୍ଛା। ରାତ୍ରଭୋଜନ ପାଇଁ ପହଞ୍ଚିଲୁ। ସାରାଦିନ ବୁଲାବୁଲିର କ୍ଳାନ୍ତି ଓ ବ୍ୟସ୍ତତା ପରେ ସନ୍ଧ୍ୟା ସମୟ ନାଚଗୀତ ଓ ଖାଦ୍ୟ ପାନୀୟ ଥିଲା ବହୁତ ଆକର୍ଷଣୀୟ, ଆମୋଦ ପ୍ରମୋଦ, ଖାଦ୍ୟ, ପାନୀୟ ରହିବାରେ କୌଣସି ଅବହେଳା ନଥିଲା। ଠିକ୍ ସମୟରେ ସବୁ ଜିନିଷ ହୋଇଯାଉଥିଲା। କେତେ ନିୟମପ୍ରିୟ ସେମାନେ, କେତେ

ସମୟ ଅନୁରାଗୀ ସମୟ ଅନୁସାରେ ହିଁ ସବୁ ହେଉଥିଲା। ରାତ୍ରଭୋଜନ ଗପସପ ଏହା ମଧ୍ୟରେ ସନ୍ଧ୍ୟା କଟିଯାଉଥିଲା। ତା'ପରେ ଚାଲିଲୁ ହୋଟେଲ କକ୍ଷକୁ ବିଶ୍ରାମ ପାଇଁ।

ହେଲସିଙ୍କିରେ ଶେଷଦିନ:

୧୬ ତାରିଖ ଜୁଲାଇ ୧୯୬୫ ମସିହା। ସକାଳୁ ଚା' ପିଇ ଅଳ୍ପ ସମୟ ପାଇ ପ୍ରାତଃଭ୍ରମଣ କାମ ସାରିଦେଲୁ। ବାହାରେ ବହୁତ ଥଣ୍ଡା। ହୋଟେଲର ଲବି ପାଖରେ ଚା' କଫିର ମଧ୍ୟ ବନ୍ଦୋବସ୍ତ ଥାଏ। ବୁଲିଆସି ଲବିରେ ବସି ଆଉଥରେ କଫି କପ୍‌ଟିଏ ଖାଇ ଉପରକୁ ସଜବାଜ ହେବାକୁ। ସବୁ ଜିନିଷପତ୍ର ସଜଡ଼ା ସଜଡ଼ି କରି ଦେଖିନେଲୁ କାଳେ କ'ଣ ରହିଯିବ। ସମ୍ମିଳନୀର ଅନ୍ତିମପର୍ବ ଓ ମଧ୍ୟାହ୍ନ ଭୋଜନ ସେଇଠି ସାରି ଆମକୁ ହୋଟେଲ "ଚେକ୍‌ଆଉଟ୍" ହେବାକୁ ପଡ଼ିବ, ଏଣୁ ସବୁ ବ୍ୟାଗ୍‌ପତ୍ର ଦେଖିନେଇ ତଳକୁ ଆସିଲୁ ପ୍ରାତଃଭୋଜନ ପାଇଁ। ସବୁଦିନ କିଛି ନୂଆ ନୂଆ "ମେନୁ" ବା ଖାଦ୍ୟପଦାର୍ଥ ଥାଏ, ଆଜି ଥିଲା ଭାରତୀୟ ଇଡ୍‌ଲି ଓ ଉପମା, ଦକ୍ଷିଣ ଭାରତୀୟ ଖାନା ପାଇ ଆମ ଆନ୍ଧ୍ର ଏମ୍.ପି. ମହାଶୟ ବହୁତ ଖୁସି ଥା'ନ୍ତି। ତା' ସାଙ୍ଗରେ ଆମେ ସବୁ ସାମିଲ ହୋଇ ଇଟିଲି ଉପମାର ପ୍ରଶଂସା ଶୁଣିଲୁ। ସବୁ ଦେଶରୁ ଜଣେ ଜଣେ ରୋଷେୟା କୁଆଡ଼େ ଆମ ପ୍ରତିନିଧି ଦଳରେ ଥିଲେ, ଏଣୁ ଉତ୍ତର ଭାରତ, ଦକ୍ଷିଣ ଭାରତ ଓ ଅନ୍ୟ କେତେକ ଖାଦ୍ୟ ଆମେ ଖାଇବାକୁ ପାଉଥିଲୁ। ପ୍ରାତଃଭୋଜନ ପରେ ବସ୍‌ରେ ବସିଲୁ "ହାଉସ୍ ଅଫ୍ କଲ୍‌ଚର୍" ଯିବାକୁ। ଆଜିର ସାଜସଜ୍ଜା ଥିଲା ଅପୂର୍ବ। ସମସ୍ତ ହାଉସ୍ ଅଫ୍ କଲ୍‌ଚର ବାହାରୁ ଉପର ପର୍ଯ୍ୟନ୍ତ ସବୁ ଗଲାରେ ସାଜସଜ୍ଜା। Valedictory Function ହେବ ସମ୍ମିଳନୀ ଶେଷ ବକ୍ତବ୍ୟ ପରେ। ପ୍ରେସିଡେଣ୍ଟ୍ କହିଲେ, ଡିସ୍‌ଆର୍‌ମାମେଣ୍ଟ (ନିରସ୍ତ୍ରୀକରଣ) ଉପରେ। ତା'ପରେ ସେଲିବ୍ରେସନ୍ ଦିନ ୧୨ଟାରୁ ୩ଟା ପର୍ଯ୍ୟନ୍ତ ଚାଲିଲା ବିଦାୟକାଳୀନ ଖାଦ୍ୟ ଓ ପାନୀୟର ମଜା ଓ ସେଠିକାର ନାଚ। ଦିନ ୪ଟା ବେଳକୁ ହୋଟେଲରୁ ଚେକ୍‌ଆଉଟ୍ କରି, ନିଜ ନିଜର ଲଗେଜ୍ ଲବିରେ ରଖି ଅପେକ୍ଷା କଲୁ ବସ୍‌ରେ ହେଲସିଙ୍କି ଷ୍ଟେସନ୍ ଯିବା ପାଇଁ। ବସ୍‌ରେ ବସି ହେଲସିଙ୍କି ରେଳ ଷ୍ଟେସନ୍‌ରେ ଜାପାନୀ ନାଚର ବ୍ୟବସ୍ଥା ହୋଇଥିଲା। ବିଦାୟ ହୋଇଥିଲା ବହୁତ ଅଶ୍ଳୁଳ, କେତେ ଆତ୍ମୀୟତା ବଢ଼ି ଯାଇଥିଲା ହେଲସିଙ୍କି ସହ। ଏମିତି ରାଜକୀୟ କାଇଦା ମଧ୍ୟରେ ପୁଣି ଯେ ବିଶ୍ୱର କୌଣସି ସ୍ଥାନକୁ ଯିବା ଏହା ଭାବି ପାରୁନଥିଲି। ନିଜ ନିଜର ଜିନିଷ ନେଇ ଟ୍ରେନ୍‌ରେ ବସିଲୁ। ସକାଳୁ ସକାଳୁ ଓହ୍ଲାଇଲୁ ସେଣ୍ଟ ପିଟର୍ସବର୍ଗ। ସଙ୍ଗେ ସଙ୍ଗେ ବସ୍‌ରେ ବସି ହୋଟେଲ ଅଭିମୁଖେ ଚାଲିଲୁ। ପୁଣି ପିଟର୍ସବର୍ଗ ଦୁଇଦିନ ରହଣୀ ୧୭ ଜୁଲାଇ ଓ ୧୮ ଜୁଲାଇ ୧୯ ରାତିରେ ଯିବୁ ମସ୍କୋ। ପ୍ରାତଃଭୋଜନ ସାରି ଆମେ ବୁଲିବାକୁ। ବୁଲିବା ନିଶା ବହୁତ ଥାଏ। ଆମେ ପ୍ରଥମେ ଗଲୁ "ଉଇଣ୍ଟର ପାଲେସ୍।"

ରାଜା ପିଟର୍ସବର୍ଗଙ୍କ ଶୀତନିବାସ ବହୁତ ଗୁଡ଼ିଏ, ସାଜସଜ୍ଜା ଭରା ଫୁଲଭରା ଲନ୍। କୃତ୍ରିମ ଝରଣା, ସୌନ୍ଦର୍ଯ୍ୟରେ ଏ ଜାଗା ପରିପୂର୍ଣ୍ଣ। ବହୁତ ସମୟ ଲାଗିଲା, ପାଖରେ ଲଞ୍ଚ୍ ଖାଇ ଗଲୁ ପିଟର୍ସ ସ୍କୋୟାର ଏବଂ ବୁଲାବୁଲି ଓ ରାତି ଅନିଦ୍ରାରେ ଶୀଘ୍ର ରାତ୍ରିଭୋଜନ ସାରି କାଲିକୁ ଅପେକ୍ଷା ଫେରିବାର ଦ୍ୱିତୀୟ ଦିନ ଅର୍ଥାତ୍ ୧୮ ଜୁଲାଇରେ ଗଲୁ ସମର ପାଲେସ୍। ସମର ପାଲେସ୍ ରାଜା ପିଟର ଦି ଗ୍ରେଟ୍‌ଙ୍କର ଗ୍ରୀଷ୍ମନିବାସ। ବହୁତ ସୁନ୍ଦର ବିରାଟକାୟ ସବୁ। ବୁଲିବାକୁ ୩-୪ ଘଣ୍ଟା ଲାଗିଲା। ସୁନାର ମଣିଷ ମୂର୍ତ୍ତି ବିଭିନ୍ନ ଭଙ୍ଗୀରେ ଦଣ୍ଡାୟମାନ, କୃତ୍ରିମ ଝରଣା, ପାଲେସ୍ ମଧ୍ୟ ରାଜା ପିଟରଙ୍କ ବିଭିନ୍ନ ସ୍ମୃତିମୟ ପଦାର୍ଥ ରକ୍ଷଣାବେକ୍ଷଣ ସହ ପ୍ରଦର୍ଶିତ ହୋଇଛି। ଚମତ୍କାର ଏ ରାଜପ୍ରାସାଦ। ପିଟର ପ୍ରକୃତରେ ଗ୍ରେଟ୍ ଥିଲେ। ଏଇ ଦୁଇଟି ରାଜପ୍ରାସାଦ କହିଯାଏ ସେ କେମିତିକା ରାଜା ଥିବେ। ହେ ଗ୍ରେଟ୍ ପିଟର! ତୁମକୁ ଆମର ସହସ୍ର ପ୍ରଣାମ, ତମେ ତୁମର ରାଜପ୍ରାସାଦକୁ ସ୍ୱର୍ଗଠୁ ସୁନ୍ଦର କରିଛ।

ସପିଙ୍ଗ୍ କରିବାକୁ ଉପରବେଳା ରଖଯାଇଥିଲା। ତେଣୁ ସପିଙ୍ଗ ମଲ୍‌କୁ ଯାଇ କିଏ କେମିତି ସ୍ମୃତି ଓ ଉପହାରମାନ କିଣି ଶୀଘ୍ର ହୋଟେଲ ଫେରି ଆସିଲୁ। କାଲି ସକାଳୁ ସକାଳୁ ମସ୍କୋ ଯିବାକୁ ହେବ। ସେଠି କେତେ ଦିନ ଜାଣିନଥିଲୁ। ସକାଳୁ ଉଠି ନିତ୍ୟକର୍ମ ସାରି ସେଣ୍ଟପିଟର୍ସବର୍ଗ ଷ୍ଟେସନ୍ ଅଭିମୁଖେ ଚାଲିଲୁ। ସନ୍ଧ୍ୟା ସୁଦ୍ଧା ମସ୍କୋ ପହଞ୍ଚି ସିଧା ହୋଟେଲ ଚାଲିଗଲୁ। ହୋଟେଲରେ ଖାଇପିଇ ଆରାମ କଲୁ। ସକାଳୁ ସକାଳୁ ଉଠିବା ପାଇଁ ଟେଲିଫୋନ୍ ବାଜିବା ସହ ବତାଇ ଦିଆଗଲା ଆଉ ଥରେ ରେଡ୍ ସ୍କୋୟାର, ଲେନିନ୍‌ଗ୍ରାଡ୍ ବୁଲିବାର ବନ୍ଦୋବସ୍ତ ଓ ରାତ୍ରଭୋଜି "ଭାରତୀୟ ରାଷ୍ଟ୍ରଦୂତ" ଟି.ଏନ୍.କାଉଲ୍ ଦେବ୍ ଭାରତୀୟ ଦୂତାବାସରେ। ସେଇ ଅନୁସାରେ ଟିକେ ଡେରିରେ ସକାଳ ଭୋଜନ ଭଲରେ ଖାଇ ବସ୍‌ରେ ବସି ପଡ଼ିଲୁ। ରେଡ୍ ସ୍କୋୟାର୍ ଓ କ୍ରେମ୍‌ଲିନ୍ ବିଷୟ ଆଗରୁ କୁହାଯାଇଛି। ବୁଲିଲୁ ବହୁତ ଉପଭୋଗ କଲୁ। ମଧ୍ୟାହ୍ନ ଭୋଜନ ପାଇଁ ବସ୍‌ରେ କୌଣସି ଏକ ପାଖ ହୋଟେଲରେ ଖାଇଲୁ। Moscow Exhibition ଦେଖିଲୁ, Space pavition ସୁନ୍ଦର ହୋଇଥିଲା, ପ୍ରଥମ ମହାକାଶଜାନ ସ୍ପଟନିକ ଦେଖିବାର ସୁଯୋଗ ପାଇଲୁ। ସନ୍ଧ୍ୟା ୭ଟା ବେଳକୁ ପହଞ୍ଚିଲୁ ଭାରତୀୟ ଦୂତାବାସ। ଦୂତାବାସରେ ସୁନ୍ଦର ଆୟୋଜନ, ୧୦୦ ଜଣ ଭାରତୀୟ ଅତିଥି ଓ ଅନ୍ୟାନ୍ୟ ବହୁତ ଭାରତୀୟ ଅଫିସର ଓ କର୍ମଚାରୀ। ଟି.ଏନ୍.କାଉଲଙ୍କର କ୍ଷୁଦ୍ର ସମ୍ବୋଧନ ପରେ, ଉପଭୋଗ କରନ୍ତୁ କହି ଚାଲିଗଲେ, କ୍ରମେ ଆମେ ଏକଜୁଟ ହୋଇ ଗପମଜାରେ ମଜ୍ଜିଗଲୁ। କ'ଣ ହେଇଛି ଏ ଋଷିଆର ଗଳିକନ୍ଦି ଓ ସହରର ମଫସଲ, ସୁନ୍ଦରତା ସବୁ ଏଇଠି ଅଜାଡ଼ି ହୋଇପଡ଼ିଛି।

ଏଠି ଲାଗିଲା ଆମେ ଭାରତରେ ବୋଧେ ଗୋଟିଏ ଘରେ ଆମେ ଭାରତୀୟ,

ନିମନ୍ତ୍ରଣ କରିଛନ୍ତି ରାଷ୍ଟ୍ରଦୂତ, ବହୁତ ଆନନ୍ଦ ଉପଭୋଗ କରି ରାତି ୧୧ଟାରେ ହୋଟେଲ ଫେରିଲୁ। ମସ୍କୋସ୍ଥିତ ଭାରତୀୟ ଦୂତାବାସର "ରାତ୍ରଭୋଜି" ଏପର୍ଯ୍ୟନ୍ତ ଭୁଲିପାରିନୁ।

ତା'ପର ଦିନ ସକାଳୁ ପୁଣି ଗଲୁ ମସ୍କୋରୁ କିଛି ଦୂର ଗ୍ରାମୀଣ ପରିବେଶ ଓ ସମୁଦ୍ର କୂଳରେ "ଜାହାଜ ବନ୍ଦର" ଦେଖିଲୁ। ଜାହାଜ ଗୁଡ଼ିକ ସମୁଦ୍ର ମଧ୍ୟରେ ଯିବାଆସିବାର ଦୃଶ୍ୟ ଓ ଲଙ୍ଗର ପକାଇ ରହିଥିବା ଦୃଶ୍ୟ ଅତ୍ୟନ୍ତ ମନୋରମ ଖରାବେଳର। ଭୋଜନ ସାରି ଋଷର ଏକ ଭଲ ହସ୍ପିଟାଲକୁ ଯିବାକୁ। ଚିକିତ୍ସା ବିଜ୍ଞାନ ଓ ପଦ୍ଧତି କେମିତି ଉନ୍ନତି କରିଛି ତାହା ବୋଧେ ଦେଖାଇବା ତାଙ୍କ ଉଦ୍ଦେଶ୍ୟ ଥିଲା। ମାତ୍ର ଏଥି ସଙ୍ଗେ ସଙ୍ଗେ ସେମାନେ ଆମକୁ ପୂରାପୂରି ଭଲ ଚେକ୍ଅପ୍ କଲେ। ଋଷର ଡାକ୍ତରମାନେ ଇଂରାଜୀ ଭାଷାରେ କହୁଥାନ୍ତି। ସ୍ୱାସ୍ଥ୍ୟପରୀକ୍ଷା ସଙ୍ଗେ ରକ୍ତପରୀକ୍ଷା, ଇ.ସି.ଜି. ଇତ୍ୟାଦି ଅନ୍ୟାନ୍ୟ ପରୀକ୍ଷା କରି ଆମ ହାତରେ ରିପୋର୍ଟ ଧରାଇ ଦେଲେ। ଯାହା ହେଉ ବିଦେଶରେ ସ୍ୱାସ୍ଥ୍ୟ ଓ ସଂପୂର୍ଣ୍ଣ ରକ୍ତ ଓ ହୃଦୟର ପରୀକ୍ଷା ମଧ୍ୟ ହୋଇଗଲା। ଏସବୁ ସରୁ ସରୁ ପ୍ରାୟ ସନ୍ଧ୍ୟା ୭ଟା। ହୋଟେଲରେ ଯାଇ ରାତ୍ରଭୋଜନ ପରେ ବିଶ୍ରାମ ନିଆଗଲା। କାଲି ସକାଳୁ ବିମାନ ଯୋଗେ ମସ୍କୋରୁ କାବୁଲ ଯିବୁ।

୨୨ଜୁଲାଇ, ପୁଣି ସକାଳୁ ବ୍ୟାଗପତ୍ର ସଜାଡ଼ି, ଆଉଥରେ ପ୍ୟାକିଂ କରି ରଖିଦେଇ ପ୍ରାତଃଭୋଜନ କରିବାକୁ ଗଲୁ। ୨ଟାରେ ବିମାନ ଯାତ୍ରା, ଚେକ୍ ଆଉଟ୍ ହୋଇ ୯ଟା ସୁଦ୍ଧା ଆମେ ଯାଇ ମସ୍କୋ ବିମାନ ବନ୍ଦରରେ ପହଞ୍ଚିଲୁ। ବୋର୍ଡିଂ ପାସ୍ ଆମ ହାତରେ ଧରାଇ ଦିଆଗଲା। ନିଜ ଲଗେଜ୍ ନିଜେ ନେଇ ରସିଦ ଆଣି ଟିକେଟ୍‌ରେ ଲଗାଇଲୁ। ଇମିଗ୍ରେସନ୍ ଓ ସିକ୍ୟୁରିଟି ବ୍ୟବସ୍ଥା ପରେ ବିମାନ ବନ୍ଦର ୧ ନଂ. ଟର୍ମିନାଲ୍ ବିମାନ ଛାଡ଼ିବାର ଗେଟ୍ ମୁହଁରେ ଅପେକ୍ଷା କଲୁ। ମସ୍କୋଠାରୁ ସବୁ ସ୍ନେହ ମମତା ତୁଟାଇ ବସିଲୁ ଆଫଗାନୀ ବିମାନରେ। ଏହା ଆଫଗାନୀସ୍ତାନ ଯିବ ତା'ପରେ ଦିଲ୍ଲୀ। ବହୁତ ଦିନ ପରେ ଦେଶକୁ ଫେରୁଛୁ, ତେଣୁ ମନରେ ଉତ୍କଣ୍ଠା ରହିଯାଇଥାଏ।

ଦିନ ୩ଟା ବେଳକୁ ଆମେ ଆସି ପହଞ୍ଚିଲୁ କାନ୍ଦାହାରରେ। କାନ୍ଦାହରରେ ଥିବା ଖାନ ଅବଦୁଲ୍ ଗଫର୍ ଖାଁଙ୍କ ସହ ଦେଖା କରିବାର ବନ୍ଦୋବସ୍ତ ହୋଇଥାଏ। ଆମେ କାନ୍ଦାହାରରେ ପହଞ୍ଚିଲା ପୂର୍ବରୁ ଘୋଷଣା କରାଗଲା ବିମାନଟି କାନ୍ଦାହାରରେ ରହିବ ଏବଂ ସେଠାରେ ସୀମାନ୍ତ ଗାନ୍ଧୀ ଖାନ ଅବଦୁଲ ଗଫର୍ ଖାଁଙ୍କୁ ସାକ୍ଷାତ କରିବାକୁ ପ୍ରତିନିଧିମାନେ ଯିବେ, କାନ୍ଦାହାର ବିମାନ ବନ୍ଦରରେ ବିମାନ ଅବତରଣ କଲା। ଆମର ଜିନିଷପତ୍ର ସବୁ ବିମାନ ମଧ୍ୟରେ ରହିଲା, କାରଣ ତାହା ଥିଲା 'Charted plane' ସ୍ୱତନ୍ତ୍ର ବିମାନ କେବଳ ପ୍ରତିନିଧିମାନଙ୍କ ପାଇଁ ଉଦ୍ଦିଷ୍ଟ, ସାଙ୍ଗରେ ଥାନ୍ତି ଟି.ଏନ୍. କାଉଲ ସାହେବ ମସ୍କୋରୁ ଦିଲ୍ଲୀ ଯାଉଥାନ୍ତି ଆମ ସାଙ୍ଗରେ।

ସୀମାନ୍ତ ଗାନ୍ଧୀ ଓ ଆମେ - 'ଶାନ୍ତି ପାଇଁ ଲୁହ'

ନିବିଡ଼ ଏ ବାହୁବନ୍ଧନ ! ଅଳ୍ପ ସମୟ ମଧ୍ୟରେ ସମସ୍ତେ ପ୍ରସ୍ତୁତ ହୋଇ ବସିପଡ଼ିଲେ ବସ୍‌ରେ । ଯିବା ପାଇଁ ଖାଁ ଅବଦୁଲ ଗଫର୍ ଖାଁ ବା ବାଦ୍‌ଶାହ ଖାଁଙ୍କୁ ଭାରତୀୟ ସ୍ୱାଧୀନତା ସଂଗ୍ରାମରେ ଜଣେ ମୁଖ୍ୟ ସାରଥି ଥିଲେ ବାଦ୍‌ଶାହ ଖାଁ । ଗାନ୍ଧୀଙ୍କୁ ସେ ବହୁତ ସମ୍ମାନ ଦେଉଥିଲେ । ଗାନ୍ଧୀ ତାଙ୍କୁ ବହୁତ ଶ୍ରଦ୍ଧା କରୁଥିଲେ । ଭାରତୀୟ ସ୍ୱାଧିନତା ସଂଗ୍ରାମ ପାଇଁ ସେ ବହୁବାର ଜେଲ୍ ଯାଇଥିଲେ । ଲବଣ ସତ୍ୟାଗ୍ରହରେ ସେ ଥିଲେ ଗାନ୍ଧୀଙ୍କ ସଙ୍ଗରେ । ଭାରତର ସ୍ୱାଧୀନତା ସମୟରେ ସେ ଅଲ୍ ଇଣ୍ଡିଆ ମୁସ୍‌ଲିମ୍ ଲିଗ୍‌ର ଭାରତକୁ ଦ୍ୱି-ଭାଗ କରି ପାକିସ୍ତାନ କରିବାର ଦାବିକୁ ସେ ବିରୋଧ କରୁଥିଲେ । ଭାରତୀୟ ଜାତୀୟ କଂଗ୍ରେସର ସିଏ ଥିଲେ ଜଣେ ଟାଣୁଆ ନେତା, ୧୯୩୧ରେ ତାଙ୍କୁ ଏହାର ପ୍ରେସିଡେଣ୍ଟ୍ ପାଇଁ କୁହାଯାଇଥିଲା, ମାତ୍ର ସେ ମନା କରିଦେଇଥିଲେ । ଦେଶ ସ୍ୱାଧୀନ ପରେ ସେ ଚାହୁଁନଥିଲେ ମଧ୍ୟ ଅନେକ ପାସ୍ତୁନ ପାକିସ୍ତାନ ପାଇଁ ଇଚ୍ଛୁକ ଥିବାରୁ ସେ ପାସ୍ତୁନମାନଙ୍କ ପାଇଁ ପାକିସ୍ତାନରେ ରହିଗଲେ । ବାଦ୍‌ଶାହ ଖାଁ ୧୯୪୮ରେ ପାକିସ୍ତାନ ଆସେମ୍ବ୍ଲିରେ ସଭ୍ୟ ହୋଇଥିଲେ, ତା'ପରେ ସେ ପାକିସ୍ତାନ ଆଜାଦ ପାର୍ଟି ଗଢ଼ି ବିରୋଧି ଦଳର ମୁଖ୍ୟ ହେଲେ । ୧୯୪୮ ରୁ ୧୯୫୬ ମଧ୍ୟରେ ସେ ବାରମ୍ବାର ଜେଲ ଯାଇଛନ୍ତି । ଜିଆଉଲ୍ ହକ୍ ସମୟରେ ସେ ପୁଣି ଜେଲ୍ ଗଲେ । ୧୯୮୫ ଭାରତୀୟ ଜାତୀୟ କଂଗ୍ରେସ ୧୦୦ ବର୍ଷ ପୂର୍ତ୍ତିରେ ତାଙ୍କୁ ଭାରତ ନିମନ୍ତ୍ରଣ କରାଯାଇ ଅନ୍ତର୍ଜାତୀୟ ବୁଝାମଣା ପାଇଁ ନେହେରୁ ସମ୍ମାନ ଦିଆଯାଇଥିଲା । ୧୯୮୪ରେ ତାଙ୍କୁ ନୋବେଲ୍ ପୁରସ୍କାର ପାଇଁ ମନୋନୀତ ହୋଇଥିଲେ ଏବଂ ୧୯୮୭ରେ ତାଙ୍କୁ ଭାରତରତ୍ନ ଉପାଧିରେ ଭୂଷିତ କରାଗଲା ।

ଏହି ମହାନ ଭାରତପ୍ରେମୀ ଶାନ୍ତି ପାଇଁ ଏତେ କାମ କରିଥିଲେ ଯେ ତାଙ୍କୁ ଦେଖା ନକରି ଭାରତ ଫେରିବା ବୋଧେ ଭାରତ ସରକାର ଚାହୁଁ ନଥିଲେ । ଯାଇ ପହଞ୍ଚିଲୁ ତାଙ୍କ କାନ୍ଦାହାର ବାସଭବନରେ, ଯେଉଁଠି ସେ ଥିଲେ ନିର୍ବାସିତ । ଦେଶ ଛାଡ଼ି ପୁଣି ଜେଲ ଯିବାକୁ ଏଡ଼େଇ ଯିବା ପାଇଁ କାନ୍ଦାହାରରେ ରହୁଥିଲେ ।

ସେ ମହାନ ବ୍ୟକ୍ତିଙ୍କ ସହ ଦେଖା କରିବାକୁ ଯାଇ ପହଞ୍ଚିଲୁ । ବହୁତ ଖୁସି ହେବା ସଙ୍ଗେ ସଙ୍ଗେ ସାରାଜୀବନ ଏମିତି ନିର୍ବାସନ ଓ ଜେଲ୍‌ରେ କଟିଗଲା ବୋଲି କହିଥିଲେ । ପାକିସ୍ତାନ ସରକାର ତାଙ୍କ ପାଇଁ ବହୁତ ଅନ୍ୟାୟ କରିଥିଲା ସତରେ । ସ୍ୱାଧିନତା ସଂଗ୍ରାମ ସମୟ ଗାନ୍ଧୀଙ୍କ ସହ କିପରି କାମ କରିଥିଲେ । ଗାନ୍ଧୀ ତାଙ୍କୁ କେମିତି ବହୁତ ଭଲପାଉଥିଲେ ଏହା ଥିଲା ତାଙ୍କର ବକ୍ତବ୍ୟ । ତାଙ୍କୁ ଦେଖା କରି ଫେରିଲୁ ବିମାନ ବନ୍ଦରକୁ । ତା'ପରେ କାନ୍ଦାହାରରୁ ଦିଲ୍ଲୀ, ସନ୍ଧ୍ୟା ୭ଟା ଦିଲ୍ଲୀ ପହଞ୍ଚିଲା ବେଳକୁ ।

୨୪ ମଇ ରେ ବିମାନ ବନ୍ଦରରୁ ବାହାରି ସମସ୍ତଙ୍କୁ ବିଦାୟ ଜଣାଇ, ରାତ୍ରୀଯାପନ ପାଇଁ ହୋଟେଲ ଚାଲିଲୁ । ବୁଖାରୀ ସାହେବ ଜୁମ୍ମା ମସ୍‌ଜିଦ୍ ଯିବାକୁ ନିମନ୍ତ୍ରଣ କରିଥିଲେ । ସକାଳୁ ସକାଳୁ ଜଳଖିଆ ସାରି ବୁଖାରୀ ସାହେବଙ୍କୁ ଦେଖା କରିବାକୁ ଯାଇ ପହଞ୍ଚିଲି ଜୁମ୍ମା ମସ୍‌ଜିଦ୍‌ରେ । ପୂରା ଜୁମ୍ମା ମସ୍‌ଜିଦ୍ ସେ ବୁଲାଇ ଦେଖାଇବାର ବନ୍ଦୋବସ୍ତ କରିଦେଲେ । ଶାହାଜାହାନ କେଉଁଠି ପ୍ରାର୍ଥନା କରୁଥିଲେ, ଅନ୍ୟ ରାଜାଙ୍କ ପ୍ରାର୍ଥନା କକ୍ଷ ମଧ୍ୟ ବୁଲି ଦେଖିଲୁ । ତା' ପରଦିନ ଟ୍ରେନ୍ ଧରି ବାହାରିଲୁ କଟକ ଅଭିମୁଖେ । କଟକରେ ଅପେକ୍ଷା କରିଥିଲେ ବନ୍ଧୁ, ପରିବାର ଓ ଶୁଭେଚ୍ଛୁମାନେ । ଏହି ୨୨ ଦିନର ଯାତ୍ରା ସିନା ଶେଷ ହେଲା, କିନ୍ତୁ ଏହାର ସ୍ମୃତି ଆଜି ବି ଉଜ୍ଜୀବିତ । ଏ ଶାନ୍ତି ଅଭିଯାନ ମନରେ ଶାନ୍ତି ଓ ଭିନ୍ନ ଏକ ସ୍ୱାଦ ଭରିଦେଇଛି ।

■

with Abdul Gafar Khan (Simanta Gandhi)

ଆମର ମାଲଦ୍ୱୀପ ଯାତ୍ରା

ମୁଁ ଓ ବୋଉମା' ତ୍ରିଭେନ୍ଦ୍ରମ୍‌ରୁ ଫ୍ଲାଇଟ୍‌ରେ ମାଲଦ୍ୱୀପ ଗଲୁ। ଯାତ୍ରା ୧ ଘଣ୍ଟାର। ଆଇଲ୍ୟାଣ୍ଡଟି ଉପରୁ ଏକ ଫୁଲହାର ପରି ଦିଶୁଥାଏ। ମାଲେ ତା'ର ରାଜଧାନୀ। ଅତି ଛୋଟ ଦ୍ୱୀପଟିଏ। ସାଗରର ମାଟି ଚୂନ ପାଉଡର୍ ପରି ଧଳା। ମୋ ଶଳା ଅନାଦି ଓ ଶଳାଭାଉଜ କୁନି ସେଠାରେ ରହୁଥାନ୍ତି। ମୋ ଶଳା, ଷ୍ଟେଟ୍ ବ୍ୟାଙ୍କ ଅଫ୍ ଇଣ୍ଡିଆର ମ୍ୟାନେଜର ସେଠାରେ ତା' ଘରକୁ ଆମେ ଯାଇ ୧ ମାସ ବିତାଇଲୁ। ସେଠାକାର ସ୍ଥାନୀୟ ଲୋକେ ଖୁବ୍ ପରିଶ୍ରମୀ, ଶାନ୍ତ ନିରୀହ। ମାଛ ଧରିବା ତାଙ୍କର ବେଉସା। ଆମେ ଥରେ ଅନ୍ୟ ଏକ ଦ୍ୱୀପକୁ ସମସ୍ତେ ମିଶି ଯାଇଥିଲୁ। ସେଠାରେ ବହୁତ ବିଦେଶୀ ଲୋକ ସମୁଦ୍ରକୂଳରେ ପରିବେଶ ଉପଭୋଗ କରୁଥାନ୍ତି। ଖାଇବାକୁ ଯେଉଁଠିକୁ ଗଲୁ ସେଠାରେ ବିଦେଶର ସବୁ ରକମର ଖାଦ୍ୟ ଥାଏ। ଆମେ ଓଡ଼ିଆରେ କଥା ହେଉଥିଲୁ। ସେଠାରେ ଥିବା ଏକ ପଟ୍ଟାମୁଣ୍ଡାଇ ଓଡ଼ିଆ ରୋଷେଇଆ ଆମ କଥା ବୁଝିପାରି ଆସିଲା ଓ ଆମେ ଯାହା ଓଡ଼ିଆ ଖାଦ୍ୟ ବରାଦ କଲୁ ସବୁ ରାନ୍ଧିଆଣି ଖାଇବାକୁ ଦେଲା। ପାନପତ୍ର ମଧ୍ୟ ଯୋଗାଡ଼ କରିଦେଲା। ଆଖପାଖ ଅନେକ ଦ୍ୱୀପକୁ ଆମେ ସ୍ପିଡ୍ ବୋଟ୍‌ରେ ବୁଲିବାକୁ ଯାଇଥିଲୁ। ସ୍କୁଲ୍ ଗୋଟିଏ ଦ୍ୱୀପରେ। ମାଷ୍ଟ୍ରଙ୍କ ଘର ଗୋଟିଏ ଦ୍ୱୀପରେ ପିଲାମାନେ ଅନ୍ୟ ଏକ ଦ୍ୱୀପରେ। ତେବେ ମ୍ୟାଟ୍ରିକ୍ ପର୍ଯ୍ୟନ୍ତ ପାଠରୁ ଆଉ ଅଧିକ ନାହିଁ। ଶିକ୍ଷା ବୋଲି କିଛି ନାହିଁ। ମାଛଧରା, ଦୋକାନ, ବଜାର ଦ୍ୱୀପସାରା ବ୍ୟସ୍ତ ସମସ୍ତେ। ୪/୫ ଯେବେ ମସ୍‌ଜିଦକୁ ଯାଆନ୍ତି ସମସ୍ତେ ଦୋକାନ ଦୁଆରେ ଖଣ୍ଡେ ସୂତା ବାନ୍ଧି 'ବନ୍ଦ' ବୋଲି ମୋହରଟି ଝୁଲାଇ ଦେଇଯାଆନ୍ତି। ଘଣ୍ଟାଏ ପରେ ପୁଣି ଆସି ଦୋକାନ ଖୋଲନ୍ତି। ଇଲେକ୍ଟ୍ରୋନିକ୍ ଜିନିଷଠାରୁ ଆରମ୍ଭ କରି ପାଣିରେ ଚାଲୁଥିବା ମଟର ସାଇକେଲ୍ ସୁଦ୍ଧା ସବୁ ବିକ୍ରି ହୁଏ। ଲୋକମାନଙ୍କର ଧଳା ପ୍ୟାଣ୍ଟ୍ ଓ ଧଳା ସାର୍ଟ୍ ପ୍ରାୟ ପିନ୍ଧିବା ଅଭ୍ୟାସ। ପର୍ଯ୍ୟଟକ ଓ ମାଛଧରା ଓ ଡଙ୍ଗା ତିଆରି, ବୋଟ୍ କରିବା ପାଇଁ ଲକ୍ଷ ଲକ୍ଷ ଟଙ୍କା ବ୍ୟାଙ୍କ୍‌ରୁ ଧାର ନିଅନ୍ତି। ଟଙ୍କା ଫେରାଇବାର ଦିନ ସକାଳ ଆଠଟାରୁ ଟଙ୍କା ଧରି ବ୍ୟାଙ୍କ୍ ଦୁଆରେ

ଧାର ଶୁଝିବା ପାଇଁ ବସିଥାଆନ୍ତି। ନ ଦେଲେ ସେଦିନ ଆଲ୍ଲା ନର୍କରେ ପକାଇବେ ବୋଲି ସେମାନଙ୍କର ବିଶ୍ୱାସ।

ଦିନ ଓ ରାତି ପ୍ରତ୍ୟେକ ଏକ ଘଣ୍ଟାରେ ପ୍ରାୟ ରାତି ଓ ସକାଳ ପର୍ଯ୍ୟନ୍ତ ଚାଟାର୍ଡ ଉଡ଼ାଜାହାଜ ପହଞ୍ଚୁଥାଏ ଓ ଯାଉଥାଏ। ଆମେ ରାତିଦିନ କେତେଥର ଏପରି ଦୃଶ୍ୟ ଦେଖି ଆଶ୍ଚର୍ଯ୍ୟ ହୋଇଗଲୁ। ଖାଦ୍ୟ, ମାଛଧରା, ଦ୍ୱୀପ ଭ୍ରମଣ, ମେଳ, କସରତ, ସମୁଦ୍ରରେ ବିଭିନ୍ନ ଖେଳ ଓ ଉପଭୋଗ କରିଥିଲୁ।

ଛୋଟ ଛୋଟ ଦ୍ୱୀପରେ ୬ ମାସର ଶିଶୁଙ୍କଠାରୁ ବଡ଼ ପିଲା ପର୍ଯ୍ୟନ୍ତ ପହଁରା ଶିଖିବା ପାଇଁ ପୁଷ୍କରିଣୀ ତିଆରି କରାଇ ଟ୍ରେଣ୍ଡ୍ ଲୋକ ରଖିଥାନ୍ତି। ଅନ୍ୟ ଦ୍ୱୀପରେ ଫୁଟ୍‌ବଲ୍, କ୍ରିକେଟ୍ ଓ ଅନ୍ୟାନ୍ୟ ଖେଳ ମଧ୍ୟ ପିଲା ଓ ବଡ଼ ଲୋକମାନେ ପଡ଼ିଆରେ ଖେଳନ୍ତି। ଦ୍ୱୀପମାନଙ୍କରେ ୧୦/୨୦ ପର୍ଯ୍ୟନ୍ତ ପର୍ଯ୍ୟାପ୍ତ କାଠ ପୋଲ ତିଆରି କରା ହୋଇ ଅତି ସୁନ୍ଦର ଘର ସବୁ ତିଆରି କରି ତାହା ମଧ୍ୟରେ ରାସ୍ତା କରାଇ ସ୍ତ୍ରୀ ଓ ପୁରୁଷଙ୍କ ବିବାହର ମଞ୍ଚ ମଧ୍ୟ କରାହୋଇଥାଏ, ଯାହା ପାଇଁ ମାହାସୁଲ ମଧ୍ୟ ଆଦାୟ କରାହୁଏ। ଏଗୁଡ଼ିକ ବହୁତ ବ୍ୟୟବହୁଳ ଦ୍ୱୀପ ହୋଇଥାଏ।

ଅନ୍ୟ ଦ୍ୱୀପଗୁଡ଼ିକରେ ମୋଟର୍ ସାଇକେଲ୍ ପାଣିରେ ଦୌଡ଼ିବା, ସ୍ପିଡ୍‌ବୋଟ୍‌ରେ ବସି ଗଭୀର ପାଣିରେ ବିଭିନ୍ନ ରଙ୍ଗର ମାଛ ଦେଖିବା, ଗଭୀର ଜଳରେ ମାଛ ଧରିବା, ସମୁଦ୍ର ଜଳରେ ସର୍ଫିଂ ଶିକ୍ଷା ନେବା ଇତ୍ୟାଦି ପାଇଁ ମଧ୍ୟ ବିଭିନ୍ନ ପ୍ରକାରର ସୁବିଧା ରହିଛି।

ଯେହେତୁ ଏହା ସୁନୀ ମୁସ୍‌ଲିମ୍ ଧର୍ମାବଲମ୍ବୀ ଶାସକ ଅଧୀନରେ ରହିଛି ଓ ଅତି ଦରିଦ୍ର ଶ୍ରେଣୀର ଲୋକ ଚଳୁଛନ୍ତି, ପୃଥିବୀର ବଡ଼ ବଡ଼ ଧନୀକ ମୁସ୍‌ଲିମ ଦେଶମାନଙ୍କୁ ଗୋଟିଏ ଗୋଟିଏ ଦ୍ୱୀପରେ ଓ ଅନ୍ୟାନ୍ୟ ଖାଦ୍ୟ ଜିନିଷ ମାଗଣାରେ ଏ ଦେଶକୁ ସାହାଯ୍ୟ ଦେଇ ଆସୁଛନ୍ତି ବହୁକାଳରୁ ଓ ଧାର୍, କରଜ ମଧ୍ୟ ଦରକାର ବେଳେ ଦିଅନ୍ତି। ଏମାନଙ୍କ ଦେଶରୁ ସୈନିକ ଓ ରକ୍ଷା କବଚ ମଧ୍ୟ ମାଗଣାରେ ପାଆନ୍ତି।

କଉଡ଼ି ସେଲ୍ ବହୁ ପରିମାଣରେ ସେଠାକାର ମୁଦ୍ରା ଭାବରେ ଆଫ୍ରିକା ଓ ଅନ୍ୟାନ୍ୟ ସ୍ଥାନରେ ବ୍ୟବହାର କରାଯାଏ। ଟୁନା ମାଛ ସେଠାରେ ପ୍ରବଳ ପରିମାଣରେ ମିଳେ ଓ ପ୍ରତିଦିନ ସେଠା ବଜାରରେ ମିଳେ। ଏହି ମାଛ କେବଳ ଏଠାରେ ଟିଣ ଡବାରେ vaccum କରିବାକୁ ଗୋଟିଏ ମାତ୍ର ଏଠାକାର ଇଣ୍ଡଷ୍ଟ୍ରି ରହିଛି। ଆମେ ଆସିଲା ବେଳେ କେତୋଟି ସାଙ୍ଗରେ ନେଇ ଆସିଥିଲୁ ଦେଖିବା ଓ ରଖିବା ପାଇଁ। coralfar ମଧ୍ୟ ପ୍ରଚୁର ଭାବରେ ବିଞ୍ଚଣା ରୂପରେ ବ୍ୟବହାର କରନ୍ତି। ଏହାର ମଝିରେ ବିଷୁବରେଖା ଯାଇଛି। ଗରମ ପ୍ରାୟ ସବୁବେଳେ ପ୍ରଚଣ୍ଡ ଭାବରେ ହୁଏ।

ଭ୍ରମଣକାରୀମାନେ ୭୩ଟି Resort Island କୁ ଯାଆନ୍ତି। ବାକିଗୁଡ଼ିକ ଖାଲି ପଡ଼ିଥାଏ। ଗାଧୋଇବା, ପହଁରିବା, ଏପରି ଅଣ୍ଟାଏ ପାଣିରେ କରାହୁଏ। ଏହା ଉପରୁ ଦେଖିଲେ ପରିଷ୍କାର ଧଳା ଦେଖାଯାଏ। ତା'ର ଚାରିପାଖରେ ନୀଳ ରଙ୍ଗର ଗଭୀର ସମୁଦ୍ର ଯାହାର ମାପ ନଥାଏ। ଏହାଛଡ଼ା ଫୁଟ୍‌ବଲ୍, ଟେନିସ୍, ଭଲିବଲ୍, ବିଲିୟାର୍ଡ ଖେଳାଯାଏ।

ମାଳଦ୍ୱୀପର attol ଗୁଡ଼ିକର କାମ garland of islands ଓ ଏହାର ପଡ଼ିଶା ଶ୍ରୀଲଙ୍କା ଓ ଭାରତବର୍ଷ ଏଗାର ଶହ ନବେ ଦ୍ୱୀପ ମଧ୍ୟରୁ କେବଳ ଶହେ ଅନେଶତରେ ଲୋକଙ୍କ ବ୍ୟବହାର ହୁଏ ଏହି ମାଳଦ୍ୱୀପରେ। ଦକ୍ଷିଣରେ ଥିବା ମାଲେ (ରାଜଧାନୀ) ଠାରୁ ଉତ୍ତର attol ଗୁଡ଼ିକର ଦୂରତା ୫୧୦ ମାଇଲ୍। ତେଣୁ ଏଠାରେ ବହୁତ ଏଟୋଲ୍ ବୁଲି, ଗୋଟାଏ ମଧ୍ୟ ନଦୀ ବା ପର୍ବତ ପାଇଲୁ ନାହିଁ ଦେଖିବା ପାଇଁ।

ଭାରତବର୍ଷର ମାଳଦ୍ୱୀପକୁ ସାହାଯ୍ୟ ଦେଇଥିବା ଗୋଟିଏ ବଡ଼ ଡାକ୍ତରଖାନା ଓ ତାହାର ସମସ୍ତ ଖର୍ଚ୍ଚ ବହନ ଭାର ଭାରତ ଗ୍ରହଣ କରେ। ପାକିସ୍ତାନରେ ମଧ୍ୟ ପାର୍ଲାମେଣ୍ଟ କୋଠା ସରଞ୍ଜାମ ଓ ଆସବାବପତ୍ର ମାଗଣାରେ ଦେଇଛି। ରକ୍ଷଣାବେକ୍ଷଣର ଦାୟିତ୍ୱ ମଧ୍ୟ ସେମାନେ ନିଅନ୍ତି।

ମାଳଦ୍ୱୀପରେ ଗୋଟିଏ ମଜାକଥା ପଡ଼ିଲା ମୋ ଆଗରେ। ଥରେ ସନ୍ଧ୍ୟା ୫ଟାରେ ଦିନ ଥାଏ ଗୋଟିଏ ସାଇକେଲ୍‌ରେ ରାଜଧାନୀ ମାଲେରେ ବୁଲୁଥିଲି। ଗୋଟିଏ ଛକଠାରେ ଟ୍ରାଫିକ୍ ପୁଲିସ୍ ଅଟକାଇଲା। ଆପଣଙ୍କ ସାଇକେଲ୍‌ରେ ବ୍ୟାଟେରୀ ଲାଇଟ୍ କାହିଁ? ତାହା ନଥିଲେ ୧ ବର୍ଷ ଜେଲ ନ ହେଲେ ଟ୧୦୦୦ ଜୋରିମାନା। ଏହା ଦେଶର ନିୟମ, ମାନିବାକୁ ହେବ। ଚାଲ ଚାଲି ଘରକୁ ଫେରିଲି। ପୁଣି ଗୋଟିଏ ବ୍ୟାଟେରୀ ଥିବା ଲାଇଟ୍ ନେଇ ସେଠାକୁ ଯାଇ, ମୋର ବନ୍ଧା ରଖିଥିବା ସାଇକେଲ୍‌କୁ ମୁକୁଳାଇ ଆଣିବାକୁ ବାଧ୍ୟ ହେଲି।

ସୂର୍ଯ୍ୟର ସୁନେଲି କିରଣ ଯେବେ ହିନ୍ଦ୍ ମହାସାଗରର ପୃଷ୍ଠକୁ ଛୁଇଁଯାଏ, ସେତେବେଳେ ସ୍ପଷ୍ଟ ହୁଏ ଯେପରି ଏହି ପ୍ରବାଳ ଦ୍ୱୀପପୁଞ୍ଜ ଜୀବନ୍ତ ହୋଇ ଉଠେ। 'ମାଳଦ୍ୱୀପ' ଏମିତି ଏକ ଦେଶ ଯାହାର ସୌନ୍ଦର୍ଯ୍ୟ ସାରା ଦୁନିଆକୁ ମୁଗ୍ଧ କରିଛି। ଏହାର ପ୍ରାକୃତିକ ବିଭବକୁ ମୋ ବାସସ୍ଥାନଠାରେ ଥିବା ଗୋଟିଏ ବାତାୟନ ମଧ୍ୟରୁ ମୁଁ ଉପଭୋଗ କରିବାକୁ ପାଇଥିଲି ଏହାର ସୁନ୍ଦର ନୀଳ ପାଣି, ଆକାଶ, ବିଭିନ୍ନ ପ୍ରକାରର ଚଢ଼େଇମାନଙ୍କୁ ଓ ଏହାର ପୁଷ୍ପଲତାମାନଙ୍କୁ।

ସ୍ଥାନୀୟ ଲୋକେ ଏହାକୁ 'ଦ୍ୱୀବୈହୀ ରାଜେ' (Dvivehi Rajje) ବୋଲି କୁହନ୍ତି ଏବଂ ଏହାର ଅର୍ଥକୁ 'ଦ୍ୱୀପରାଜ୍ୟ' ଅଥବା "Island Kingdom" ଜଣାଯାଏ।

ସଂସ୍କୃତରେ ଆମେ ଏହାକୁ (‘ମାଲଦ୍ୱୀପ’ ଅଥବା ଦ୍ୱୀପର ପୁଷ୍ପମାଲ୍ୟ Garland of Islands) ମଧ୍ୟ କୁହାଯାଏ । ଏହି ଦ୍ୱୀପରାଜ୍ୟକୁ ଦେଖିଲେ ସ୍ପଷ୍ଟ ହୁଏ ଯେପରିକି ନୀଳ ସବୁଜ ପୁଷ୍ପର ତୋରଣମାଳା ହିଁ ମହାସାଗର ଉପରେ ବିଚ୍ଛୁରିତ ହୋଇ ରହିଛି ।

୧୧୯୦ଟି ଦ୍ୱୀପ ମଧ୍ୟରୁ ମାତ୍ର ୧୦୦ଟି ଦ୍ୱୀପରେ ଜନବସତି ରହିଛି । ପ୍ରତ୍ୟେକ ଦ୍ୱୀପକୁ ଘେରି ରହିଥିବା ମହାସାଗରର ଗଭୀର ଭିତରେ ଥିବା ଉଦ୍ୟାନମାନେ ଜୀବନ ଦେଇଛନ୍ତି ଲକ୍ଷେ ଲକ୍ଷେ ବହୁ ରଙ୍ଗୀନ ଏବଂ ଖୁବ୍ ସୁନ୍ଦର ପ୍ରବାଳ ଏବଂ ଶାମୁକାମାନଙ୍କୁ । ଏହି ଭୂମିରେ ପ୍ରଥମେ ପାଦ ଦେବାଠାରୁ ଫେରିବା ପର୍ଯ୍ୟନ୍ତ ସ୍ପଷ୍ଟ ହୋଇଥିଲା ଯେପରିକି ଏହି ଦ୍ୱୀପରାଶି ମୋତେ ସଂପୂର୍ଣ୍ଣ ରୂପେ ଆପଣେଇ ନେଇଛି । ସତେଯେପରି ଏହାର ୨,୩୦,୦୦୦ଜନସଂଖ୍ୟା ମଧ୍ୟରୁ ମୁଁ ମଧ୍ୟ ଜଣେ ।

ମାଲଦ୍ୱୀପର ଉଚ୍ଚ ବୃକ୍ଷ, ଧବଳ ବାଲୁକାମୟ ସାଗର ତଟମାନ, ଉପହ୍ରଦ ଗ୍ରୀଷ୍ମମଣ୍ଡଳୀୟ ଉଦ୍ଭିଦ ଏହି ରାଜ୍ୟଧରାକୁ ସବୁଜ ପ୍ରାକୃତିକ ଧନରେ ପରିପୂର୍ଣ୍ଣ କରି ରଖିଅଛି । ଅନ୍ୟାନ୍ୟ ଖାଦ୍ୟପେୟ ମଧ୍ୟରୁ କଦଳୀ, ଆମ୍ବ, ଶାକରକନ୍ଦ ଓ ବାଜରା ଇତ୍ୟାଦି ରହିଅଛି । ଏହା ଏକ ଗ୍ରୀଷ୍ମମଣ୍ଡଳୀୟ ସ୍ଥାନ ଯାହାକି ସ୍ୱର୍ଗଠାରୁ ମଧ୍ୟ ଅଧିକ ସୁନ୍ଦର ପ୍ରତୀତ ହୋଇଥାଏ । ଏହି ଦ୍ୱୀପ ଯାହାର ସୌନ୍ଦର୍ଯ୍ୟର କୌଣସି ସୀମା ନାହିଁ । ମୁଁ ଏହି ସବୁ ମୋ ପ୍ରିୟ ବନ୍ଧୁଙ୍କ ସହିତ ଉପଭୋଗ କରିବାକୁ ଯାଇଥିଲି ।

୧୯୩୦ ମସିହା ପର୍ଯ୍ୟନ୍ତ ମାଲଦ୍ୱୀପ ଏକ ବଣମଲ୍ଲୀ ପରି ଲୋକଲୋଚନ ଠାରୁ ଲୁକ୍‌କାୟିତ ହୋଇ ରହିଥିଲା । ଏହି ସମୟ ପରଠାରୁ ଏହି ଦ୍ୱୀପସମୂହ ଦେଶର ପର୍ଯ୍ୟଟନରେ ବହୁଳ ଭାବରେ ପରିବର୍ତ୍ତନ ଦେଖିବାକୁ ମିଳିଥିଲା । ଅନେକ ସମୟରେ ମାଲଦ୍ୱୀପ ସାରା ଦୁନିଆକୁ ଦୁଇ ହାତ ଖୋଲିକି ସ୍ୱାଗତ କରିଛି ଏବଂ ଲୋକେ ଏହି ରାଜ୍ୟକୁ ଆସି ଏହି ସ୍ଥାନର ସୌନ୍ଦର୍ଯ୍ୟରେ ବିମୁଗ୍ଧ ହୋଇଯାନ୍ତି ।

ମାଲଦ୍ୱୀପର ବିମାନ ପରିବହନ ବହୁ ଉଚ୍ଚକୋଟୀର ଏବଂ ଏହାକୁ ‘ଏ.ଆର୍.ମାଲଦ୍ୱୀପ’ (Air Maldives) ନାମ ଦିଆଯାଇଛି । ଏଠାରେ Chartered Flightsମାନଙ୍କ ବିକଳ୍ପ ମଧ୍ୟ ରହିଛି । ସବୁ ପର୍ଯ୍ୟଟକମାନଙ୍କୁ ତିରିଶ ଦିନର ଭିସା ଦିଆଯାଇଥାଏ । ମାଲଦ୍ୱୀପ ପାଇଁ ‘ଭିସା’ ବଙ୍ଗଳାଦେଶର ଲୋକମାନଙ୍କୁ, ପାକିସ୍ତାନ, ଭାରତୀୟ ଏବଂ ଇଟାଲୀୟମାନଙ୍କୁ ନବେ ଦିନ ପାଇଁ ମଧ୍ୟ ଦିଆଯାଇପାରେ । ଏହାର ୭୩ଟି ଆଶ୍ରିତ ଦ୍ୱୀପ ମଧ୍ୟରେ ନାନା ପ୍ରକାରର ସୁଯୋଗ ସୁବିଧାମାନ ରହିଛି । ପର୍ଯ୍ୟଟକମାନଙ୍କ ପାଇଁ ଏଠାରେ ବିଭିନ୍ନ କାର୍ଯ୍ୟକଳାପର ସୁଯୋଗ ରହିଛି ଯଥା- snorkeling, swimming, skiing, wind surfing, ସନ୍ତରଣ କରିବା ଏବଂ ଅନ୍ୟାନ୍ୟ ଜଳକ୍ରୀଡ଼ା ରହିଛି ଯାହାକି ପର୍ଯ୍ୟଟକମାନଙ୍କୁ ବେଶ୍ ଆକର୍ଷିତ କରିଥାଏ । ଏହି

ଦେଶର ସୌନ୍ଦର୍ଯ୍ୟକୁ ଉପଭୋଗ କରି ମୁଁ ଏହାର ଐତିହ୍ୟ ବିଷୟରେ ବହୁ କିଛି ତଥ୍ୟ ଜାଣିବାକୁ ପାଇଥିଲି। ଏହି ଦ୍ୱୀପରାଜ୍ୟର ଇତିହାସ ୯୦ ଖ୍ରୀଷ୍ଟପୂର୍ବ ଠାରୁ ମଧ୍ୟ ଅଧିକ ବୋଲି ଜଣାଯାଏ। ଯାହାକି ଗୋଟିଏ ରୋମ୍ ମୁଦ୍ରାରୁ ପ୍ରମାଣିତ ହୋଇଛି। ଐତିହାସିକମାନେ କୁହନ୍ତି ଯେ, ମାଳଦ୍ୱୀପରେ ଏକ ମିଶ୍ରିତ ଜାତି ରହନ୍ତି ଯାହାକୁ ଦକ୍ଷିଣ ଭାରତୀୟ ଦ୍ରାବିଡ଼ ଏବଂ ଶ୍ରୀଲଙ୍କାର ସିଂହଳ ଜାତିର ମିଶ୍ରଣ ରୂପେ ଗ୍ରହଣ କରାଯାଇପାରେ। ଅନ୍ୟ କେତେକ ଇତିହାସବିତ୍‌ମାନେ ମନ୍ତବ୍ୟ ପ୍ରକାଶ କରନ୍ତି ଯେ ଏହି ଦେଶର ଲୋକେ ଆରିୟାନ୍‌ମାନଙ୍କ ବଂଶଜ। ଅନ୍ୟ କେତେଜଣ ମାନନ୍ତି କି ଏହାର ମୂଳ ତାମିଲୀୟମାନଙ୍କ ଠାରୁ ଆସିଛି। ଆରବମାନଙ୍କର ମଧ୍ୟ ବହୁତ ପ୍ରଭାବ ମାଳଦ୍ୱୀପ ସଂସ୍କୃତି ଉପରେ ଦେଖାଯାଏ। ବହୁ ପ୍ରଖ୍ୟାତ ଆରବ ପଥିକ "ଇବନ୍ ବତୁତା" ଏହି ଦେଶକୁ ଚିହ୍ନଟ କରିଥିଲେ। ଏଠାରେ ପର୍ତ୍ତୁଗୀୟ ପ୍ରଭାବ ମଧ୍ୟ ଦେଖିବାକୁ ମିଳିଥାଏ। ଡଚ୍ ଏବଂ ଇଂରାଜୀ ଶାସନ ସମୟରେ ପ୍ରଭାବ ଫଳସ୍ୱରୂପ ଏହି ଦେଶମାନଙ୍କ ପ୍ରଭାବ ମଧ୍ୟ ମାଳଦ୍ୱୀପ ଉପରେ ଦେଖିବାକୁ ପଡ଼ିଥାଏ।

ଏବେର ମାଳଦ୍ୱୀପରେ ଏକ ଅଭୂତପୂର୍ବ ଏବଂ ଭିନ୍ନ ଭିନ୍ନ ଚିତ୍ର ଆମ୍ଭମାନଙ୍କୁ ଦେଖିବାକୁ ମିଳିଥାଏ। ଏହାର ରାଜନୈତିକ, ସାଂସ୍କୃତିକ ଏବଂ ସାମାଜିକ ପରିବର୍ତ୍ତନ ଏହାକୁ ବହୁ ପରିମାଣରେ ଉତ୍କୃଷ୍ଟ କରିଛି। ମାଳଦ୍ୱୀପ ରାଜଧାନୀ ମାଲେଠାରେ ମୁଁ ବହୁ ସୁନ୍ଦର ଭିତ୍ତିପ୍ରସ୍ତରମାନ ଦେଖିବାକୁ ପାଇଥିଲି, ଯଥା ଏହାର ସୌନ୍ଦର୍ଯ୍ୟରେ ପୂର୍ଣ୍ଣ ସୁନି ଇସ୍‌ଲାମ୍ ମସ୍‌ଜିଦ୍ ଯାହାକି "ମେଧୁଜିୟା କ୍ରେୟ ମଗୁ" ଏବଂ ଅମୀର ଅହମଦ୍ ମଧ୍ୟରେ ଅବସ୍ଥାପିତ। ଏହା ମଧ୍ୟରେ ଏକ ପୁସ୍ତକାଗାର ଏବଂ ସଭାଗୃହ ରହିଛି। ଏହାର ଐତିହାସିକ ମସ୍‌ଜିଦ୍ ୫୦୦୦ରୁ ଊର୍ଦ୍ଧ୍ୱ ଲୋକମାନଙ୍କୁ ଧରିପାରେ। ଏହାର ପ୍ରାର୍ଥନାଗୃହ ଅତି ଉଚ୍ଚକୋଟୀର ଏବଂ ଏଥି ମଧ୍ୟରେ କାଠର ଖୁବ୍ ସୁନ୍ଦର କାରୁକାର୍ଯ୍ୟମାନ ତିଆରି ହୋଇଛି। ଏହି ମସ୍‌ଜିଦ୍ ପାଖରେ ଆଉ ଏକ ମସ୍‌ଜିଦ୍ ରହିଛି, ଯାହାକୁ ହୁକୁରୁ ମିଶିକୀୟ ଅଥବା ଶୁକ୍ରବାର ମସ୍‌ଜିଦ୍ ନାମରେ ଜଣାଯାଏ।

ଅନ୍ୟାନ୍ୟ ଐତିହାସିକ ଭବନ ମଧ୍ୟରୁ ସୁତପନ ମସୁଦ୍ଧି ନାମରେ ନାମିତ ପ୍ରେସିଡେନ୍‌ସିଆଲ୍ ପ୍ୟାଲେସ୍ ଯାହାକୁ 'ମୁଲିଆଜେ' ନାମରେ ଜଣାଯାଏ। ଏଠାକାର ରାଷ୍ଟ୍ରୀୟ ସଂଗ୍ରହାଳୟ ଏହାର ଐତିହ୍ୟକୁ ସମ୍ଭାଳି ରଖିଛି।

ମାଳଦ୍ୱୀପରେ ବିଭିନ୍ନ ବଜାରମାନ ରହିଛି ଯଥା- 'ଚାନ୍ଦିନୀ' ଯାହାକି ପୂର୍ବ-ଦକ୍ଷିଣ ରାଜପଥଠାରେ ଅବସ୍ଥିତ। ଏହା ସିଙ୍ଗାପୁର ବଜାର ନାମରେ ପ୍ରସିଦ୍ଧ। ଅନ୍ୟାନ୍ୟ ବଜାରମାନଙ୍କ ମଧ୍ୟରୁ 'ବୋଡୁ ଠାକୁରୁ ଫାନ୍' ମଗୁ ମଧ୍ୟ ଅନ୍ୟତମ। ପ୍ରତ୍ୟେକଟି ସ୍ଥାନରେ ଖାଦ୍ୟପେୟ ପାଇଁ ବ୍ୟବସ୍ଥା ରହିଛି ଏବଂ ଏହା ନିମନ୍ତେ ଏଠାରେ ନାନା ପ୍ରକାରର

ଭୋଜନାଳୟମାନ ମଧ୍ୟ ଦେଖିବାକୁ ମିଳିଥାଏ। ଏହି ଭୋଜନାଳୟମାନେ ଭାରତୀୟ, ମାଲଦ୍ୱୀପୀୟ, ଇଉରୋପୀୟ ଏବଂ ଶ୍ରୀଲଙ୍କାର ଅତିଶୟ ତୃପ୍ତିକର ଖାଦ୍ୟମାନ ପ୍ରସ୍ତୁତ କରିଥାନ୍ତି। ପ୍ରତ୍ୟେକଟି ରାଜପଥରେ ଚାହା ଦୋକାନ ଦେଖିବାକୁ ମିଳିଥାଏ। ଏହି ଦୋକାନମାନେ ଗରମ ଚାହା ବିଭିନ୍ନ ପ୍ରକାରର ଜଳଖିଆ ଏବଂ 'ସାଇ' ଏକ ପ୍ରକାରର ମାଲଦ୍ୱୀପୀୟ ଜଳଖିଆ ପ୍ରସ୍ତୁତ କରିଥାନ୍ତି। ଏହାକୁ 'ସାଟଇସ୍' କୁହାଯାଏ।

ମାଲଦ୍ୱୀପର ମିତବ୍ୟୟ ଏହାର ୨୬ଟି ପ୍ରାକୃତିକ 'ଆଟୋଲ୍' ଉପରେ ନିର୍ଭର କରିଥାଏ। ସୁଗମ ଏବଂ ଉତ୍ତମ ରୂପେ ପ୍ରଶାସନିକ କାର୍ଯ୍ୟ ନିର୍ବାହ ନିମନ୍ତେ ମାଲଦ୍ୱୀପକୁ ୧୯ଟି 'ଆଟୋଲ୍' ଏବଂ ଏହାର ରାଜଧାନୀ 'ମାଲି' ମଧ୍ୟରେ ପୃଥକ୍ କରାଯାଇଛି। ଏହାର ଜନସଂଖ୍ୟା ପ୍ରାୟତଃ ୨,୫୮,୦୦୦ ଅଟେ ଏବଂ ୨୦୦ଟି ଦ୍ୱୀପରେ ଜନବସତି ଦେଖିବାକୁ ମିଳିଥାଏ। ମାଲଦ୍ୱୀପରେ ଅର୍ଥନୀତି ମାଛ ଧରିବା, ବ୍ୟବସାୟ, ପର୍ଯ୍ୟଟନ ଶିଳ୍ପ, ନୌବାଣିଜ୍ୟ, କୃଷି ଏବଂ ଶିଳ୍ପ ଉପରେ ନିର୍ଭର କରେ।

ଏହାର ବିକାଶର ମୂଳପନ୍ଥା ଏହାର ଶାସନରେ ଦେଖିବାକୁ ମିଳିଥାଏ। ଏଠାରେ ଉନ୍ନତମାନର ସ୍ୱାସ୍ଥ୍ୟସେବା, ଶିକ୍ଷା, ଉନ୍ନତ ଜୀବନଶୈଳୀର ମାନଦଣ୍ଡ ଇତ୍ୟାଦି ରହିଛି। ଏହି ଦେଶର ଅର୍ଥନୀତି ଅଭିବୃଦ୍ଧିର ଅନ୍ୟ ଏକ କାରଣ ଏହାର ସମାଜମଙ୍ଗଳ କାରୁକାର୍ଯ୍ୟମାନ। ଏହି ରାଜ୍ୟର ଆତ୍ମନିର୍ଭରଶୀଳତା ଏବଂ ସ୍ୱାବଲମ୍ବୀ କଳାକୌଶଳ ଆଦି ଏହାକୁ ଆଦି ବିଶ୍ୱରେ ଏକ ନୂତନ ଭିନ୍ନ ସ୍ଥାନ ପ୍ରଦାନ କରିବାରେ ସଫଳ ହୋଇଛି। ମାନବୀୟ ବିଭବ ଉନ୍ନୟନ ଏବଂ ନାରୀ ସଶକ୍ତୀକରଣ ମାଲଦ୍ୱୀପର ଅର୍ଥନୀତି ଏବଂ ରାଜନୀତିରେ ନାନା ପ୍ରକାରର ଉଚ୍ଚକୋଟୀର ପରିବର୍ତ୍ତନ ଆଣିଛି।

ସମାଜରେ ଖୁବ୍ କମ୍ ଲୋକ ଅଛନ୍ତି ଯେଉଁମାନେ ଅକ୍ଷମ ଓ ଭିନ୍ନକ୍ଷମ ବ୍ୟକ୍ତିମାନଙ୍କ ଉନ୍ନତି ନିମନ୍ତେ କାର୍ଯ୍ୟ କରନ୍ତି। ମାଲଦ୍ୱୀପ ରାଜ୍ୟର ଶାସନବିଧି ଏହି ନୀତିକୁ ସଂପୂର୍ଣ୍ଣ ଭାବରେ ଆପଣେଇଛି। ମାଲଦ୍ୱୀପ ସରକାର ୧୯୮୧ରେ 'ନ୍ୟାସନାଲ୍ କମିଶନ୍ ଫର୍ ୱେଲ୍‌ଫେୟାର୍ ଅଫ୍ ଦ୍ ହାଣ୍ଡିକ୍ୟାପ୍' ଆରମ୍ଭ କରିଥିଲେ। ଭିନ୍ନକ୍ଷମ ବ୍ୟକ୍ତିମାନଙ୍କ କଲ୍ୟାଣ ନିମନ୍ତେ ବହୁ କାର୍ଯ୍ୟନୁଷ୍ଠାନମାନ ମଧ୍ୟ ଗ୍ରହଣ କରିଥିଲେ। ଏଥିପାଇଁ ମାଲଦ୍ୱୀପରେ ବହୁ ସାମାଜିକ ଏବଂ ସାଂସ୍କୃତିକ ପରିବର୍ତ୍ତନ ସଂଘଟିତ ହୋଇଥିଲା।

ମାଲଦ୍ୱୀପ ସରକାର ବହୁ ଚେଷ୍ଟା ପରେ ନିଜର ଆମଦାନୀ ଏବଂ ରପ୍ତାନୀକୁ ସ୍ୱଳ୍ପକାଳୀନ ଓ ଦୀର୍ଘକାଳୀନ ପଦ୍ଧତିମାନ କାର୍ଯ୍ୟକାରୀ କରି ନିଜ ରାଜ୍ୟକୁ ଗୋଟିଏ ଉଚ୍ଚ ଏବଂ ଅନ୍ୟତମ ସ୍ଥାନ ପ୍ରଦାନ କରିପାରିଛି। ମେଲ୍ ସହିତ ଏହାର ତିନିଟି ମହତ୍ୱପୂର୍ଣ୍ଣ ଆଟୋଲ୍ ଯଥା କେନ୍ଦ୍ରୀୟ ଆଟୋଲ୍, ପୂର୍ବୀୟ ଆଟୋଲ୍ ଏବଂ ଦକ୍ଷିଣ ଆଟୋଲ୍‌ମାନଙ୍କର ଉନ୍ନୟନ ଏବଂ ଉନ୍ନତି ନିମନ୍ତେ ବିଭିନ୍ନ ପ୍ରକାରର କାର୍ଯ୍ୟାନୁଷ୍ଠାନମାନ ଗ୍ରହଣ କରି

ଏହାକୁ କାର୍ଯ୍ୟରେ ପରିଣତି କରାଯାଇଛି । ମାଲଦ୍ୱୀପ ପର୍ଯ୍ୟଟନ ଏହାର ଅର୍ଥନୀତି ଉନ୍ନତିର ଗୋଟିଏ ବଡ଼ କାରଣ । ଏହି ସବୁ କାରଣ ଯୋଗୁଁ ମାଲଦ୍ୱୀପ ସାରା ଦୁନିଆରେ ଏକ ଉତ୍ତମ ସ୍ଥାନ ଅଧିକାର କରିପାରିଛି ।

ଏହି ଦ୍ୱୀପ ରାଜ୍ୟର ମାଟି ଅତି ଉନ୍ନତଧରଣର ଏବଂ ଉର୍ବର ନ ହୋଇ ଥିଲେ ମଧ୍ୟ ଏହାର ଉଦ୍ଭିଦ ଜଗତ ବହୁ ସମୃଦ୍ଧ ଅଟେ । ଦ୍ୱୀପର ଅଧିକାଂଶ ଭାଗ ନଡ଼ିଆ ଗଛରେ ପରିପୂର୍ଣ୍ଣ ଯାହାକି ଗୋଟିଏ ସବୁଜ ଚାନ୍ଦୁଆ ପରି ପ୍ରତୀତ ହୋଇଥାଏ । ବଟବୃକ୍ଷ, ପାନ୍‌ଡାନସ୍ ଗଛ, ବୌଗେନ୍ ଭିଲିୟା ଏବଂ ଅର୍‌କିଡସ୍ ଏହି ରାଜ୍ୟର ଅତି ସୁନ୍ଦର ଓ ମନୋରମ ପୁଷ୍ପମାନ ଅଟେ ।

ଏହି ଦେଶର ପ୍ରାଣୀଜଗତ ଅନ୍ୟ ଜୀବଜନ୍ତୁମାନଙ୍କୁ ନିଜ ପୃଷ୍ଠଭୂମିରେ ଆଶ୍ରୟ ଦେଇଛି । ଏଠାରେ ବହୁ ସ୍ତନ୍ୟପାୟୀ ଜୀବମାନେ ରହିଛନ୍ତି ଯଥା ବାଦୁଡ଼ି, ଫ୍ଲାଇଂପଂକ୍ସ, କଳାମୂଷା, ଭାରତୀୟ ମୂଷା ଇତ୍ୟାଦି ଦେଖିବାକୁ ମିଳିଥାଏ ।

ପାଣି ଭିତରେ ମଧ୍ୟ ନାନା ପ୍ରକାରର ପ୍ରାଣୀମାନଙ୍କୁ ଯଥା- ତିମି ମାଛ, ଡଲ୍‌ଫିନ୍ ମାଛ, ଡୁଗୋଙ୍ଗ୍ ମାଛ ଇତ୍ୟାଦି ଦେଖିବାକୁ ମିଳିଥାନ୍ତି । ସରୀସୃପ ଜୀବମାନଙ୍କ ମଧ୍ୟରୁ ଝିଟିପିଟି, ସାପ, ବେଙ୍ଗ, ଲେଦର ବ୍ୟାଗ୍, ସମୁଦ୍ର କଚ୍ଛପ ଇତ୍ୟାଦି ଦେଖିବାକୁ ମିଳିଥାଏ । ବହୁତ ପ୍ରକାରର କଙ୍କଡ଼ା, ଶାଙ୍କୁଚ, ତିମି ଇତ୍ୟାଦି ମାଲଦ୍ୱୀପର ଗଭୀର ପାଣିରେ ବାସ କରିଥାନ୍ତି । ଏହିସବୁ ବିଭିନ୍ନ ପ୍ରାକୃତିକ ସୌନ୍ଦର୍ଯ୍ୟକୁ ଉପଭୋଗ କରି ମୋର ମନ ଏବଂ ହୃଦୟ ବେଶ୍ ଆନନ୍ଦିତ ଏବଂ ଉତ୍‌ଫୁଲ୍ଲିତ ହୋଇଥିଲା ।

ଜୀବନରେ ଛୋଟ ଛୋଟ ଜିନିଷ ହିଁ ମଣିଷର ସୁଖ, ଦୁଃଖ, ବ୍ୟବହାର ଇତ୍ୟାଦି ନିର୍ଦ୍ଧାରିତ କରିଥାନ୍ତି । ଏମିତି ଛୋଟ ଛୋଟ ଜିନିଷରେ ଖୁସି ଅନୁଭବ କରିବା କଥାଟି ମାଲଦ୍ୱୀପରେ ମୋ ଦିନ କାଟିବା ସମୟରେ ମୁଁ ଶିଖିବାକୁ ପାଇଥିଲି । ଛୋଟ ପିଲା, ସ୍ତ୍ରୀ-ପୁରୁଷମାନଙ୍କ କଠିନ ପରିଶ୍ରମ କରି ମାଛ ଧରିବା ଏବଂ ତାହାକୁ ବିକ୍ରୟ କରିବା ଏବଂ କଷ୍ଟ ସମୟରେ ମଧ୍ୟ ଖୁସି ହେବାର ଦେଖି ମୋତେ ମାଲଦ୍ୱୀପରେ ମୋ ଭାରତର ଛବି ଦେଖିବାକୁ ମିଳିଥିଲା । ଫେରିବାର ଇଚ୍ଛା ନଥିଲେ ମଧ୍ୟ ମୋତେ ଫେରିବାକୁ ହିଁ ପଡ଼ିଥିଲା । ମାତ୍ର ମାଲଦ୍ୱୀପରେ ବ୍ୟତୀତ ବିତେଇଥିବା ସମୟ ମୋ ହୃଦୟ ଭିତରେ ସଦାସର୍ବଦା ପାଇଁ ନିଜର ଛାପ ଛାଡ଼ିଗଲା । ଏମିତି ଅନ୍ୟ କେତେ ଯେ ପ୍ରଦେଶ ଓ ସ୍ଥାନ ମୁଁ ମୋ ଜୀବନ କାଳ ମଧ୍ୟରେ ବୁଲିବାର ସୁଯୋଗ ପାଇଥିଲି କିନ୍ତୁ ମାଲଦ୍ୱୀପରେ ଯାତ୍ରା ମୋ ଜୀବନ ଅଭିଜ୍ଞତାର ଏକ ଶ୍ରେଷ୍ଠ ଅଂଶ ହୋଇ ରହିଗଲା ଯାହାକୁ ସ୍ମୃତିରୁ ବିଚ୍ଛିନ୍ନ କରିବା ମୋ ପାଇଁ କଦାପି ସମ୍ଭବ ନୁହେଁ ।

■

ଶିକାର ସଉକ

ମୋର ବିବାହ ପରେ କେତେଥର ଆଗରପଡ଼ା ରାସ୍ତା ଦେଇ ଡ. ହରେକୃଷ୍ଣ ମହତାବଙ୍କ ଘର ସିମୁଳିଆ-କୁପାରିକୁ ଯାଉ। ଥରେ ସେଠାରେ ସେଠାକାର ଗଡ଼ପୋଖରୀର ହେଡ୍‌ମାଷ୍ଟର୍ ହରମୋହନ ଜେନା ଓ ମୋର ସ୍ତ୍ରୀଙ୍କ ଭାଇ କୃଷ୍ଣ ବେହେରା ଇତ୍ୟାଦିଙ୍କ ସହିତ ତାଙ୍କ ଗ୍ରାମର ୨ ମାଇଲ୍ ଦୂରରେ ଥିବା ଶାରିଶୁଆ ପାହାଡ଼ର ଅଝାଡ଼ ଜଙ୍ଗଲକୁ ବନ୍ଧୁକ ଧରି ଯାଇଥିଲୁ ଶିକାର କରି। ପାହାଡ଼ର ଆରପଟରେ କପ୍ତିପଦା, ମୟୂରଭଞ୍ଜ ରାଜ୍ୟମାନ ରହିଛି। ଜଙ୍ଗଲରେ ପ୍ରବଳ ହାତୀ, ବାଘ, ଭାଲୁ, ହରିଣ ଓ ଅନ୍ୟାନ୍ୟ ଜୀବଜନ୍ତୁଙ୍କ ଚଳପ୍ରଚଳ ପାଇଁ କେତେ ଝରଣା ଓ ପାଣି ଥିବା ଖୋଲା ଜମି ରହିଥାଏ। ଖରାଦିନରେ ଏହି ସ୍ଥାନକୁ ପଶୁମାନେ ପାଣି ପିଇବାକୁ ପ୍ରାୟ ଆସନ୍ତି। ଶ୍ୱଶୁର ଘରର ଏଇ ଜଙ୍ଗଲ ଓ ପାହାଡ଼ ମଧ୍ୟରେ ଉପଯୁକ୍ତ ସ୍ଥାନରେ ଦୁଇ ଗଛ ଉପରେ ଶବର ଭାଡ଼ିମାନ ବନ୍ଧା ଯାଇଥାଏ। ଆଗରୁ ସମୟ ଓ ସୁବିଧା ଉପଯୋଗୀ କନା ଦଉଡ଼ିରେ ଶିଡ଼ି ଲାଗିଥାଏ ମଧ୍ୟ ଶିଡ଼ିର ପାଳ ଉପରେ ଅଖା ପକାଇ ୩/୪ ଜଣଙ୍କ ବସିବା ପାଇଁ ସୁବିଧା ଥାଏ ବସିବାକୁ ଓ ଶୋଇବାକୁ ମଧ୍ୟ। କାରଣ ରାତିସାରା ଜନ୍ତୁମାନଙ୍କୁ ଅପେକ୍ଷା କରିବାକୁ ପଡ଼େ। ସେଠାକୁ ଶିକାର କରିବାକୁ ଗଲେ ଖାଦ୍ୟ, ପିଇବା ପାଣି ଇତ୍ୟାଦି ନେଇ କେତେକ ଶିକାର ଦେଖଣା ବନ୍ଧୁ ମଧ୍ୟ ଯାଇଥାନ୍ତି। ହାତୀଙ୍କୁ ଛାଡ଼ି ଅନ୍ୟ ଜନ୍ତୁ ଶିକାର ବହୁତ ମିଳିଲେ। ଶିକାର ଭାଡ଼ି ଉପରୁ ବସି ଶିକାର କରିବା ସହଜ ନୁହେଁ, କାରଣ ଜନ୍ତୁମାନେ ମଧ୍ୟ ମଣିଷ ଗନ୍ଧ ପାଇ ତାଙ୍କ ବାଟ କାଟି ଚାଲିଯାଆନ୍ତି। ମଶା, ଡାଆଁସଙ୍କର ଉପଦ୍ରବ ରାତିରେ ଏତେ ପ୍ରବଳ ହୁଏ ଯେ ବିନା ପୋଷାକରେ ରାତିରେ ସେ ସ୍ଥାନରେ ବସି ହୁଏ ନାହିଁ। ହାତରେ ମଶା ମାରିବା ଶବ୍ଦ ଦ୍ୱାରା ଜନ୍ତୁମାନେ ଇସାରା ପାଇ ପଳାଇ ଯାଆନ୍ତି ଶିକାରୀ କବଳରୁ।

ଥରେ ରାତି ୧୦ଟା ବେଳେ ଆମ୍ଭେମାନେ ଫେରିଲୁ କାର୍‌ରେ ସିମୁଳିଆ ଗ୍ରାମକୁ। ପର୍ବତ ଉପରେ ଅଣଚୌଡ଼ିଆ ଜଣକିଆ ରାସ୍ତାରେ। ଆଗରେ ହରମୋହନ୍ ବାବୁ ବନ୍ଧୁକ ଖୋଳରେ ପୂରାଇ କାନ୍ଧରେ ସଉକରେ ପକାଇଥାନ୍ତି ଏବଂ ତାଙ୍କ ପଛରେ ମୁଁ ଥାଏ।

ଗୁଳିଗୁଡ଼ିକ ମୋ ପକେଟ୍‌ରେ ରଖିଥାଏ। କିଛି ସମୟ ପରେ 'ବାଘ' ବୋଲି ହମ୍ବାଳିଆ ପାଟି କରି ଉଠିଲେ ସେ। ଆମ ଦଳରେ ସମସ୍ତେ ଛିଡ଼ା ହୋଇ ରହିଗଲେ। ଦେଖିଲେ ଗୋଟିଏ ବଡ଼ ମହାବଳବାଘ ରାସ୍ତା ଉପରେ ବସିଛି ଓ ହଟୁନାହିଁ ସମସ୍ତଙ୍କୁ ଦେଖି। ହରମୋହନଙ୍କ ଆଖିରେ ଲୁହ, ଗୋଡ଼ ଦୁଇଟା ଥରୁଥାଏ ଭୟରେ। ଫେରିପଡ଼ି ମୋ ପାଖରେ ବନ୍ଧୁକଟି ଖୋଳରୁ କାଢ଼ି ହାତରେ ଧରାଇଦେଇ ପଡ଼ିଉଠି ଦଉଡ଼ିଲେ। ଆଣ୍ଠୁ ଓ କହୁଣୀରୁ ରକ୍ତ ବୋହିବାର ସେତେବେଳେ ସେ ଦେଖି ନଥିଲେ। ମୁଁ ବନ୍ଧୁକରେ ଗୁଳି ଚଢ଼ାଇ ଆଗକୁ ଚାହିଁବା ପରେ ବାଘ ସେ ସ୍ଥାନରୁ ପାର୍, ଟର୍ଚ୍ଚ ଲାଇଟ୍‌ଟି ତାଙ୍କର ହାତରେ ଥାଏ। ତାଙ୍କଠାରୁ ଆଣି କୃଷ୍ଣବାବୁ ଲାଇଟ୍ ପକାଇ ଭଲଭାବେ ଦେଖିଲେ। ଆଗରୁ ବାଘ ହରିଣ ଗୋଟିଏକୁ ଗୋଡ଼ାଉଥିଲା ଆମେ ମଝିରେ ଭେଟିଲୁ ହଠାତ୍ ଗିରି ରାସ୍ତାରେ ବୋଧହୁଏ କେତେ ବାଟ ଯିବାପରେ ବାଘଟି ହରିଣକୁ ଧରି ଜଙ୍ଗଲ ଭିତରକୁ ପଶିଗଲା। ପାଣି ବୋତଲ ନେଇ ହର୍‌ମୋହନ ବାବୁ ବୋତଲ ଶେଷକରି ବଣ ତୁଳସୀ ରସ ଆଣ୍ଠୁରେ ଲଗାଇ ଆଶ୍ୱସ୍ତ ହେଲେ। ତା' ଆରଦିନ ୭ଟା ପରେ ଜଳଖିଆ କରି ଚଢ଼େଇ ଶିକାରରେ ୨/୩ ମାଇଲ ଚାଲି ଚାଲି ବଡ଼ ବଡ଼ ପୋଖରୀରେ ଭଲ ଶିକାର ପାଇଲୁ। ଏହି ବିଷୟରେ ବନ୍ଧୁ ହର୍‌ମୋହନ ଗୋଟିଏ କବିତା ଲେଖିଥିଲେ।

ପରେ ୧୯୫୬ ମସିହାରେ ଚାନ୍ଦବାଲି "ମଚପା"ମଡୋରେ କୃଷ୍ଣବାବୁଙ୍କ ଶ୍ୱଶୁରଘର ଠାରୁ ବୋଟ୍‌ରେ ଭିତରକନିକା ଦେଖିବାକୁ ମୋର ଓକିଲ ବନ୍ଧୁ ବିଷ୍ଣୁ ପଟ୍ଟନାୟକଙ୍କ ସହିତ ଯାଇ ସେଠାରେ ବିଶିଷ୍ଟ ଶିକାରୀ ମଧୁ ଡୋବା ଓ କୃଷ୍ଣ ବାବୁଙ୍କ ବନ୍ଧୁ ବିଷ୍ଣୁଙ୍କୁ ଧରି ଏହି ଅଞ୍ଚଳରେ ରାତି ୧୦ଟାରେ ବାହାରିଲୁ ଦୁଇ ଦୁଇ ଜଣ ଶିକାରୀ ଓ ଟର୍ଚ୍ଚ, ଦୁଇଟି ବନ୍ଧୁକ ମୁଣ୍ଡରେ ବନ୍ଧା ସର୍ଚ୍ଚ ଆଲୁଅ ସହିତ। ସେତେବେଳେ ବାଂଲାଦେଶର ରିଫ୍ୟୁଜିମାନେ ଆସି ଏଠାରେ ନଦୀ ଓ ସମୁଦ୍ର ଉପକୂଳରେ ଛୋଟ ଛୋଟ ଛପର ଘର କରି ରହୁଥାନ୍ତି। ବିଷ୍ଣୁବାବୁ ଓ ଶିକାରୀ ବନ୍ଧୁ ମଧୁଡୋବା କିନ୍ତୁ ଶୀଘ୍ର ଶୀଘ୍ର ବାହାରିବାକୁ ଆମକୁ ଉପଦେଶ ଦେଲେ, କାରଣ ରାତି ଅନିଦ୍ରା ହୋଇ ଶିକାରରେ ଗୋଟିଏ ଯୋଡ଼ିଏ ହରିଣ ବା ସମ୍ବର ଶିକାର କରିବାକୁ ପଡ଼ିବ। ସନ୍ଧ୍ୟାବେଳେ ଅସରାଏ ଭଲ ବର୍ଷା ହୋଇଥିଲା। ବର୍ଷାରେ ସେ ଅଞ୍ଚଳରେ ଚକଟା ମାଟି ଓଦା ହୋଇ ଅତି ମାତ୍ରାରେ ଖସଡ଼ା ହୋଇଥିଲା। ଆମେ ଦି'ଜଣ ପୂରା ପଛରେ ଥାଉ। ମିନିଟର୍ଚ୍ଚ ଲାଇଟ୍‌କୁ ରୁମାଲ୍‌ରେ ଗୁଡ଼ାଇ ରାସ୍ତା ଦେଖି ଦେଖି ଯାଉଥିଲୁ। ବନ୍ଧ (ହିଡ଼) ଉପରେ କେତେବେଳେ କେତେବେଳେ ହିଡ଼ରେ ଗୋଡ଼ ଖସି ବିଲରେ ପ୍ୟାଣ୍ଟ, ସାର୍ଟ ସବୁ କାଦୁଅ କରି ଦେଇଥିଲୁ। ଶିକାର ନିଶାରେ ଆଗକୁ ଆଗକୁ ଭିଡ଼ିଯାଉଥାଉ। ଏଆଡ଼େ ହାତରେ ବୁଦାକଣ୍ଟା ପଶିଗଲାଣି। ଚାଲି ଚାଲି ଯାଇ ମୋତେ ଇଚ୍ଛା ହେଉଥାଏ ଆମ ବିଶିଷ୍ଟ ଶିକାରୀ ମଧୁଡୋବା ପାଖରେ

ରହି ଶିକାରଟି ଦେଖିବାକୁ, କିନ୍ତୁ ବିଷ୍ଣୁଙ୍କୁ ଏକୁଟିଆ ଏ ଅପନ୍ତରାରେ ଛାଡ଼ି ଯିବାକୁ ଆଦୌ ଉଚିତ ଲାଗୁ ନଥାଏ। ମଧୁଡୋବା ଆଗରେ ଥାଇ ଆମକୁ ଲାଇଟ୍ ପକାଇବାକୁ ଠାରରେ ଘନଘନ ବାରଣ କରୁଥାଆନ୍ତି।

ଏହା ମଝିରେ ସେ ଗୋଟିଏ ବାଙ୍ଗ୍‌ଲାଦେଶୀ କୁଡ଼ିଆରେ ପଶିଲେ ଚା' ପିଇବା ପାଇଁ ରାତି ପ୍ରାୟ ଗୋଟାଏ ବେଳେ। ବାଙ୍ଗ୍‌ଲାଦେଶୀ ଚା' ଦେଲେ କିନ୍ତୁ କିମ୍ଭିରିଆର ନଦୀବନ୍ଧରେ ଏପରି ବେପରୁଆ ଭାବରେ ଏକ ଲକ୍ଷରେ ଶିକାର ଆଡ଼େ ମନ ରଖି ବନ୍ଧରେ ଚାଲିଯିବାକୁ ପସନ୍ଦ କଲେ ନାହିଁ। କିଛି ସମୟ ପାଇଁ ବିଶ୍ରାମ ନେଲୁଁ ସେଠାରେ। ବାଙ୍ଗ୍‌ଲାଦେଶୀ ସେଠାକାର ଭାଟଆଲୀ ଗୀତ ବୋଲି ଆମ୍ଭମାନଙ୍କୁ ଆନନ୍ଦିତ କଲେ ଓ ତାଙ୍କର ରିଫ୍ୟୁଜି ବାଙ୍ଗ୍‌ଲାଦେଶର ଅବସ୍ଥା ଓ ଦୁର୍ଦ୍ଦଶାଭରା କାହାଣୀ କେତେକ ଶୁଣାଇଲେ ଯାହା ପାଇଁ ସେମାନେ ଭାରତକୁ ଚାଲିଆସିଛନ୍ତି। ଭିତରକନିକା ଭିତରକୁ ଯିବା ପାଇଁ ସକାଳ ୯ଟାରେ ସୁବିଧା ହେବ ବୋଲି କହି ଆମ ସହିତ ଯିବେ ବୋଲି ଆଶ୍ୱାସନା ଦେଲେ। ବୁଲିବୁଲି ରାତି ୯ଟାରେ ଆମେ ଫେରିଲୁ ଓ ସକାଳ ୯ଟାରେ ପୁଣି କାମଦାମ ସାରି ସେଇ ବାଙ୍ଗ୍‌ଲାଦେଶୀ ଭାଇଙ୍କ ଚଟିଘରେ ପହଞ୍ଚିଲୁ। ବୋଟ୍ ଆଗରୁ ସେ ଯୋଗାଡ଼ କରିଥାନ୍ତି। ଏଠାରେ ମ୍ୟାଙ୍ଗ୍ରୋଭ୍ ଜଙ୍ଗଲରେ ବଡ଼ ବଡ଼ ଗଛ ସବୁ ବିଷାକ୍ତ ସାପ ଓ କୁମ୍ଭୀରରେ ପରିପୂର୍ଣ୍ଣ। ସରକାରୀ କୁମ୍ଭୀର ଚାଷ (ପ୍ରଜନନ ପ୍ରକ୍ରିୟା) ପ୍ରାୟ ଆରମ୍ଭ ହୋଇଥାଏ ଓ କୁମ୍ଭୀରମାନେ ଯତ୍ନରେ ଏଠାରେ କି ଉପାୟରେ କ୍ରମବର୍ଦ୍ଧିଷ୍ଣୁ ହୁଅନ୍ତି, ସେଠାର ଲ୍ୟାବ୍ରୋଟୋରୀରେ, ସେମାନେ ଆମକୁ ବୁଝାଇଲେ। ଭାରି ଖୁସି ଲାଗିଲା ଯେ ଅସଂଖ୍ୟ କଇଁଛ ମଧ୍ୟ ସେଠାରେ ଅଛନ୍ତି, କିନ୍ତୁ ରାତିବେଳେ ଉଚ୍ଚ ଆଲୋକର ବନ୍ଦୋବସ୍ତ କଲେ କଇଁଛମାନଙ୍କ କାର୍ଯ୍ୟକଳାପର ଦୃଶ୍ୟ ପରିଲକ୍ଷିତ ହୋଇଥାଏ। ଏକା ସଙ୍ଗରେ ଲକ୍ଷ ଲକ୍ଷ କଇଁଛ ଭାସୁଥିବାର ଦୃଶ୍ୟ ଓ ବଡ଼ ଆଲୁଅ ପଡ଼ିଲେ ସମସ୍ତେ ଏକସଙ୍ଗେ ବୁଡ଼ିଯାଉଥିବାର ଦୃଶ୍ୟ ଅଧିକ ମନୋରମ ହୋଇଥାଏ। ମଝିରେ ମଝିରେ ଏଇ ଭିତରକନିକା ଜଙ୍ଗଲକୁ ବାଘମାନେ ଖାଦ୍ୟ ଆହରଣ ପାଇଁ। ଆମ୍ଭେମାନେ ସେଦିନ ରାତିରେ ପୁଣି ହରିଣ ବା ସମ୍ବର ଶିକାର ପାଇଁ ସେଦିନ ରାତିଟି ମଧ୍ୟ ପରିଶ୍ରମ କଲୁ। ବିଷ୍ଣୁବାବୁ ମତେ କହିଲେ "ହେ ଲକ୍ଷ୍ମୀନାରାୟଣ, ଦେଖିଲ ଏ ମନ୍ତେଇ ନଦୀ କୂଳରେ କେତେ ଶହ କୁମ୍ଭୀର ବାଲିରେ ପଡ଼ିଛନ୍ତି, ଖରା ପୋଉଁଛନ୍ତି। ଗତ କାଲି ରାତିରେ ଆମେ ଯେଉଁ ବନ୍ଧେ ବନ୍ଧେ ଶିକାରରେ ମାତି ଏଇ ନଦୀବନ୍ଧରେ ବିଲକୁ ପଟକଣ୍ ମାରୁଥିଲେ ଖସଡ଼ା ଦୋରସା ମାଟିରେ, ଯଦି ବନ୍ଧ ଡାହାଣ ପାଖରେ ଖସିଥାଆନ୍ତେ ତେବେ ଆଉ ଏ ଜୀବନ ନେଇ ଫେରିଥା'ନ୍ତେ କି ? ତେଣୁ ଆଜି ରାତିରେ ଆମେ ନଯାଇ ଏଇ ତାଙ୍କ ବଙ୍ଗଳାରେ ରହିଯିବା।" ସତକୁ ସତ ରାତି ୯ଟା ସୁଦ୍ଧା ମଧୁଡୋବା ପ୍ରଭୃତି ଯାଇ

ଗୋଟିଏ ବଡ଼ ସମ୍ବର ମାରି ଆସି ପହଞ୍ଚିଲେ। ସକାଳୁ ମାଂସ ରନ୍ଧାହେଲା। ସମସ୍ତେ ଖାଇ ବିଶ୍ରାମ ନେଲେ। ୩ଟା ମଧ୍ୟରେ ଆମେ ପୁଣି ଚାନ୍ଦବାଲି ଫେରିଗଲୁ।

ମୋର ବିବାହ:

୧୯୫୦ ମସିହାରେ ବାଲେଶ୍ୱରର କୁପାରୀ ଖଇରାଠାରେ ବିଭାଘର ହୋଇଥିଲା ଶ୍ରୀଯୁକ୍ତ ରଘୁନାଥ ବେହେରାଙ୍କ ବଡ଼ ଝିଅ ପଦ୍ମାବତୀଙ୍କ ସହିତ। ତାଙ୍କ ପିତାଙ୍କ ମୃତ୍ୟୁ ଯୋଗୁଁ ଘରର ଦାୟିତ୍ୱ ଦୁଇ ପୁତୁରାଙ୍କ ଉପରେ ରହିଥିଲା। ସେତେବେଳେ ଅପ୍ରାପ୍ତ ବୟସରୁ ଏ ଦୁଇ ଭଉଣୀ ଓ ସାନ ଦୁଇଭାଇ ଜଗନ୍ନାଥ ଓ ଭୋଳାନାଥ ଯଥାକ୍ରମେ ୩ ବର୍ଷ ଓ ୧ବର୍ଷ ହୋଇଥିଲେ। ଗ୍ରାମ ପ୍ରାଇମେରୀ ସ୍କୁଲ୍‌ରେ ବିଦ୍ୟା ସମାପ୍ତ ପରେ ତାଙ୍କ ମା' ଶ୍ରୀମତୀ ଶଚିଦେଇ, ଯାହାଙ୍କ ବୟସ ମାତ୍ର ୨୦/୨୫ ବର୍ଷ ଥିଲା, ସେ ସ୍ୱାମୀଙ୍କ ଅକାଳ ମୃତ୍ୟୁ ପରେ ଅସାହାଯ୍ୟା ହୋଇପଡ଼ିଲେ। କିନ୍ତୁ ଦୁଇ ପୁତୁରାଙ୍କ ଉପରେ ଅତିଶୟ ନିର୍ଭର କଲେ ବାଧ୍ୟ ହୋଇ, କାରଣ ପ୍ରବାଦ ଅଛି 'ପାଳେ ତ ବାପର ମା', ପାଳେ ତ ମାଆର ମା'। ନିଜେ ଅତି ଦରିଦ୍ର ଘରୁ ଆସିଥିଲେ, ସ୍ୱାମୀଙ୍କର ଅଚଳାଚଳ ସମ୍ପତ୍ତି ଖଇରା ଓ ସିମୁଳିଆ ଉଭୟ ସ୍ଥାନରେ ଥିଲା। ଅପାଠୁଆ ଓ ସେତେବେଳର ପରିସ୍ଥିତିରେ ସାହାଯ୍ୟ କରିବାକୁ କିମ୍ବା ଉପଦେଶ ଦେବାକୁ ଆଉ କେହି ନଥିଲେ। ତେଣୁ କପାଳ ଉପରେ ନିର୍ଭର କରି ଭଗବାନଙ୍କୁ ସ୍ମରଣ କରି ପିଲାମାନଙ୍କୁ ବଢ଼ାଇବାର ଚେଷ୍ଟା କରିଥିଲେ। କିଏ ଜାଣିଥିଲା ଏଇ ସରଳ, ଗ୍ରାମୀଣ, ଅଶିକ୍ଷିତ ସ୍ତ୍ରୀ ଲୋକଟି ୧୦୦ ବର୍ଷ ପର୍ଯ୍ୟନ୍ତ ଜୀବନ ଅତିବାହିତ କରି ୨୦୧୨ରେ ଇହଲୀଳା ତ୍ୟାଗ କରିବେ। ମାଇନର୍ କ୍ଲାସ୍ ପରେ ଭୋଳାନାଥକୁ କଟକ ରେଭେନ୍‌ସା କଲିଜିଏଟ୍ ସ୍କୁଲ୍‌ରେ ଓ ଜଗନ୍ନାଥକୁ ଭଦ୍ରକରେ ଆଣି ପାଠପଢ଼ା ପରେ ସାହାଯ୍ୟ କରିଥିଲି। ଏଥି ମଧରେ ମୁଁ ଜାଣିପାରିଲି ଯେ ଦାଦାମାନେ ମଧ ସ୍ୱର୍ଗତ ରଘୁନାଥଙ୍କ ଅର୍ଜିତ ସମ୍ପତ୍ତି ଉପରେ ନିର୍ଭର କରନ୍ତି। ତେଣୁ ମ୍ୟାଟ୍ରିକ୍ ପରେ ବଡ଼ପୁଅ ଜଗନ୍ନାଥକୁ ଏସ୍‌ସିବି ମେଡିକାଲ୍ କଲେଜରେ କଳେବଳେ କୌଶଳେ ଭର୍ତ୍ତି କରାଇଲି ଓ ଭୋଳାନାଥକୁ ନେଇ ଖ୍ରୀଷ୍ଟ କଲେଜ ଓ ପରେ ମାଡ୍ରାସ୍‌ରେ ପଢ଼ାଇବାର ବନ୍ଦୋବସ୍ତ କରାଇଥିଲି। ଜଗନ୍ନାଥବାବୁ ଗ୍ରାଜୁଏସନ୍ କରି ସରକାରୀ ଚାକିରି, ଭୋଳାନାଥ ଏମ୍.ଏ ପରେ ଷ୍ଟେଟ୍‌ବ୍ୟାଙ୍କ୍ ଅଫ୍ ଇଣ୍ଡିଆରେ ଯୋଗଦେଲେ। ଶାଶୂବୁଢ଼ୀଙ୍କର ଜୀବଦ୍ଦଶାରେ ବଡ଼ଭାଇ କଟକରେ ଡାକ୍ତରୀ ଚାକିରିରୁ ରିଟାୟାର୍ଡ ଓ ସାନ ଜେନେରାଲ୍ ମ୍ୟାନେଜର୍, ବମ୍ବେ ହୋଇ ଓଡ଼ିଶାର ପ୍ରଥମ ରିଟାୟାର୍ଡ ସି.ଜି.ଏମ୍ ହୋଇଥିଲେ। ଇତିମଧ୍ୟରେ ସେ ବିଦେଶ ଓ ଭାରତରେ ବହୁ ଧାର୍ମିକ ସ୍ଥାନ ଦର୍ଶନ କରି ଭୁବନେଶ୍ୱର ଠାରେ ଇହଲୀଳା ତ୍ୟାଗ କଲେ।

କେତେକ ବିଶିଷ୍ଟ ବ୍ୟକ୍ତିତ୍ୱ
PERSONAL ACCOUNT WITH FEW RENOWEND PERSONALITY

Mihir Sen (Great Swimmer)

He is an International Swimming Champion, was born in 1930 in Kaligali, Cuttack town of Odisha at their residence. He was a personal friend of mine in Ravenshaw Collegiate school Cuttack. I remember one incident during heavy flood (26th feet Bele View) in river Kathajodi. He and Amol Ray (advocate) and myself jump in to the river and to swim half way in the swollen river, avoiding Bada Buruja (in front of Sunshine field of Cuttack) and come to Puri Ghat (where immersion of Devi Images take place during Durga Puja). After five minutes, Amol Ray observed that Mihir was returning back to the shore, pleading he feels choked and uneasy due to high waves of water. We however swam across to Puri Ghat as decided. We came to Ganesh Ghat, as usual by walking with the wet half pant and jersey. But Mihir went home without waiting for us.

A few years later, I met him in the Miscellany – a textile dealer in Nimchouri, Cuttack town while giving his body measurements in the Tailoring section. He was helped by Biju Patnaik, the then young Congress leader and adventurer for ten pairs of suits to Mihir Sen for his English Channel swimming and Bar-at-Law in England. While in London he married an English lady, who helped him financially and physically in his night swimming practice in the Channel. English Channel normally gets choppy by the sea cold current from North Sea flowing south and hot current from Equatorial Africa flowing north through this

English Channel. Although he had practiced several times from Dover in England and Calais in France in swimming, he was successful in his fourth attempt in 1966. In 1958, Mihir Sen swam across the Palk Strait between India and Ceylon. He had telephoned me before his adventure. I was with the transistor, before his adventure in Indian side, hearing details of commentator of Radio. He was instructed to have a belt on his trouser, having several pouches containing anti-snake medicines, which dissolves during swimming into the sea water and snakes if any type avoids the medicinal water. The INS naval boat guiding him ahead a few meters was also having these large pouches fixed on both sides of the boat, so that the dangerous and poisonous sea snakes of this area were avoiding their routes and swimming area of swimmer Mihir Sen. He successfully reached Ceylon (Sri Lanka). A funny incident happened during this adventure time. I was at that time sitting with a small transistor radio with an officer friend of Chandini Chowk post office. I had requested him to get ready with the telegram immediately of his success in the swimming race congratulating Sen as the first man in India at his touching the shore of Cylone. He did as I requested, but I learnt latter that, whatever may be the circumstances, as per official protocol, the Congratulating .message of President of India is to be declared first, although my message reached before the President of India.

Then Mihir Sen swam the Suez Cannel between Red Sea and Mediterranean, Bosphorus strait between Mediterranean and Black Sea, Gibraltar dare-e-Daniel between Mediterranean and Atlantic ocean under grueling circumstances. His Panama Canal expedition between North and South America were latter done. He was the first Asian to be awarded "Padma Shree" in 1959 and "Padma Bhusan" in 1967 by Government of India. He came back and practiced as a Barrister at Calcutta High Court. He was as assistant in the office of the renowned senior Bar-at-Law Sri Snehansu Acharya. I had the privilege of visiting him several times in Calcutta. He and his English wife visited my residence at Lalbag, Cuttack and had lunch with my family, giving the detail accounts of his swimming expedition. He died in 1997 after a brief illness in Calcutta (now Kolkatta).

Abdul Gaffar Khan or the Frontier Gandhi

He was born 1899 at North West frontier province of undivided India. He was a great Indian freedom fighter and a follower of Mahatma Gandhi. As an Indian he was born in a very rich family of Northwest frontier province. His elder brother Dr. Khan Sahib was the Chief Minister of North West frontier province (before partition of India). He organized the people of North west frontier province on Gandhian Movement principles. After the partition of India in 1947, the entire province was gone to Pakistan, But the struggle of frontier Gandhi did not end with it and he continued to fight for the independence of his followers – The Pathans. He was imprisoned by Pakistan Government for three years. When released he started organizing an institution called "Khuda-I-Khidmadgar" for bringing the Pakhtoons to the mainstreams of freedom struggle with firm determination. He exercised great influence on the tribal of frontier province (Pakistan). His admire and followers respectfully call him as – "Badsha Khan" or the "King Khan". The people of India has great regards for him due to his sacrifice in the struggle for Indian independence for a long time and touring with Mahatma Gandhi throughout India, and addressing people. He was arrested and jailed several times by the British administration. He was also physically and mentally tortured in several place s of India, particularly in Hazaribagh Jail of Bihar. The Government of India, after partition in 1947, awarded him with the country's highest "Bharat Ratna". The Khan passed away at the age of 98 years, while he was in Kabul, as the guest of the king Jahir Saha of Afghanistan.

Our peace delegation to Helsinki (Finland) met him and paid him our humble respect on our way back to India in 1965. He was so overwhelmed to meet us after 18 years, that he embraced each of the 100 delegates personally with tears rolling down his eyes.

Romesh Chandra

Romesh Chandra was born in 1919 in the west Panjab, presently in Pakistan. He had his higher education at Cambridge (England). He became the President of Cambridge University Majlis in 1938. On his return to India, he joined the Indian Freedom struggle under Gandhiji's leadership. After independence, he became active in Indian Peace movement for Peace disarmament and establishing friendship among various nations. In 1952, he became the Secretary General of Indian Peace Council. He made lots of contribution to the World Peace Movement against production of weapons of mass destruction and abolition of war. He was invited to become the Secretary general of World Peace Council at Geneva, Switzerland, which he did from 1966 to 1977. He was a pioneer in the World Peace Movement against nuclear war for total disarmament, decolonization of Egalitarian International Development and preservation of National and Sub-National Culture.

The peace movement touched it zenith of wide spread glory for the movement under his leadership. He was the Secretary General of our Indian Peace delegation in Helsinki (Finland) in the year 1965. Sardar Swarn Singh, Minister of External Affirs, in Pandit Jawahar Lal Ministry hosted an official reception in his Ministry to all of our 100 delegated of India to Helsinki. He was often addressing Romesh Chandra as his Guruji in the meeting on the intricacies of foreign affair relationships between the nations.

Jean Paul Sartre (France)

He was our distinguished delegate from France in Peace and Disarmament Congress at Helsinki (Finland) in the year 1965. He was an intellectual and had given the world a new and volatile philosophy. He was a rebell in thought and action. His thought became more revolutionary as time passed, he has the courage and conviction to severely criticizing the USA and Russia on the aggression of Vietanam, Hungary and Czechoslovakia. He was born in 1905. From his childhood, he showed ample science of being an intellectual. The colossal destruction in the world during World War second affected him mentally. He was imprisoned in the Nazi camp of Hitler (Germany). Later he joined people's "resistance camp" in France. These resistance camp groups were called "Socialism-et-Liberate". Later he was liberated. Sartre was awarded Noble prize in 1964, but he refused it and level it as a "sack of potatoes". His wife Simon-de-Beauvoive was one of the cleverest women at that time and was a good writer too. She wrote lots of excellent books. Like "The second Sex", "Lace Mandarin", "The Women Destroyed", "She Came to Stay", "Memories of a Daughter" etc.

Among Sartre's books "Wards" (Auto Biography), "Being and Nothing", "Nausea", "The Age of Reason". "Iron in the Soul". "The Devil and the Good Lord", "No Exit", "Critique", "Saint Jenet", "Road to Freedom between Existentialism and Materialism".

BLACK EAGLE BOOKS

www.blackeaglebooks.org
info@blackeaglebooks.org

Black Eagle Books, an independent publisher, was founded as a nonprofit organization in April, 2019. It is our mission to connect and engage the Indian diaspora and the world at large with the best of works of world literature published on a collaborative platform, with special emphasis on foregrounding Contemporary Classics and New Writing.

www.ingramcontent.com/pod-product-compliance
Lightning Source LLC
Chambersburg PA
CBHW020544080526
44583CB00013B/988
* 9 7 8 1 6 4 5 6 0 2 6 6 8 *